줄리아의
가족 순례기

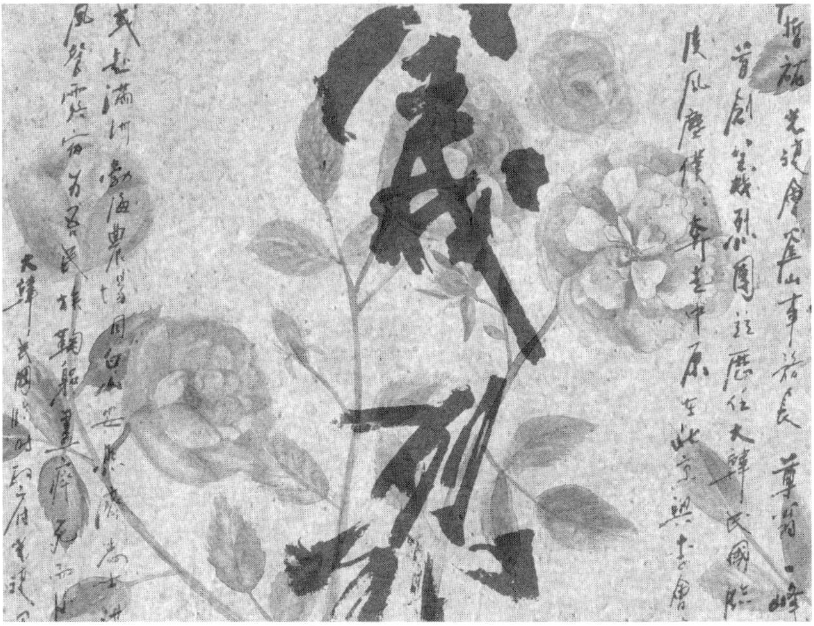

독립운동가 김대지의 손녀가 풀어쓴 한민족 100년사

줄리아의 가족 순례기

김주영(줄리아 리) 지음

추천사 1

항일독립운동사의 자랑스러운 한 자리

이 책은 밀양 출신으로 임정의원이자 의열단의 산파 역할을 했던 김대지 선생과 그의 아들 김명 그리고 김대지의 손녀인 김주영, 이렇게 삼대에 걸친 이야기를 담고 있다. 저자의 아버지 김명은 조선의용군으로 항일 전선에 나섰다가 중공연변자치주 상무위원회 비서장을 역임하기도 했으며 죽을 때까지 한민족의 혼을 지키며 살았다.

저자는 폭넓은 역사자료를 기반으로 자신의 생생한 경험까지 더해 가족의 이야기를 감동적으로 기술하고 있다. 항일투쟁을 위해 만주로 갔던 우리 동포들의 간고한 삶을 생생하게 그려내면서 그동안 우리가 간과해 온 역사적 진실을 보여 주고 있다. 그러므로 이 이야기는 삼대의 이야기인 동시에 우리 민족의 수난과 항쟁의 이야기이기도 하다.

이러한 방대한 이야기를 역사적 근거에 입각해 담대하게 서술해 나간 저자의 노고에 경의를 표한다. 나는 이 이야기가 우리의 자랑스러운 항일독립운동사의 한 자리를 차지하는 것임을 믿어 의심치 않는다. 많은 독자들이 이 책을 꼭 읽었으면 하는 바람이다.

김자동 (대한민국임시정부 기념사업회 회장)

추천사 2

잊혀서는 안 될
우리 역사의 아픈 현장을 생생히 만나다

우리 역사에서 지워진 이름이 어디 한둘이겠는가마는 일봉一峰 김대지金大池, 1891~1943 선생 같은 경우는 그리 쉽게 잊혀서는 안 되는 인물이다. 일제에게 나라를 빼앗기자 그는 비밀결사 일합사(一合社)를 조직했다. 김대지는 이후에도 의열단의 고문으로서 무장투쟁에 의한 조국광복의 한 길을 걸었고, 대한민국 임시정부 초대 의정원의원이자 내무위원으로서 행정의 기틀까지 세우려고 노력했던 인물이었다.

그 아들 김명1917~1991은 부친의 뒤를 이어 조선의용군 3지대 창건에 앞장섰으며 해방 후에는 연변조선족자치주의 간부로서 민족의 정체성을 지키기 위해서 노력했다. 이로 인해 문화대혁명 때는 '민족정풍'이란 이름 아래 무수한 고초를 겪기도 했다.

《줄리아의 가족 순례기》는 당시 열두 살의 어린 나이로 부친 김명의 고초를 곁에서 지켜본 딸 줄리아 리김주영가 되새겨 본 김대지 후손의 가족 3대사를 정리한 것이다. 자칫 사라질 뻔했던 역사의 소중한 현장으로 우리를 안내하고 있다는 점에서 무척 흥미롭다. 그들이 겪어 내야 했던 현장은, 일제강점기는 말할 것도 없고 해방 후의 남북한을 비롯해서 연변조선족자치주도 사람이 살아가기에 그리 이상적인 곳은 아니었다. 이들의 가족사를 읽으면 말로 표현하기 힘든 짠함이 느껴지는 이유다.

그래서 필자의 에필로그 "우리에게는 여전히 의열단이 필요하다"는 마무리가 더욱 공감이 간다. 의열단은 현재에도 시대적인 요구가 있는 '직접행동조직'이기 때문이다. 우리에게도 언젠가는 이런 고통스런 회상들이 바람직한 사회를 만들기 위한 산통이었음을 수긍할 날이 올 것이다.

이덕일 (한가람역사문화연구소장)

프롤로그

우리 가족,
한민족 100년사의 축소판이 되다

미국에 온 지 20여 년이 지났을 무렵이었다. 상해임시정부 요원의 후손으로 이국땅에서 태어나 한평생 타국에서만 살아온 나에게 한국은 가깝고도 먼 나라였고, 고국이면서도 외국처럼 낯설었다. 이 책을 쓰기로 결심한 것은 어쩌면 우연에서 시작되었다고 볼 수 있다.

2013년 초, 어느 날 딱히 한국어를 쓸 기회도 없이 바삐 지내다가 처음으로 한국어로 인터넷 접속을 시도해 보았다. 검색란에 무의식중에 '김대지'라는 세 글자를 입력했다. '한국' 하면 생각나는 것이 나의 할아버지였기 때문이다. 할아버지의 조국인 한국, 한국을 위해 일생을 바친 할아버지, 그것이 나의 뇌리에 박혀 있었다.

컴퓨터 스크린에는 할아버지에 관한 많은 기사가 순식간에 펼쳐졌다. 아, 할아버지가 한국에 계시는구나! 별안간 가슴이 먹먹해지고 눈물이 소리 없이 흘러내렸다. 기쁨과 슬픔이 뒤섞인 눈물이었다. 조국이 할아버지를 잊지 않아 기뻤고, 할아버지가 아직 조국으로 돌아가지 못해 슬펐다.

조선의용군 출신인 아버지가 살아계셔서 인터넷에서 할아버지의 이름과 그분의 모습을 보신다면 얼마나 좋을까 하는 상상도 해보았다. 할아버지와 아버지께 책을 써서 선물로 드리고 싶은 마음이 생겼다. 그분들이 계시는 세상에도 인터넷 비슷한 뭔가가 있다면 그분들도 이 책을 볼 수 있으리라 억지로라도 믿고 싶었다.

일찍이 1980년 한국 정부에서는 나의 할아버지 김대지에게 건국훈장 독립장을 추서했다. 2012년 할아버지는 한국 국가보훈처로부터 '4월의 독립운동가'로 선정되었고 '자신과 가족보다 조국의 독립이 먼저였던 민족의 큰 봉우리, 김대지'로 소개되었다. 미국 워싱턴에 있는 우리 집 거실에는 지금도 한국의 국가보훈처에서 만든 달력이 2012년 4월로 고정된 채로 걸려 있다. 해가 바뀌어도 여전히 그대로 걸려 있는 이 달력을 볼 때마다 독립운동가 김대지 할아버지와 우리의 시간도 함께 머물러 있는 것 같이 느껴지곤 한다.

이 책에는 나의 할아버지와 아버지 그리고 현재 미국에 살고 있는 나 김주영(미국명 줄리아Julia), 이렇게 3대에 걸친 삶의 진솔한 인생 역정이 담겨 있다. 일봉一峰 김대지 할아버지가 돌아가신 지 70년, 아버지 김명이 세상을 떠난 지 20여 년이나 지난 이제야 이 책을 쓰게 되어 죄송함을 금치 못하는 심정이다.

1891년에 태어나신 할아버지와 1991년에 돌아가신 아버지의 일생을 담은 이 100년의 기록은 우리 민족 100년 역사의 축소판이라고도 볼 수 있다. 뿐만 아니라 중국 땅에서 살아 온 조선족들의 역사를 생생하게 보여 주는 것이기도 하다. 그들의 생애는 우리 민족의 험난하고 비장한 근현대사의 기록과 일맥상통한다.

30여 년 전 북경에서 공부하고 있을 때였다. 당시는 한국의 《청춘극장》 같은 소설이나 겨우 얻어 볼 수 있는 시절이었다. 한국의 독립운동에 관한 책은 전혀 찾아볼 수 없었다. 할아버지 김대지에 대해 내가 아는 것은 그분이 상해임시정부 요원이었고, 의열단義烈團을 창단했으며 근 10년간 일제와 싸웠다는 것뿐이었다. 아버지는 나에게 "의열단은 암살과 파괴를 위주로 독립운동을 했던 반일 테러조직이었다"고 하셨다. 당시 '테러'라는 단어는 '공포'와 같은 부정적인 이미지를 많이 연상시켜 나는 기분이 별로 좋지 않았다.

이 분야에 대해서 어떠한 문헌자료도 볼 수 없었던 나는 당시 베이징 중앙민족대학교 역사학과의 황유복 교수께 여쭈어 보았다. 그분은 나에게 아주 의미심장한 말씀을 하셨다. "의열단은 테러조직이었지만, 나라 잃은 피압박 민족의 항쟁을 대변한 것이었기에 정의롭지 않겠어요?" 테러에 대한 정치적 · 이론적 기초가 없는 나에게 그분은 더 깊은 설명을 할 수 없었을 것이다. 그런데 그 짤막한 한 마디를 듣자마자 나도 모르게 눈물이 핑 돌았다.

우리의 모든 것을 빼앗은 일본은 절대적인 강적인데 반해 군대를 키울 힘이 없어 정규전이 불가능했던 조선사람들은 암살, 파괴, 폭동 등 의열의 수단밖에 쓸 수 없었다.

물론 반일 세력이 모두 '의열' 투쟁을 한 것은 아니다. 그중에서도 "천하의 정의義의 사事를 맹렬烈히 실행하기로" 한 소수의 '의열사'들이 목숨을 걸고 일제와 싸웠다. 이렇게 생각하자 할아버지가 하신 일에 대한 자부심이 느껴졌다. 의열단을 세우고 전 인생을 걸고 싸우신 할아버지가 정말 자랑스러웠다. 일제는 의열투쟁을 '흉폭 행위'라 규정했지만 그것은 강도의 이론일 뿐이다. 강탈을 자행한 강도가 자기를 대항하여 맞서 싸우는 사람을 테러범으로 모는 것과도 같다. 사실 일제에게는 의열단의 존재 자체가 끔직한 공포의 대상이었다.

할아버지의 발자취를 더듬어 보면서 나는 한 가지 결론을 내릴 수 있었다. 할아버지 시대에 조선사람의 얼을 타고 난 사람이라면 의열 테러를 하는 것은 어쩌면 당연하고 정의로운 일이었다는 사실이다. 의열투쟁이야말로 우리 민족에게 있어서 최후의 저항 수단이었다. 지금 일본이 또다시 군국주의 부활을 꿈꾸고 있고 전쟁범죄자들을 참배하며 그들이 자행한 과거의 만행을 미화하는 시점에서 의열 항쟁의 역사는 우리에게 많은 울림을 준다.

의열단 활동의 목표는 시종일관 일제의 통치기관과 그의 부속세력들이었다. 지금 세계 곳곳에서 일어나는 테러는 자기 단체의 목적 달성을 위해 명확한 대상도 없이 무고한 사람들을 죽이는 무차별한 폭력 행위지만, 안중근 의사나 의열단의 무력 활동은 국권을 빼앗은 침략자들과 그들의 군사력에만 대항하는 정당한 폭력 투쟁의 일부분이며 빼앗긴 국권을 되찾고자 정의를 실현하는 방법이었다.

할아버지와 아버지는 우리 민족이 걸어온 혈로血路의 역사와 호흡을 같이 해왔다. 비록 위대한 인물은 아니지만, 민족의 역사 속에 길이길이 남을 비범한 분들임에는 틀림없다. 그들은 평생을 바쳐 민족의 혼을 지켜왔다. 할아버지가 의열단에서, 아버지가 조선의용군에서 민족의 독립과 해방을 위해 싸웠던 자랑스러운 사적들이, 그리고 그토록 슬프고도 괴로웠던 험난한 인생 역정이 아득히 먼 추억 속으로 희미하게 사라져 가는 것이 너무 안타까워, 턱없이 부족하지만 보잘 것 없는 솜씨로 이 글을 쓰게 되었다.

고향땅으로 돌아가지 못한 할아버지와 아버지의 비분을 어렴풋하게나마 짐작하면서, 또 그들의 영원한 민족의 얼을 기리면서 작업을 시작했다. 민족의 비운을 일신에 지고 자신의 부귀영화와 가족의 안위를 하찮게 여기며 조국의 독립과 해방을 위해 일생을 바친 선인들의 공로에 힘입어 한민족의 혼백의 강은 오늘도 도도히 흐르고 있다. 그 속에서 이 책도 한 방울의 뜻있는 흐름이 되었으면 하는 바람이다.

이 책을 할아버지의 발자취를 찾고자 평생을 애써 온 철우 삼촌의 영전에 바친다. 그리고 자료 수집을 위해 많은 도움을 주신 미국 국회도서관 폴 박박용덕 선생과 소냐 리 여사께도 감사드린다.

2014년 8월

줄리아 리 (김주영)

차례

2부 평생토록 민족혼을 지킨 아버지 김명

1부

김대지

임정 요원, 나의 할아버지

1장

줄리아의 가족사 순례가 시작되다

망국의 설움을 씻은 지도 반 백 년이 넘었다. 선열들의 흘린 피도 이젠 그 색이 희미해졌고 그분들의 공적들도 가물가물 기억에서 사라지는 것이 한스럽다.

할아버지의 유언: "우리는 망국노다…"

지금도 한 폭의 그림처럼 생생한 모습이 있다. 내가 어릴 때, 명절만 되면 아버지는 할아버지를 떠올리면서 눈시울을 적신 채 쓸쓸히 창밖을 내다보셨다. 아버지는 그때 저 멀리 옛 북만땅 취원창聚源昶(북만주 반일운동 근거지, 현재 중국 흑룡강성 아성현)의 황야 어디엔가 누워 계시는 할아버지를 마음 아프게 그리고 있었다. 할아버지는 살아생전은 물론 세상을 떠나서도 당신의 고국인 아침의나라로 돌아가시지 못했다. 독립투사였던 그분의 발걸음은 중국 취원창에서 영원히 멈춰 섰다. 아침 햇살이 찬란한 광복 후의 고국을 끝내 보지 못했다.

할아버지는 1936년까지 아성현 황구의 수전농장에서 사시다가 1937년부터는 아성현 취원창으로 이사했다. 취원창은 하얼빈에서 송화강松花江을 따라 동북쪽으로 70리가량 되는 곳에 있다. 취원창은 당시에 300호가 넘는 큰 마을이었다. 여기에는 우리 동포들이 100호 정도 모여 살았는데 강을 사이에 두고 동쪽은 하동농장, 서쪽은 하서농장이라 불렸으며 통틀어 취원창이라 칭했다. 1926년부터 우리 동포들이 이곳에 이주하기 시작했다. 이상룡1858~1932, 김동삼1878~1937 등 정의부正義府 수뇌들이 북만의 독립군 근거지를 세우기 위해 이 농장을 개간했던 것이다. 김동삼의 가족들도 김동삼이 체포된 후 1934년에 취원창으로 이사해 살고 있었다. 이곳이 바로 할아버지의 마지막 정착지였다.

독립운동의 실마리가 점점 희미해지던 암담한 만주에서 할아버지는 망국의 한을 더욱 뼈저리게 느끼면서 독립에 대한 염원을 더 강하게 키웠다. 하지만 강해진 염원만큼 함께 따라와 주지 못하는 독립의 전망에 많이 속상해했다.

특히 김동삼과 김좌진1889~1930을 영영 잃은 고통과 상실감으로 할아버지는 무척 힘들어하셨다. 그리고 정운해1892~1945, 안희제 등 동지들이 이어서 하나둘 일경에 체포되어 가는 비참한 현실과 거기다 점점 심해가는 가난과 질병의 막다른 골목길에서 절망에 빠지기도 했다. 할아버지는 안희제1885~1943가 체포되었다는 소식을 듣고는 병석에서 다시 일어나지 못했다.

하지만 할아버지는 병석에서도 파언현巴彦縣에 사는 둘째 아들 김명이 조선의용군이 속한 반일 지하조직인 조선독립동맹에 가맹했다는 소식을 듣고는 오랜만에 흡족한 웃음을 지었다. 할아버지는 아들이 자신의 뒤를 이어 항일독립의 길을 선택한 것에 아주 만족스러워하면서 조선의용군은 자신이 옛날 몸담았던 의열단에서 발전된 것이라고 말씀하셨다. 관내(산하이관山海关 서쪽과 자위관嘉峪关 동쪽 일대)에 있는 김두봉 등의 동지들을 통해 김원봉이 조선의용대를 창건했다는 소식을 들었다고 했다.

아버지 김명도 할아버지의 친구이며 민족운동가인 김두봉이 조선독립동맹의 주석이라는 사실을 알려드렸더니 할아버지가 아주 기뻐하셨다며 그때의 환한 모습을 오래오래 기억하셨다. 아버지가 기억하기로는 그것이 할아버지의 마지막 웃음이었다. 그때에 아버지가 느낀 희망을 할아버지의 얼굴에서 똑같이 읽을 수 있었다고 했다. 어쩌면 그것이 아버지가 할아버지에게 한 마지막 효도였을지도 모른다.

1943년 망망한 북만주의 광야풍설이 온누리를 얼어붙게 하는 양력 12월 초에(음력 10월 말) 천추의 한을 품은 채, 할아버지는 끝내 세상을 떠나셨다. 할아버지는 돌아가시기 직전에 누웠다 일어나 앉았다를 반복하시면서 가쁜 숨을 수없이 내쉬다가 마지막으로 누우시더니 다시 일어나지 못하셨다.

할아버지가 남긴 마지막 말씀은 "우리는 망국노다…"라는 밑도 끝도 없는 짤막한 한마디였다. 폐렴에 심각한 기관지 천식 및 폐기종을 앓던 할아버지는 마지막 순간 거친 숨을 몰아쉬며 원통한 듯 두 눈을 부릅뜨며 겨우 이 말을 하시고는, 눈도 감지 못하신 채 숨을 거두었다.

할아버지는 그렇게 조선사람으로 태어난 의무와 사명을 다했다. 일편단심 조국 광복과 독립을 바라면서 풍찬노숙 52년을 일기로 한평생을 마친 할아버지는 필생의 소원인 독립을 기어이 보지 못하셨다. 그러니 어찌 한이 맺히지 않았겠는가? 광복을 눈앞에 두고 가셨으니 어찌 편히 눈을 감으실 수 있었을까?

1943년에 할아버지가 돌아가시고 1945년 초가을에 대한민국임시정부 김구 주석이 할아버지에게 전보를 보내왔는데 "살아 있다면 빨리 귀국하라"는 내용의 통지였다.

할아버지는 취원창 동쪽 구릉지에 있는 조선인 묘지에 비석도 없이 묻혔다. 취원창의 겨울은 유난히도 추웠다. 가래침이 땅에 떨어지기 무섭게 얼어붙을 정도의 혹한으로 만주땅은 고인의 무덤 하나도 껴안기 힘들어했다. 부득불 불을 지펴 녹인 후에야 겨우 땅을 파고 장사를 지낼 수 있었다. 20여 년을 그런 곳에서 타향살이로 보냈던 할아버지는 따스한 고향 밀양을 항상 그리워했다.

하지만 할아버지는 꺾일 줄 모르는 투지를 가진 대쪽 같은 사람이었다. 삭풍이 휘몰아치는 만주의 혹한 속에서도 독립을 위한 노력을 한 번도 멈추지 않았다.

할아버지의 그 사무친 한을 조금이나마 알 것 같다. 독립을 이루지 못한 할아버지의 그 슬픈 영령이 지금도 주변을 맴도는 것 같다. 여기까지 쓰면서 흐르는 눈물을 금할 수 없어 할아버지를 부르고 싶은 애절한 마음에 할아버지의 영혼에 편지를 보낸다.

> 할아버지, 그 차가운 북만의 얼음땅 속에 몸을 눕히신 우리 할아버지. 조국은 마침내 광복이라는 찬란한 햇빛을 얻었답니다. 이제 더는 추워하지 마세요. 조국으로 돌아가지 못한 혼백이지만 부디 이제부터라도 따뜻한 광복의 햇살 아래서 영면하세요. 더는 만주땅에서 떠돌아다니지 마시고 한 맺힌 혼이라도 따스한 고향으로 돌아가세요. 고향 사람들이 할아버지 동상도 세웠고 기념비도 세웠답니다.
>
> 그런데 말씀 올리기 죄송하게도 독립은 하였지만, 조국의 국토는

허리가 잘려 우리 민족의 시련은 아직도 진행 중에 있습니다. 일제의 후손들이 사악한 군국주의 망령을 다시 일으키고 있으니 우리의 민족혼을 더욱 지키지 않으면 안 될 때가 되었습니다. 할아버지, 부디 혼백이라도 영원히 우리와 함께하소서.

옥수수 밭이 되어 버린 할아버지의 무덤

아버지는 광복 전 2년 동안 조선독립동맹에서 반일 지하활동을 했고, 광복 후 6년 동안 중국의 해방전쟁에 참가했다. 중공 동북국의 지시로 연변으로 떠났다가 나중에 할아버지의 묘지를 찾았을 때는 무덤이 이미 옥수수 밭이 되어 버린 후였다.

장사 지낼 때 비석도 없는 초라한 흙무덤이었으니 그 행방을 찾을 길이 없었다. 그렇게 할아버지의 묘지를 잃어버린 일은 아버지 김명의 평생 한이 되었다. 자식이 되어 제대로 효도하지 못한 죄책감도 컸지만 나라를 위해 평생을 바친 분이 돌아가셔도 확실한 위치도 모른 채 만주의 어느 황량한 밭에 한줌의 흙으로 남아 있다는 생각에 더욱더 마음이 아프셨던 것이다. "그것이 어찌 아버지의 잘못이겠습니까?" 하고 아무리 아버지를 위로해도 헛수고였다. "나라 잃은 사람들의 목숨이 파리보다 못했으니 이런 비극이 생긴 게 아니냐?"고 위로해도 막무가내였다.

이런 비극은 우리 가정에만 있는 것이 아니었다. 1993년 8월 6일자 〈한겨레〉 신문에는 "유해 미봉환 애국선열 87위"라는 제목으로 기사가 실렸다.

> 국가보훈처는 5일 유해봉환을 추진할 애국선열 87위(확인 21위, 미확인 66위)의 명단을 발표했다. 소재 미확인 명단 중에는 안중근, 김대지, 안명근, 안무, 남자현, 이세영, 손일민 등이 있었다.

〈경향신문〉 1993년 6월 26일 자에는 "이역의 선열 유해 모두 모셔 오사"라는 제목의 기사도 있다.

> …… 묘지 확인조차 돼 있지 않는 선열들도 많다. 임시의정원臨時議政院 의원은 김기형, 민병길, 민제호, 김대지, 신흥무관학교 교장 이세영이다. ……

이처럼 할아버지도 묘지 미확인 애국선열 66명 중의 한 명이었다. 일신을 희생시키며 나라를 찾으려고 필사의 투쟁을 벌인 우리 선인들이 어디서 영면하고 계시는지는 모르겠지만 그들의 민족정기는 우리와 함께 자손만대에 전해지리라 믿는다.

망국의 설움을 씻은 지도 반 백 년이 넘었다. 선열들의 흘린 피도 이젠 그 색이 희미해졌고 그분들의 공적들도 가물가물 기억에서 사라지는 것이 한스럽다. 임시정부 요인이었던 조완구 선생1881~1954이 동지들에게 임종을 앞두고 "지난 40여 년간 했던 일들이 왜 이렇게 허무하게 생각되는지. 누구의 칭찬이나 찬사를 받기 위해 한 일은 아니지만 분단된 조국의 현실을 보자고 이렇게 40년을 싸웠는가 생각하니 정말 허무하다"라고 한 대목을 어느 책에서 본 적이 있다. 조완구 선생의 유언을 보면서 나의 할아버지에게도 이런 유감이 있었을까 생각해 보았다. 마음이 많이 아프고 슬펐다.

할아버지 김대지의 동상은 경상남도 밀양시 밀양독립운동기념관에 세워져 있다.

단석산 신선사의 목탁소리

할아버지가 돌아가신 후 이미 출가한 정숙 고모는 10살밖에 안 되는 동생 철우를 데리고 한국으로 돌아갔고 아버지는 조선독립동맹의 지하항일 활동으로 바삐 보냈다. 할아버지의 재혼한 부인은 어린 아들 철은이를 데리고 광복 후 임시정부의 귀국 통지를 받고 한국으로 돌아갔다. 그러니 할아버지가 살던 취원창에는 묘지를 돌볼 식구나 친지가 한 사람도 없었다.

1992년 무렵에 고모김정숙는 50년 만에 처음으로 자신의 막내 동생김철은과 부산에서 상봉했다. 갈라질 때 동생은 서너 살밖에 안 되었던 터라 걱정부터 앞섰다고 했다. 모친 이름도 맞고 외갓집 내력도 동일했지만 마음에는 확실한 믿음이 없었다. 그런데 막상 만나는 순간 돌아가신 아버지김대지를 무척 많이 닮았고 막내 고모김대지의 여동생와 판박이인 동생을 마주하고는 주저 없이 끌어안고 대성통곡을 했다. 고모님은 부산의 바로 코앞인 경주에서 살아온 삼촌의 생사여부도 모른 채 50년이나 살아왔다는 사실에 무척 서러워하셨다. 이것은 비단 우리 가족만의 비극은 아닐 것이다.

재혼으로 만난 할아버지의 아내 조해선은 할아버지가 돌아가신 후 할아버지의 유품 정리를 하던 중 자신과 아이만 남기고 먼저 저 세상으로 가셨다는 사실을 원망하면서 책과 옷가지를 모두 불살라 버렸다고 한다. 평소에 할아버지와 친분이 두터웠던 조해선의 아버지 조 노인은 귀한 자료를 태워버렸다고 딸에게 엄청 역정을 내셨다고 들었다.

광복 후 대한민국임시정부에서 할아버지에게 보낸 "살아 있다면 빨리 귀국하라"는 전보를 받고 조 노인은 "일봉이 2년만 더 살았더라면 좋은 세상을 봤을 텐데. 평생 고생만 하고 빛도 못 보고 갔구나!" 하면서 매우 안타까워했다.

조해선은 이 전보를 받고도 인차 귀국을 못했다. 아버지 조 노인이 병중에 있었기에 약 1년간 병간호를 하다가 조 노인이 돌아가시고 나서야 한국에 입국했다. 생전에 아버지 조 노인이 하신 "대한민국 정부에서 보낸 전보를 소중히 간직해서 한국에 들어가는 대로 정부기관에 가지고 가라"는 말씀만 명심하고 어린 아들 철은이를 데리고 한국으로 떠났다. 하지만 아들을 목마 태우고 차가운 두만강을 건너다가 전보문이 들어 있는 보따리를 고스란히 강물에 떠내려 보내는 낭패를 겪고 말았다. 모자의 고난은 여기서부터 시작되었다.

조해선은 할아버지가 만주에 있을 때 주변 사람들의 존경을 받는 유명한 독립운동가라는 정도만 알고 그 외에는 일자무식이라 서울에 도착해서도 누구를 찾아가야 하는지 어떤 곳이 정부기관인지도 몰랐다. 또 남편의 본명도 몰라 어디에 물어볼 수도 없는 답답한 상황이었다. 우선 월세방을 얻고 영등포에 있는 우신국민학교에 아들을 입학시키려 했는데 호적이 없어서 입학도 되지 않았다.

조해선은 친정이 있는 경상북도 경주시 금장에 내려가 6촌 동생인 조경환이 근무하는 면사무소에 가서 가짜 호적을 만들었다. 남편의 본명도 모르니 주변 사람들이 부르던 대로 '일봉, 좌준' 이름만 기억하고 "아버지—김좌준, 어머니—조해선, 아들—김철은"이라는 호적을 만들었다. 그렇게 만든 호적으로 철은 삼촌은 우신국민학교에 입학하여 2학년까지 공부했다.

그때 월세방 주인이 신문을 파는 노점을 했는데 어린 삼촌은 낮에는 학교에 가고 저녁에는 전철에서 신문과 껌을 팔면서 어머니를 도와 끼니를 겨우 이어 나갔다. 아들과 함께 안간힘을 써도 서울에서의 생활을 지탱할 수 없게 되자 조해선은 아들을 데리고 친정이 있는 경주로 내려갔는데 친정 또한 살림에 여유가 없다 보니 얼마 지나지 않아 경주시 서쪽에 위치한 오봉산 주암사라는 절로 들어갔다.

그 절에서 삼촌의 새엄마조해선는 부엌에서 일하고, 삼촌은 나무를 해오고 청소를 하면서 잠시 끼니를 이어갔다. 그러나 주암사도 살림이 그리 넉넉하지 않아 끼니 걱정하는 일이 다반사라 다른 곳으로 거처를 옮기기로 했다. 수소문 끝에 더 깊은 산골로 들어가게 되었는데 그 곳이 바로 지금 철은 삼촌이 있는 단석산 신선사다.

단석산은 해발 827미터로 경주 인근에서 가장 높은 산이며 가장 가까운 마을과도 도보로 한 시간 이상 떨어져 있는 첩첩산중이었다. 거기서 밭을 일구고 벌을 키우고 꿀을 따서 내다 팔며 겨우 연명을 했다. 약 1,400년 전인 신라시대부터 있던 사찰이어서 간간이 오는 신도들이 있을 뿐이었다. 그렇게 신선사에서 자리를 잡고 생활하면서 절 살림이 점차 나아지고 천년고찰이라는 소문도 나자 공부하는 학생들과 기도하는 사람들도 종종 오게 되었다.

철은 삼촌은 12살이 되던 때부터 불교 공부를 하면서 승려의 길로 접어들었다. 그러나 그의 마음 한구석에는 항상 아버지에 대한 그리움으로 가득했고, 형제들과의 상봉을 학수고대했다. 그는 새엄마에게 아버지와 형제들에 대한 자세한 상황을 물었지만 얻을 수 있는 정보에는 한계가 있었다. 삼촌의 새엄마는 할아버지와 함께한 가정생활이 워낙 짧았고, 그마저도 철저한 비밀유지를 지킨 삶이었기에 아무리 기억해 내려 해도 도움이 될 만한 것이 많지 않았다. 이 때문에 웃지 못할 기막힌 사건도 생겼다.

새엄마가 기억하는 할아버지의 이름은 '좌준'이었다('자중'의 발음을 잘못 들은 것이다). 그리고 만주에서도 독립운동을 하던 사람들의 존경을 받았기에 할아버지가 유명한 독립운동가임을 눈치로도 알 수 있었다. 더욱이 광복 직후 대한민국임시정부에서 전보가 왔을 때 그녀는 할아버지가 정말 대단한 독립운동가임을 확실하게 알게 되었다. 하여 그녀는 아들 철은에게 "네 아버지는 유명한 독립운동가이며 이름은 김좌준이다"고 누누이 알려 주었다. 그런데 이것이 사단이 되고 말았다.

1965년경 아마도 절에서 공부하던 학생(그때 당시 절에서 공부하던 학생들은 대부분 수도권에 있는 대학을 다니면서 사법고시, 행정고시를 준비하던 학생이었다)이 학교로 돌아가서 흘린 정보로 인해 발생한 사건이었다. 신문사 기자가 신선사로 찾아와 청산리전투를 진두지휘한 김

신선사는 서기 7세기에 활동하던 자장慈藏의 제자 잠주岑珠가 창건했으며 신라의 김유신이 이 절에서 삼국통일을 위해 기도했다고 고문헌 자료에 기록되어 있다.

좌진 장군의 아들이 맞느냐고 이야기를 했고, 삼촌은 아버지가 독립운동을 한 사실은 맞는데 정확한 것은 모른다고 했다. 그런데 기자가 신문기사에 김좌진 장군의 아들이 경주 신선사에 있다고 기사를 내면서 세간에 알려진 것이다.

그 시기 김두한이라는 정치인이 있었는데 그가 김좌진 장군의 아들이라고 알려져 있었다. 새엄마는 김두한의 나이가 할아버지의 둘째 아들 김철준(나의 아버지 김명)의 나이와 비슷하다면서 김두한이 김좌진의 아들이라면 그가 너의 철준 형일 거라고 아들에게 말했다. 삼촌

신선사의 용담 스님이자 나의 삼촌인 김철은. 1940년 만주에서 할아버지(김대지)의 막내아들로 태어나 1951년 12살에 출가했다. 1967년에 경남 통도사 극락암에서 고 경봉 스님께 사미계를 받았고, 1970년 서울 보광사의 고 정인 스님께 비구계를 받은 후 지금까지 신선사에서 수행 중이다.

은 혹시나 하는 마음에 힘들게 서울로 상경하여 김두한을 찾아갔는데 그는 만나주지도 않았고 "너 같은 동생은 없다"는 매몰찬 구박을 받고 돌아왔다. 물론 김두한에게는 당연한 일이었지만 그것이 철은 삼촌에게는 평생 지울 수 없는 상처가 되었다.

이 황당한 사건 후에도 삼촌은 아버지와 가족을 찾는 일을 멈추지 않았다. 하지만 새엄마가 알려 준 정보가 사실과 너무 달라서 찾아가는 곳마다 일치하지 않아 항상 헛걸음만 했다. 절망과 좌절 속에서 살아온 철은 삼촌의 삶은 너무나 슬프고 고달팠다. 그러다가 1960년대 후반 지금의 아내인 전순난 씨를 만나서 결혼하고 대처승帶妻僧이 되었다. 명망 있는 가문의 맏딸인 전순난 씨는 요양차 신선사에 왔다가 철은 삼촌을 만나 가정을 이루었고 슬하에 2남 4녀를 두게 된다.

오랜 세월이 지나 1980년대 말에야 중국에 살고 있는 새엄마의 동생 식구들을 통해 삼촌은 둘째형, 바로 나의 아버지 김명(철준)과 그 자녀들인 김영춘, 김주영(필자) 등이 중국에 살고 있다는 소식을 알게 되었다. 후에는 자신의 누님 김정숙과 철우 형이 한국에 살고 있다는 소식도 들었다. 삼촌은 부산에 살고 있는 김정숙 누님이 자신을 반갑게 알아봐 주어 마음속 깊은 곳에 서려 있던 한을 다 날려버릴 수 있었다고 했다.

하지만 철은 삼촌은 아직도 자신의 아버지인 김대지의 호적에는 오르지 못했다. 평생을 바쳐 아버지를 찾아도 아버지의 자식으로 살아갈 수 없었던 철은 삼촌의 사례는 개인적인 아픔과 절망이기도 하지만, 한 나라가 자주적으로 바로 서지 못하면 얼마나 많은 불행과 아픔이 개인에게 대물림 되는지를 보여 주는 가슴 아픈 증거이기도 하다. 철은 삼촌의 인생 비극은 독립운동가들이 나라를 위해 치른 큰 희생 중의 하나에 불과하다. 2014년 현재, 연세가 75세인 철은 삼촌은 지금도 할아버지 얘기만 나오면 눈시울이 붉어지면서 자식들에게 면목이 없다고 하신다. 자신의 비극적인 운명 때문에 자식들을 할아버지의 후손으로 호적에 올리지 못한 죄책감에 힘들어하신다.

철은 삼촌은 신라의 김유신 장군이 화랑이던 17세 때 수련을 하다가 난승難勝이라는 도사를 만나 도를 깨친 후 산 정상으로 뛰어올라 커다란 바위를 단칼에 베었다는 전설이 있는, 그 단석斷石산 위의 신선사에서 60여 년을 지내왔다. 그는 단석산 위에 중국 만주의 할아버지의 묘지 자리 부근에서 모셔온 흙 한 줌으로 할아버지의 의관총衣冠塚을 만들고 조석으로 명복을 빌고 있다.

할아버지의 혼령이 단석산에 머물게 된 셈이다. 신선사 바로 옆에는 국보 199호인 마애불상군磨崖佛像群 암벽이 있다. 〈오마이뉴스〉 정만진 기자는 2008년 1월에 쓴 〈석굴과 단석에 담긴 김유신의 통일 열망〉이란 기사에서 단석산 신선사를 찾아가는 길에 본 할아버지의 묘소를 이렇게 묘사했다.

〈독립투사 김대지 옹의 묘소〉

단석산 신선사 가는 길목의 독립운동가 김대지 옹의 묘소. 풍경 하나가 나무에 매달려 주위를 오가는 사람들의 귀에 맑은 소리를 들려준다.

풍경 소리는 여전하다. 낙엽을 밀치느라 땀 같지 않은 식은땀을 흘리다가 문득 눈을 들어 앞을 바라보니 계곡 건너편 양지 바른 산비탈에 무덤 하나가 호젓이 놓여 있다. 작은 계곡을 가로질러 놓여 있는 상수리나무 다리를 조심조심 건너니 금세 무덤에 닿는다. 이 무덤을 지나 어디로 가야 암자를 만나나? 문득 마음속에 의문이 일어나지만 귓가를 때리는 풍경소리는 그런 궁금증을 단숨에 해소해 준다.

풍경은 바로 지척에 있다. 풍경은 저 멀리 깊은 골짜기 속에 숨어 있는 암자에서 소리를 내는 것이 아니라 바로 이 부근에서 명징한 울음을 토하고 있다. 아니나 다를까, 고개를 드니 바람에 흔들리는 풍경 하나가 허공에 새파랗게 매달려 있다. 겨울바람을 맞아 반쯤 얼어붙은 듯 추위에 시든 모습이다. 그러나 소리만큼은 오히려 맑디맑다. 풍경이 무덤을 지키고 있다. 무덤의 주인은 김대지金大池 옹이다. 독립운동가 김대지 옹, 과연 김유신이 혼자서

도를 닦으며 삼국 통일을 염원했다는 단석산에 머무실 만한 분이
라는 생각이 든다.

할아버지의 막내아들이면서도 아들로 인정받지 못한 철은 삼촌은 '아버지 김대지'의 혼령이 머물러 있는 단석산 위의 신선사에서 지금도 아버지의 묘소를 지키면서 풍경이 토하는 울음소리를 들으며 여생

2003년에 철은 삼촌은 중국 흑룡강성에 가서 옥수수밭이 되어 버린 할아버지 묘지 자리 부근에서 흙 한 줌을 가져 와 단석산 위 신선사 옆에 할아버지의 의관총(가묘)을 만들었다.

을 보내고 있다.

"할아버지는 아시는지요? 지금 유일하게 생존해 있는 할아버지의 자식인 막내아들은 경주공원 단석산 신선사의 주지로 있습니다. 할아버지는 들으셨는지요? 이른 아침부터 저녁 늦게까지 당신의 아들 용담 스님이 두드리는 목탁소리를."

독립의 가망은 보이지 않았다

아버지의 회고록을 보면 그 당시 만주의 독립투쟁은 독립투사들의 노약병사와 생활상의 극빈한 어려움으로 조직이 점차 해체되어 가던 상태였다. 독립운동의 고갈 상태라고 말할 수밖에 없는 참담한 시절이었다. 그때의 느낌을 나의 아버지는 "독립을 찾는 길은 아득하게 멀기만 했고 독립은 가망이 보이지 않았다"고 회고했다.

하지만 평생 무력항쟁을 해오신 할아버지는 열혈지사였다. 그는 이런 시절에도 손 놓고 앉아 있지 않았다. 비밀경로를 통해 북경, 상해에 있는 동지들과 연락을 계속했고 1933년 이청천(1888~1957, 독립운동가 · 정치가)이 관내로 들어가기 전까지는 그와도 자주 연락을 했다.

아버지의 기억으로는 1930년대 중반부터 할아버지가 동경성에 있는 독립운동가 안희제의 발해농장으로 자주 다녔다는데 무슨 활동을 했는지는 알 수 없고 문헌자료에서도 찾을 수 없다. 만주에서 할아버지는 자중, 일봉, 치환 등으로 이름을 바꿔 불렀기 때문에 본명을 아는 사람은 몇몇 동지들뿐이었다.

광복군 출신인 부산광복회 한형석 회장이 할아버지를 기리면서 쓴

족자의 내용 중에는 "만주 발해농장에 가셔서 백산 안희제 지사와 함께 구국지책을 마련하려고 동분서주했다"라는 글귀가 있는데 그 자세한 내용은 지금 알 길이 없다. 아버지는 언제 피뜩 안 선생은 누군가고 할아버지에게 물었는데 먼 옛날 대구에서 대한광복단 활동을 할 때부터 잘 아는 사이이며, 중국 망명 초기에 길림에서 의열단 창단을 준비할 때도 만났다고 했다.

문헌에 보면 안희제가 영안현寧安縣 동경성東京城에서 발해농장 경영을 했는데 겉으로는 농지개간 사업을 하는 농장이었으나 실제로는 국외 독립운동 기지였다. 이 무렵 안희제는 이주 한인의 지도자이자 또 발해농장주로서 농지개간 사업에 심혈을 기울이는 것처럼 행동했다. 하지만 국내에서 망명하거나 도피해 각처에 흩어져 있던 독립운동가들이 동경성으로 모여들자 안희제는 비밀리에 이들과 연락망을 구축해 갔다. 이후 밀산密山에서 종교인으로 위장해 활동하며 대종교 총본사를 동경성으로 이전시켰으며, 대종교 제3대 교주 윤세복과 아들 윤필한을 비롯한 대부분의 대종교 간부들을 대동청년단에 입단시켰다. 여기서 등장하는 윤세복과 윤필한은 모두 할아버지와 친한 고향 사람이고 또 할아버지와 안희제는 1915년대부터 의혈 투쟁 동지인 점을 감안할 때 두 분이 함께 구국 활동을 했으리라고 짐작할 수 있다.

할아버지의 집은 독립투사들과의 연락장소가 되었다. 그들은 인적이 드문 밤이 되면 모여와서 밤새도록 자욱한 담배연기 속에서 소식을 주고받고 밖에서 생기는 일제와 주구들의 동태도 연구했다. 일본이 중국 관내까지 침공했을 때에도 우리 독립전선의 소식을 알기 위해 봉천, 하얼빈 등지에 있는 동지들과 자주 연락을 했다. 언젠가 다시 독립활동을 재개할 날을 고대하면서.

일봉 김대지 열사는 조국 독립을 위하여 동지들을 집합하여 의열단을 창단했고 대한민국임시정부 의정원 의원 및 내무부 차장 직을 역임했으며 후에는 중원으로 북상하여 북경에서 이희영, 신채호, 한홍교 등 지사들과 광복사업을 했다.

만주 발해농장에 가서 백산 안희제 지사와 함께 구국지책을 마련하려고 동분서주 했다. 오, 장하도다 일봉 열사여. 우리 민족을 위하여 타향에서 풍찬노숙하며 혼신을 다하여 생명의 마지막까지 싸웠도다. 열사의 푸른 얼은 천고불멸하며 청사에 길이 남으리라.

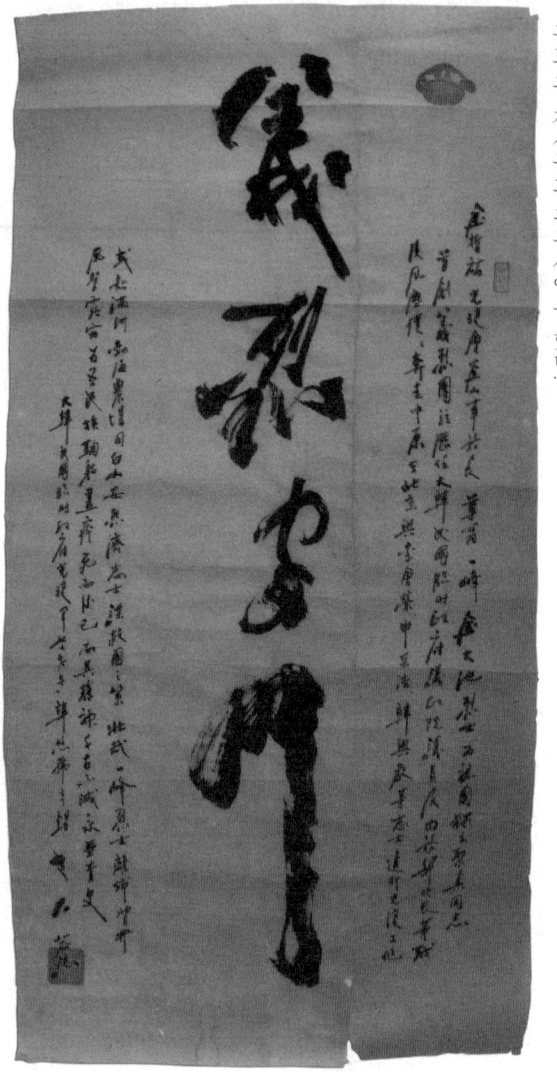

중국에서 광복군으로 활동하셨던 부산광복회 한형석 회장이 할아버지 김대지를 기리며 쓴 족자. 중앙에는 '의열안천義烈安川, 즉 의열의 정신이 산천을 평안하게 한다는 문구가 힘차게 자리잡고 있다. 족자의 내용을 번역하여 좌우에 실었다.

그분들은 가끔씩 지난 세월의 독립 비사를 서로 주고받곤 했는데 경력이 특이한 할아버지가 이야기를 많이 했다고 한다. 예를 들자면 의열단의 변장술, 북경군벌들이 북경의 시위학생들에게 시원한 배를 먹으라고 기차로 실어다 주면서 유화하던 일, 청산리전투에서 안개를 이용한 기가 막힌 포위 전술, 큰 소리로 항의하고 임시정부 회의장을 뛰쳐나가던 신채호의 대쪽 같은 선비다운 용기며, 대한광복회 시절 직산금광에 가서 금을 찾던 일, 이청천이 일본기병들을 장도로 사살했던 멋있는 장면, 홍범도가 레닌을 만나본 일화 등등을 들려주었다.

한 가지 또 인상에 남는 것은 의열단의 변장술과 통신법이었다고 아버지는 늘 말씀하셨다. 변장술에는 연분을 얼굴과 목 등에 바르거나 치자를 씹어서 이에 노란색 물을 들이는 방법이 있고 통신법에는 쌀가루죽으로 쓴 글을 옥도정기로 현상하는 방법도 있었다. 할아버지는 어릴 적 배운 한의학 지식을 이용하여 한의사로 일하면서 아픈 몸을 끌고 북만의 여러 지방을 다니며 옛 동지들과 연락하고 대책을 찾으려고 애썼다. 자신의 천직을 다하지 못해서 불안해하고 고통스러워했던 할아버지를 아버지는 늘 잊을 수 없다고 했다. 이런 할아버지는 반일투쟁을 마음껏 하지 못해서 하루도 편히 지내지 못할 정도였다. 마치 우리에 갇힌 사자처럼.

할머니 박선이朴仙伊가 돌아가신 뒤 3년 후인 1939년경에 할아버지는 경주 출신 조해선과 재혼했다. 조해선의 아버지 조병근은 평소 할아버지와 가까이 지낸 사이었고 할아버지가 비범한 독립투사임을 알고는 더욱 밀접한 관계를 유지했다. 할아버지 인생의 마지막 몇 년을 함께 보낸 조해선의 기억으로는 일본 경찰의 고문으로 인해 할아버지의 심신은 많이 쇠약해져 있었고, 손톱 밑이 까맣게 타고 피멍이 들어 있었으며 호흡 곤란, 심장 쇠약 등의 증상으로 많이 힘들어하셨다.

할머니 조해선과 생활하던 1930년대 말과 1940년대 초에 할아버지는 자주 하얼빈, 봉천 등지를 다녔는데 항상 중국인 복장을 하셨고, 이름도 자중, 일봉 등으로 바꿔 불렀으며 성도 박씨, 이씨 등 여러 가지였다. 극도로 심해진 감시의 눈을 피하려면 그렇게 살아야만 했다. 할머니 조해선의 말을 빌리자면 할아버지는 만난 지 얼마 안 되는 자신을 믿지 않았고 글도 모르고 식견이 없는 가정주부로만 취급했다고 한다. 하여 조해선은 할아버지의 고향도 이름도 본적도, 그리고 그의 전반생에 대해서도 전혀 몰랐다. 그냥 본래의 성씨가 김씨라는 것만 알았다.

한 달에 한두 번씩 15~20여 명 정도의 사람들이 할아버지의 집에 모여 지도를 펴놓고 회의를 하곤 했는데 조해선이 물으면 조선사람끼리 계중契中, 친목모임을 한다는 말뿐이었다. 그런데 계모임으로 위장하고 온 손님들은 알고 보니 상해, 봉천, 하얼빈, 길림 등지에서 활동하던 독립투사들이었다. 그분들 음식 대접과 술 심부름을 도맡아 했던 조해선은 그들이 멀리에서 할아버지를 찾아와서 중요한 이야기를 나누고 있음을 알았다. 이런 식의 비밀 활동이 할아버지의 주요 투쟁전략이었다.

강대민 교수는 〈일봉 김대지의 항일독립운동〉이란 논문에서 아래와 같이 기술했다.

> 일봉은 가내외적으로 험난한 역경을 겪으면서 강인한 정신력을 바탕으로 일관된 독립운동가의 삶을 살아왔음에도 불구하고 지금까지 저명한 항일투사로 잘 알려져 있지 않았다. 그 이유는 그

가 어느 특정단체를 중심으로 하여 지속적인 독립운동을 전개하지 않았고, 관여한 단체의 전면에 나서기보다는 막후의 실세로 남아 핵심적인 사항을 관장하며 비밀리에 활동했기 때문이다. 그러므로 의열단 관련 사료를 비롯한 독립운동 사료에는 그의 이름이 선명하게 부각되어 있지 않았을 뿐만 아니라 독립운동가의 뇌리에도 오래도록 남아 있지 않았다. 일봉의 생애와 항일 독립투쟁사는 일제시대 독립운동을 전개했던 투사들의 모습과 가족상을 그대로 반영하고 있다.

아버지의 '경상도국'

할아버지가 아버지에게는 대쪽 같은 바른 마음으로 한결같이 독립의 길을 걷는 애국심을 남겨 주었다면, 우리 가족에게는 경상도에서 유래된 탕국을 남기셨다. 우리는 이 음식의 정확한 이름을 모른다. 다만 어느 순간부터인가 우리는 할아버지를 연상하고 고국을 그리게 하는 이 탕을 '경상도국'이라고 명명했다.

우리 집에 초대받은 분들은 너나없이 '경상도국'에 대한 찬사를 아끼지 않았다. 아버지와 함께 동고동락하신 자치주 규율검사위원회 전 서기 신창순과 연변교육출판사 전 사장이었던 오창진도 약 40년 전에 아버지의 초대를 받고 우리 집에서 드셨던 경상도국을 이야기하면서 정말 특이하고 맛이 있었다고 말씀하셨다. 연변사람들이 평소 먹는 소고기국과는 전혀 다른 맛이었다고 한다.

연변사람들은 대부분 함경도 사람들이다. 물론 남한 출신도 다소 있다. 한 번도 음식 불평을 하지 않으셨던 아버지는 함경도 출신인 어머니에게 경상도국 요리법을 가르치셨다. 음식 솜씨가 좋으신 어머니가 비슷하게 만들어 내니 아버지는 어린아이처럼 좋아하셨고 그 후부터 특별한 손님 접대에는 꼭 우리 집 특유의 경상도국이 올랐다. 그런데 1986년에 6개월 동안 아버지와 같이 한국에 다녀오신 어머니는 한국에 가서 '경상도국'을 보질 못했다며 궁금해하셨다.

사실 경상도국은 아버지가 어린 시절 고향인 경상도 밀양에서 할머니가 만드셨던 국 맛을 떠올려 새로 만들어 내신, 고향의 그리움을 달래는 아버지만의 음식이었던 것이다. 경상도국은 이젠 특별한 날에만 먹는 우리 집의 전통 음식이 되었다. 아버지의 하나뿐인 며느리 지옥자(베이징 민족대학을 졸업하고 연변 주위당교 도서관 관장으로 있다가 퇴직)는 연변에서 둘도 없는 효부였고 아버지가 돌아가실 때까지 극진히 모셨다. 생전에 아버지는 며느리의 경상도국 맛에도 대단히 흡족해하셨다.

아버지는 평생 돼지고기를 드시지 않았다. 중국에는 돼지고기가 주요 육류였고 소고기는 흔하지 않았다. 왜 돼지고기를 싫어하시느냐고 아버지에게 물은 적이 있었다. 1927년 1월 중국에 오기 전까지 고향 밀양에서는 돼지를 본적이 없었고, 중국에 와서 시커멓고 더러운 돼지를 보고 많이 놀랐는데 그런 돼지가 싫어서 드시지 않는다고 했다. 정말 당시 밀양에 돼지가 없었는지 의아하기도 하고 혹시 아버지가 나를 놀리느라고 지어낸 이야기인지는 모르겠지만 아무튼 아버지는 돼지고기를 싫어했고 평생 드시지 않았다.

미국에 살고 있는 나도 식구들에게 경상도국을 잘 끓여주고 있다. 아이들도 구정이면 세배와 더불어 당연히 먹어야 하는 한국인의 음식

풍습으로 여기고 있으며 또 맛있어 한다. 미국의 한국 식당에서 파는 육개장보다 더 매콤하고 구수하다고 잘 먹는다. 아버지가 우리 가족에게 대물림한 이 경상도국은 음식이라는 평범함을 넘어서 고향 사랑과 민족 사랑을 후손들에게 전해 주고 있다.

2장

망국의 슬픔과 망명 생활

폭력 투쟁을 전제로 한 비밀결사 조직을 창설하여 의협 투쟁을 전개해야 한다는 그의 주장은 많은 동지들의 지지와 찬성을 얻었다. 이러한 지지에 힘을 얻은 그는 비밀결사 단체의 창설을 서둘렀다. 1년 후 할아버지와 황상규는 친히 의열단을 탄생시켰고 그들이 오래전 대한광복단 때부터 지녔던 이론을 실천했다.

한 가난한 유생의 아들로

할아버지는 이름이 김대지金大池이며 1891년 10월 7일에 경상남도 밀양군 밀양읍 내이동에서 김경수金景守의 아들로 태어났다. 자字는 일봉一峰, 이름은 대지大池이다. 천한 이름을 지으면 장수한다는 옛말에 따라 '돼지'라는 음에다 큰못이라는 뜻으로 대지大池라고 지었다고 한다. 할아버지의 이름은 한자로 '金大地' 또는 '金大智'로도 기재되어 있으며, 훗날에는 김치환金致煥, 김인식金仁植, 김일봉金日奉, 김정창金丁昌, 김자중金子重 등 여러 이름을 사용하여 일제의 눈을 피했다.

〈독립유공자 공훈록〉에 의하면 할아버지는 어릴 적부터 성품이 강직할 뿐 아니라 의분심이 강하고 한학에 조예가 깊었다. 애국심 또한 투철하여 국가가 쇠퇴해 가는 것을 개탄하고 민족의 앞날을 걱정했다.

할아버지는 국운이 풍전등화가 된 세월에 어린 시절을 보냈다. 일찍부터 엄격한 부친에게 한학을 익혔다. 할아버지의 부친나의 증조부은 가난한 유생이었다. 출신이 상민이어서 과거를 볼 수 없었으나 학식이 깊어 구한말에는 밀양군의 아전으로 있었으며 청렴하고 정직했다. 동학난 때에 밀양군 관리들이 많이 피살당했으나 그는 봉변을 당하지 않았다. 그 당시 많은 관리들은 몰래 땅을 얻어 둔 것이 많았으나 청렴한 그에게는 땅 한 마지기도 없어 극빈한 생활을 했다. 증조부님은 아들 김대지에게 학문만 가르친 것이 아니라 정직한 유생의 절개와 지조도 새겨 넣은 것이다.

할아버지에게는 누님 한 분과 두 여동생이 있었다. 젊어서는 폐병에 걸려 어느 산골 절에서 병 치료를 받으면서 한의학을 배웠다. 고향에서 한학을 배우고 서울에 가서 서학을 배워 영어와 일어도 능란하게 했다. 할아버지는 어릴 때부터 밀양에서 신동이라 불릴 만큼 남달리 총명했다. 그에게는 특별한 재간이 많았는데 글씨도 잘 쓰고 도장을 새기는 재주도 있어서 상해임시정부의 인장도 여러 번 새겼다고 한다. 할아버지가 돌아가실 때까지도 흑룡강성 아성현 취원창 집에는 도장주머니가 있었다. 거기에 도장이 다섯 개나 들어 있었는데 모두 상아로 된 것이었다. 할아버지의 도장 새기는 재간은 의열단의 비밀 도장인장을 할아버지가 고안해서 만들었다는 일본외무성의 극비자료가 뒷받침해 주고 있다.

할아버지는 그림도 잘 그렸다. 붓으로 그린 산수화들이 몇 장 있었는데 후에 족보와 함께 분실되었다. 할아버지가 중국에 망명해 있을 때 직접 그림을 그려 여러 번 딸 정숙에게 엽서로 보냈는데 영리한 딸은 보낸 이의 이름이 적혀 있지 않아도 아버지의 친필 그림임을 금방 알아보았다. '아버지께서 아직 살아 있구나' 하면서 마음을 놓았다고 회상했다.

할아버지는 1905년부터 1911년 사이에 밀양에 있는 동화학원에서 수업을 받은 후 학교에 남아 동년배이자 결의決意 형제였던 황상규와 함께 학생들에게 자주독립과 애국사상을 고취하며 항일교육 운동에 헌신했다. 민족정기를 깨우쳐야 나라를 구할 수 있다고 생각하고 동화학원에서 후대 양성에 힘을 쏟은 것이다. 그 한 예로 의열단의 결성 멤버였고 유명한 의열단원인 김상윤김옥은 1910년 동화학원에 입학하여 황상규와 나의 할아버지로부터 가르침을 받았다고 그의 공훈록에 기재되어 있다.

애국자인 전홍표 교장이 꾸린 이 밀양사립 동화학원은 반일독립투사를 배양한 요람으로 유명하다. 이 학교에서 애국애족의 정신을 배우고 조국 광복에 몸 바칠 것을 맹세하면서 공부한 학생들은 항일독립운동의 선봉에 서서 크게 활약했다. 이 학교는 이후 독립운동의 중추가 될 인재들을 많이 양성했으며 실제로 그들이 독립 의열투쟁의 훌륭한 행동가와 지도자가 될 수 있도록 기반을 닦아 주었다. 밀양경찰서에 폭탄을 두 개 던져 왜놈들의 간담을 서늘하게 했던 최수봉, 의열단 단장인 김원봉, 그리고 의열단 결성 멤버였고 후에 조선의용군으로 일제와 싸우다 중국 태항산에서 희생된 윤세주석정 등도 밀양 출신이고 동화학원에서 교육을 받았다. 일제는 외무성 극비자료에서 의열단 단장 김원봉의 경력을 평가하면서 고향 밀양에서 받았던 영향을 이렇게 분석했다.

> 김원봉은 어릴 때 향리에서 공립 보통학교를 졸업하고 다시 사

> 립 동화학교에서 배우고 나아가 경성중앙학교를 졸업한 후 …… (중략) 그의 출신지인 밀양에는 옛부터 이런 인물이 배출되어 한 촌풍村風을 이루었다. 왕년에 전홍표라는 자가 깊이 시국을 분개한 결과 향당을 지도하매 항상 이 기백을 주입한 데 기인한다고 한다. 지금 그의 동향 출신자인 한봉근, 김상윤, 김대지, 김천 등 따위가 모두 의열단의 중요 간부 또는 고문으로서 김원봉을 보좌하며 동단의 존립상 없어서는 안 될 인물이라고 말한다.

민족정기와 의열 기백을 발휘한 인물들이 특히 이 고장에서 많이 난 것은 우연이 아니었다. 밀양은 예로부터 임진 · 정유 왜란을 극복한 사명대사의 충의정신을 숭상하던 곳으로, 나라의 운명을 걱정하며 이곳을 출입하던 단애 윤세복, 회당 손일민, 백민 황상규, 일봉 김대지 등은 을사조약 이후 일찍이 간도지방으로 떠난 선구자들이었다. 이들에 의해 일제에 대한 밀양인들의 저항운동이 시작되었다고 보는 학자들도 많다.

"시일야방성대곡"

1905년 할아버지가 동화학교에 입학한 그해 늦은 가을 어느 날, 을사조약이 강제로 체결되어 조선이 일제에게 외교권을 박탈당했다는 청천벽력 같은 비보가 전해졌다. 이제 이천만 조선동포들이 일제의 노예로 전락하는 마지막 순서만 남은 셈이었다. 온 밀양의 백성들이 격분과 슬픔의 도가니에 빠져들었다. 며칠 후 서울에서 발행된 〈황성 신문〉에 실린 장지연 선생의 글 "시일야방성대곡是日也放聲大哭, 오늘 소리내어 통곡하노라"는 할아버지의 비분강개한 마음을 폭발시키는 데에 도화선이 되었다고 훗날 자식들에게 말해 주셨다. 하여 그때 신문을 보지 못한 아버지도 몇 구절을 외울 수 있었다.

"…오호 통재아, 노예가 되어버린 우리 이천만 동포여, 살 것이냐, 죽을 것이냐. 단군 기자 이래 사천 년 국민정신이 하룻밤 사이에 갑작스레 멸망해 버리고 말 것이냐! 원통하고 원통하다. 동포여! 동포여!" 이 통분의 논설을 읽은 할아버지의 가슴에는 쓰러져 가는 나라를 구해 보려는 뜨거운 염원이 불같이 일었다.

슬픔과 의분에 잠겨 있을 때 서울에서는 상소 항쟁이 벌어졌다는 소식이 전해졌다. 뒤이어 순국으로 항쟁의 불길을 타오르게 하는 비장한 애국자들도 경향 각지에서 나타났다. 할아버지는 그중에서 특히 시종무관이었던 민영환이 을사조약에 항거하여 자결한 사건에 충격을 받았다. 그는 민영환이 유서에 쓴 "무릇 삶을 요하는 자는 반드시 죽고, 죽음을 기하는 자는 반드시 삶을 얻는다"는 말에서 어떤 계시 같은 것을 얻었다고 했다.

할아버지에게 가장 큰 영향을 준 것은 애국지사들의 눈부신 의거들이었다. 1908년 미국에서 일본의 외국 고문高門을 격살한 장인환 의사의 의열 활동과 그 다음해 가을 조선 침략의 원흉인 이토 히로부미伊藤博文를 명중하여 총살한 안중근의 그 장쾌한 의거, 그리고 그 후 얼마 지나지 않아 매국노 이완용을 사살하려고 했던 이재명 의사의 용맹한 기개는 할아버지의 인생 전반에 영향을 주었다. 할아버지가 의열투쟁에 뛰어들기로 본격적으로 마음을 굳힌 시점이 이때가 아닐까 추측된다. 그 후 할아버지는 고향에 청년회관을 세우고 비밀결사 조직의 터전을 마련하면서 청년들을 조직하여 정세를 토론하고 우국지정을 토로했다. 이 청년회관은 밀양의 내이동에 있는 자그마한 건물이었는데 필자가 1990년에 찾아갔을 때에도 그 옛터가 그대로 있었다.

아버지는 할아버지가 버릇처럼 하시던 "나라가 없어진 날을 잊지 말라"는 말씀을 생생히 기억한다고 하셨다. 그날이 바로 1910년 8월 29일이었다. 500년 조선왕조는 '합방조약'으로 사라지고 그날부터 경복궁엔 일장기가 걸렸다고 할아버지는 그때의 슬픔과 침통함을 전하셨다. 일제에게 받은 치욕은 피로써 씻어야 한다는 할아버지의 의열투쟁 신념과, 나라는 빼앗겨도 민족은 영원하다는 믿음은 그때에 확고해진 것 같다. 그가 그때부터 비밀결사 단체를 조직한 사실에서 이는 더욱 설득력을 얻는다.

1910년 한일 병탄을 한 후부터 일제의 탄압과 착취 등 온갖 횡포는 날로 격심해졌다. 조선총독부는 합병조약이 체결된 후 3일 뒤에 조선의 모든 정치 단체에 대해 일주일 내에 해산할 것을 명령하고 집회와 토론 연설을 일체 금지했다. 그러나 국권회복을 목표로 하는 비밀결사는 끊임없이 조직되었다. 항일투쟁을 하려면 우선 비밀 조직을 통하여 동지들을 결속하고 힘을 키워 일본 침략자를 처단하는 길밖에 없었기 때문이다.

국내 독립운동의 주요 방식은 이렇듯 비밀결사였다. 1909년 이후 의병 투쟁에 대한 무자비한 탄압으로 의병들의 항쟁 정신과 투쟁이 비밀결사로 계승되기도 했다. 일제도 이러한 비밀결사의 동태를 주시하고 있었다. 1910년대 당시 국내에는 '일합사一合社'와 '광복회'라는 두 개의 중요한 비밀결사 조직이 있었는데 할아버지는 바로 이 두 비밀결사 조직의 주요 조직자 중의 한 명이었다. 경술국치를 전후하여 할아버지 김대지는 후에 광복회에 함께 참가한 이각과 황상규, 안확, 구영필, 윤치형 등의 동지와 같이 '일합사'를 조직한 것이다.

일합사는 1910년 전후 밀양의 청년 지사들이 망국의 비애를 통감하고 국권 회복에 청춘을 바치겠다는 결의하에 친목단체로 위장하여 조직한 비밀결사였다. 일합사란 명칭은 '청춘의 일편단심을 합한다'는 뜻으로 지은 것이었다. 그때 일합사 동지들의 연령은 20세 전후였으며 주로 밀양사람들이 중심이었고 대구와 마산 등지의 동지들과도 서로 연락하여 상통하면서 조직되었다. 밀양 청년회관은 당연히 일합사의 비밀 기지가 되었다.

이각이수택에 대한 공훈록을 보면 "1913년 밀양에서 안곽, 이영재, 명도석, 황상규, 김대지, 윤치형, 구영필 등의 동지와 함께 항일운동에 뜻을 모아 일합사를 조직했다. 이렇게 하여 5년간 구국 활동을 전개하던 중, 1918년 동지 명도석, 김대지, 구영필 등이 평양에서 체포되므로 일합사의 활동은 침체되었다"고 기록되어 있다.

아쉽게도 다른 역사자료를 보더라도 할아버지와 다른 주요 인물들이 독립운동의 비밀결사 단체인 일합사를 조직하고 각처의 동지들과 연락하며 국권운동에 힘을 쏟았다는 내용 정도밖에 없고 전개한 활동들을 구체적으로 밝힐 만한 자료는 없다. 비밀결사였기 때문에 결성 당시의 조직 형태나 규모 등을 파악할 만한 자료를 찾기 어려운 것이다. 그러나 일합사의 주요 멤버인 김대지, 이각, 황상규 등이 1913년부터 1914년 사이에 대한광복단의 초기 주요 멤버로 활약했다는 기록으로 보아 일합사는 1914년 후에는 자연스럽게 해체되지 않았을까 추측할 수 있다.

군자금을 모으기 위해 금광으로

대한광복단은 1913년 경상북도 풍기에서 채기중蔡其中, 1873~1921의 주도로 평소부터 일제의 침략에 비분강개하던 유창순, 유장렬, 강순필(경북 상주사람으로 대한독립의군부 출신이며 식민지주 장승원 처단에 참가), 한훈, 김병연, 정만교, 김상옥, 정운기(충북 괴산 출신), 정진화, 양제안, 양한위, 김대지, 황상규, 이각 등등 한말 의병 또는 이와 관련이 있는 인사들이 결성했다. 즉 결사의 비장한 각오와 활동으로 잃어버린 국권, 국토를 회복하는 데 앞장서자는 조직이었다. 대한광복단은 1910년대 성립된 국내의 비밀결사 중 가장 전투적인 단체였다. 일제의 무단통치 아래에서 도저히 더는 의병항쟁을 전개할 수 없었던 때에도 의병 운동과 민족 교육 운동이 결합되어 만들어진 새로운 조직이었다.

대한광복단은 처음에는 양제안, 우재룡, 우창순 등의 의병 출신과 지사 집단을 중심으로 조직되었다가 후에는 1905년 오적암살계획에서 직산군수 처단에 이르기까지 수차례 투쟁 경력을 지닌 한훈을 비롯해 후일 종로경찰서 폭발 의사를 감행한 김상옥 그리고 김대지, 황상규, 이각 등 교육 구국 운동의 경험을 갖춘 밀양 지역의 청년 지식인 집단까지 가세함으로써 계속 확장되었다.

광복단은 처음부터 의병의 기질을 계승하고 자금 모집과 무기 구입을 통한 무장투쟁 노선을 견지했다. 하지만 의병 항쟁에서 실패를 경험했던 '즉각 결전'이라는 투쟁 논리는 지양하고 암살파괴와 같은 새로운 계략을 마련했다. 단원들은 단합하여 동지들을 모집하고 군자금을 모으기 시작했다.

여기에 할아버지와 관련된 재미있는 이야기가 전해지고 있다. 1914년 할아버지는 군자금 모집을 위하여 동지들과 함께 충청남도 천안군 직산면 삼곡리에 있는 직산금광을 찾아갔다. 여기서 얼마 동안 일하면서 군자금을 마련하려고 했던 것이다. 그러나 정작 가보니 현실은 한심하기 짝이 없었다. 온종일 모래를 일고 일어도 금가루를 한 홉도 얻을 수 없었다. 사금노동자들이 일하는 광경을 자세히 지켜보던 할아버지와 동지들은 매우 실망했다. "이렇게 모아서야 언제 군자금을 마련하노?" 그들은 맥없이 터벅터벅 자그마한 산마루에 올라갔다. 산 아래 탁 틔운 듯이 뻗은 넓은 벌판에 한 고을이 자리 잡고 있었다. 옹기중기 들어앉은 집들에서는 때마침 저녁 연기가 피어올랐다. 이 고을에는 기와를 얹은 고대광실도 있었고 초라한 초가집도 보였다.

유심히 내려다보던 할아버지는 무릎을 탁 치면서 "저 아래 큰 집들을 좀 보소. 저 부자집들이 바로 큰 금덩어리가 아니겠소? 수많은 모래알에서 한 알의 금가루를 얻는 것보다 저 큰 금덩어리들을 안아 가는 게 낫겠소이다"라고 대담한 제안을 했다.

그때부터 광복단은 군자금을 모으기 위해 각 부호들에게 그 수준에 따라 배당금을 정하고 문서를 우편으로 발송하여 후에 단원을 보내 가져오는 방법을 취했으며 불응자에 대해서는 처단하기도 했다. 학자들은 할아버지의 이와 같은 대담한 발상과 제안으로 자금 모집에 대한 사고방식이 많이 달라졌고, 이러한 공감대를 바탕으로 대한광복단의 투쟁 방침이 바뀌게 되었다고 분석한다.

이와 같은 때에 대구에서는 의병장으로 활동하다 감옥 생활을 하고 나온 우재룡과, 의병대장 허위의 문하에서 애국의 도를 배운 박상진 등을 주축으로 독립의군부나 국권회복단 등의 조직을 통하여 구국 투쟁을 하려고 계획 중이었다. 특히 박상진은 1912년부터 대구에 외국무역을 하는 상덕태상회를 설치하고 중국과 왕래 연락을 하면서 중국에서 한국의 사관 양성 계획을 추진하는 등 상당한 규모의 활동을 펼치고 있었다.

이리하여 서로 뜻이 같고 목적이 같은 풍기(대한광복단), 대구(국권회복단) 두 곳의 지사들이 1915년에 두 곳의 구국운동을 통합하자는 데 합의를 보았다. 그해 7월 대한광복단은 대구 달성공원에서 비밀 집회를 갖고 단명을 대한광복회로 개칭하면서 조직을 확대하였다. 1916년부터는 다시 전국적인 지부망을 구축하여 자금을 모집하고 친일 지주를 처단하는 등 1910년대 국내의 대표적인 전국 규모의 항일 비밀결사로 성장했다. 광복회는 일본인이 경영하는 금광에 잠입하거나 상동광산, 직산광산, 우편마차 등을 습격하여 군자금을 모았고, 전국의 부호 명단을 작성하여 모금하기도 했으며, 그에 응하지 않은 칠곡 장승원, 아산 박용하, 보성 양재성 등 악질 부호를 처단했다. 처단 현장에는 광복회 선언장을 두었기에 광복회에 대한 소문은 전국에 퍼졌다.

그때는 약 600여 명의 광복회 회원들이, 조선 국내는 물론 만주지역까지 산재하여 독립운동을 전개하고 있었다. 그 시기에 할아버지는 만주지방의 길림, 봉천 등지를 왕래하면서 이 지역에서 구국운동의 기반을 구축하는 일에 동향인이자 광복회 회원인 손일민 지사와 함께 온갖 힘을 다 기울였다. 손일민은 일찍이 1912년에 만주로 망명하여 국외 광복회의 안동지회 회원을 거쳐 1915년에는 길림지회를 조직하여 비밀리에 국내와 연락하며 활동하고 있었다.

이때 일제의 수사도 강화되었다. 1918년 친일 매국노 이종국이 광복회를 천안경찰서에 밀고함으로써 조직은 파괴되고 대다수의 회원들이 경찰에 검속檢束되었으며 채기중, 박상진 등은 사형을 당하고 유창순 등 20여 명은 무기 또는 장기형에 처해졌다. 광복회 조직이 일제 군경의 추적을 받을 때인 1918년 5월에 할아버지도 붙잡혔고 황상규는 같은 해 중국으로 탈출했다.

이종암과의 운명적 만남

할아버지의 인생에서 굵직한 선을 그을 만큼 중요한 사건 중 하나는 동지인 이종암과의 만남이었다. 1917년 이후 할아버지는 국내에서의 항일운동의 한계를 절감하고 새로운 길을 개척하려고 만주지방의 길림, 봉천(지금의 심양) 등지를 왕래했다. 그는 국권회복 운동에 투신한 지사들과 새로운 비밀결사 지하조직을 모색했다. 그는 항상 "빼앗긴 국권을 되찾으려면 싸울 힘을 길러야지"라고 말했다. 그는 그때 해외로 망명하여 독립운동을 하기로 마음먹었다.

송정도의 〈기려수필〉에는 아래와 같이 기재되어 있다.

> 이종암은 1917년 10월 만주에 왕래하는 동지가 있어 그와 모의하여 국권회복 운동에 투신할 것을 결심하고 비밀지하단체를 조직하려 했으며 밀양 출신 구영필과 김대지 동지를 얻었다. 12월에 이 두 사람과 같이 은행돈 일만 구천 원을 가지고 미국으로 망명하려 하다가 마침 세계대전 중이라 직항이 안 되어 두 동지와

상해까지 가 보았으나 여의치 않아서 봉천으로 되돌아왔다.

이종암은 당시 20세의 젊은 우국청년이었다. 그의 고향 대구에는 1914년부터 1917년까지 대한광복단 운동이 일어나서 여러 가지 중대한 사건들이 많았다. 그때 이종암은 대한광복회 인사들과(모두 30, 40대였다) 직접 사귀기에는 나이가 어렸다. 그러나 그는 언제나 개인적으로 접촉을 가지려고 애썼다. 구영필과는 전부터 교분이 두터운 사이였다. 천도교 관계로 선배로 섬기기도 했으나 나이가 10년이나 차이가 있어 서로 호형호제했다. 이종암이 미국 유학의 꿈을 실현하려고 자신이 근무하던 은행의 거금을 가지고 도망쳐 은신해 있을 때 구영필과 연락이 있었고 구영필은 봉천에 가서 기다렸다고 한다.

구영필은 할아버지의 고향 친구였고 황상규와 더불어 세 사람은 결의 삼형제였다. 반일 의지가 굳세고 독립 의지 하나로 의기투합한 세 사람은 고향에서 함께 일합사를 결성하고 구국의 길을 함께 찾으려고 노력하고 있었다.

할아버지는 미국 망명의 계획을 접은 후 다시 조선 국내로 비밀리에 잠입하다가 일경 주구들에게 체포되어 온갖 고문과 시달림을 받았다. 친일 매국노 이종국이 광복회를 밀고한 것이다. 할아버지는 필사의 항거로 조직의 내막을 끝내 밝히지 않았기에 여덟 개의 손톱이 뽑히는 고초를 겪었다. 1918년 5월에 평양복식법원에서 소위 보안법 위반이란 죄목으로 징역 4개월을 언도받으며 모진 옥고를 치렀다.

그 뒤 중국 만주에서 할아버지와 이종암은 다시 의열단이란 새 비밀결사 조직 안에서 함께 항일투쟁을 벌였고 이종암은 의열단의 가장 걸출한 단원 중 하나가 되었다. 그들의 회동은 새로운 의열투쟁의 길을 열었던 것이다. 할아버지는 이종암과 봉천에서 처음으로 만났던 일을 항상 소중하게 여겼다. 그가 황상규와 함께 새로운 비밀 결사 조직인 의열단을 구상할 때 이종암의 출현으로 의열단 창단 계획에 활기를 얻었기 때문이다. 할아버지는 지력과 담략을 겸비한 애국청년 이종암이 마음에 들었다.

그들이 만난 지 2년 뒤 의열단이 창단될 때 할아버지와 황상규는 의열단을 탄생시킨 고문이 되었고 이종암, 김원봉, 윤세주, 이성우, 곽경, 강세우, 한봉근, 윤치형, 고인덕, 한봉인, 김상윤, 신철휴, 배동선, 서상락, 권준 등 십여 명은 창립대원이 되었다. 이처럼 의열단 창단 후 단원으로 구국운동에 눈부신 활약을 한 사람이 바로 이종암이었다.

의열단을 세상에 알린 굵직굵직한 사건 중에는 이종암이 참여한 사건이 많다. 밀양경찰서 폭탄투척 사건 때는 의열단원 이종암, 고인덕, 김상윤 등이 함께 모의하여 폭탄 2개를 제조 후 동지 최경학최수봉이 1920년 12월 27일 밀양경찰서에 투척했다. 그 뒤, 1922년 3월 28일 의열단원 김익상, 오성륜, 이종암이 일본 육군대장 다나카를 상해 황포탄에서 습격하여 암살을 시도했다. 비록 목적을 이루지는 못했으나 일제는 이 일로 큰 공포에 떨었다. 그 외의 많은 사건에 이종암이 간접적으로 참여했다.

1924년 조선총독부 경무국장이 외무부 차관에게 보낸 의열단 관련 보고서에서는 이종암을 의열단 5인 참모부 중 한 명으로 꼽았고 '치밀하고 대담'하다고 평가했다.

이종암이 마지막으로 수행한 의열단 임무는 1925년 11월 경북의열단 사건으로 일명 '이종암 사건'이라고도 한다. 당시 1924년부터 의열단의 자금난은 점점 더 가중되던 시절이었다. 게다가 공산당 계통의

운동자들은 암살파괴 운동에 대해 거센 비난을 쏟아 냈다. 이에 분노를 느낀 이종암은 동경 거사 결행을 결심한다. 그는 1만 원의 돈이 마련되면 혼자 동경에 가서 폭탄 거사를 감행할 생각이었다. 독립운동 진영에서 고개를 쳐들고 있는 비판과 회의를 잠재우기 위해서 암살파괴 운동의 실효성을 직접 행동으로 보여 주려고 한 것이다. 하지만 그는 비용 마련을 위해 1925년 여름에 밀입국하여 경상남북도에서 모금 활동을 벌이다 고인덕, 배중세, 한봉인(의열단원 한봉근의 동생) 등 십여 명의 동지들과 함께 경북경찰부에 체포되고 말았다.

의열단원 고인덕은 징역 10년형을 구형받고 고문과 악형에 저항하여 두 차례 자결을 시도한 끝에 1926년 12월 21일 고문 후유증으로 옥중에서 사망했다. 고인덕은 할아버지의 비서격으로 상해임시정부 수립 당시 함께 동행했던 지식인인데, 할아버지는 그가 문무를 겸비한 훌륭한 독립투사였다고 많이 그리워했다. 고인덕의 부인 김수복은 밀양에서 혼자 애들을 키우는 할아버지의 부인(나의 할머니)을 많이 도와주었다. 이종암은 13년 선고를 받고 옥고를 겪던 중 4년 뒤 돌아가셨다.

이종암과 고인덕 등 핵심 동지들이 체포됨에 따라 의열단이 받은 타격은 매우 컸다. 이종암 사건을 끝으로 의열단은 소강상태로 들어갔고 김원봉 등은 투쟁 노선을 변경하려 광주로 떠났다. 할아버지는 이종암을 언급할 때마다, 그 젊은이를 만난 후 만든 의열단이 그가 떠나면서 끝을 보았다고 아쉬워했다. 이종암이 바로 할아버지와 황상규의 암살파괴 투쟁 노선을 가장 견결히 지지하고 앞장서 실행하려던 의열단의 가장 훌륭한 열혈단원이었기 때문이다.

중국으로 망명하다

평양 감옥에서의 복역을 끝내고 출옥한 뒤 할아버지는 국내로 돌아왔다. 그에게는 두 가지 목적이 있었다. 하나는 일제에 대항하여 독립을 쟁취하기 위한 군자금 확보였는데 고향 밀양 본가는 물론 여러 친지들의 재산을 처분하여 무기 구입과 국외 독립기지 구축에 필요한 자금을 조달하기 위함이었고, 다른 하나는 기존의 대한광복회 조직이 와해되었으므로 새로운 비밀결사 조직을 만들어 동지들을 규합하려는 것이었다.

할아버지가 귀국했을 때는 3.1운동이 일어나기 반년 전이었다. 조선은 불만 지르면 폭발할 것 같은 화약상자였다. 당연히 일경의 감시 또한 만만치 않았다. 왜놈과 친일 주구들의 악독한 파괴로 대부분의 비밀결사 조직들은 이미 와해되어 있었다. 할아버지는 새로운 지하단체의 필요성을 절실히 통감하면서 국내의 동지들과 함께 조직 준비를 서두르고 있었다. 그들은 밤이면 모여서 비밀회의를 열고 낮에는 암암리에 연락을 가졌다. 그러던 중 어느 날, 일찍부터 왜경의 요시찰 인물로 지목되어 감시를 받아오던 할아버지는 동지들로부터 급히 피신하라는 통지를 받았다. 곧바로 그동안 모금한 독립운동 자금을 지니고 밤을 타서 집을 떠났다. 그렇게 하여 일제 관헌의 경계망을 피해 본격적으로 해외망명의 길에 올랐다.

중국의 동북3성(흑룡강성, 길림성, 요녕성)에 온 후 그와 여러 애국지사들은 한편으로 경작하고 한편으로 투쟁하는 장기적 둔전屯田식 투쟁 방식으로 독립운동을 진행할 수밖에 없었다. 그가 얻어 온 독립운동 자금은 만족스러울 만큼 충분하지는 못했으나 후에 길림성 영고탑寧古

塔(현재의 흑룡강성 영안현)에 토지 수십만 평을 구하는 데 결정적인 기여를 했다.

중국에 망명한 후 할아버지는 국내에서부터 품어 오던 무장투쟁을 위주로 한 비밀결사의 창설 준비를 빈틈없이 해나갔다. 1년 후에야 세상에 태어날 의열단의 싹을 키워간 것이다. 그는 길림에서 대한정의군정서大韓正義軍政署의 주요 간부인 절친한 친구 황상규와 만주 광복단 참모로 활약하던 손일민 지사를 만나서 구국의열 투사 배양과 독립운동자금 조달책을 토론했다. 황상규와 손일민은 모두 할아버지의 동향 동지들이고 특히 동년배인 황상규는 그와 결의 형제여서 각별한 사이였다. 그들이 함께 한 일들은 정말 많았다. 이제 그들은 또 함께 의열단을 창단함으로써 독립의열사상 가장 빛나는 한 페이지를 열 준비를 하고 있었다.

할아버지는 이 두 동지에게 자기의 속내를 털어놓았다. 앞으로의 독립운동은 이론적인 구호와 행동은 지양하고, 비밀결사체를 새로 만들어 왜적 고관을 저격 살해하고 국내의 주요 공공건물을 파괴하는 실력 행사를 위주로 해야만 우리 민족의 관심을 일으키고 왜적의 식민 정책을 짧은 시일 내에 중단시킬 수 있으리라고 보았다.

이와 동시에 할아버지는 대동청년단의 초대단장이며 후일 상해임시정부 법무총장으로 당선되었던 남형우와 동단의 제2대 단장으로 활약한 백산 안희제 선생 및 비밀단원이었던 윤세복, 김동삼, 곽재기, 윤현진 등 동지들과 여러 번 만나 비밀결사 조직에 대해 토의했다.

그는 중국 동북3성에서 독립투쟁에 이바지할 애국지사의 인재양성과 무력 투쟁에 필요한 군자금 조달을 힘쓰던 중 이종암, 한봉근, 신철휴, 김상윤 등의 많은 젊은 청년들을 유하현柳河縣에 있는 신흥무관학교에 입교하도록 주선했다. 그들은 훗날 의열단의 결성 멤버가 되었다. 비밀결사 조직 구성으로는 무관학교 생도들이 가장 적합했다. 당시 신흥무관학교는 광복회의 독립군 양성 기지처럼 되어 있어 광복회와 밀접한 관계를 맺고 있었다. 그래서 일찍부터 광복회는 비밀리에 국내의 애국 청년들을 선발하여 만주로 망명토록 해서 신흥학교에 입학시켜 왔다.

이렇듯 폭력 투쟁을 전제로 한 비밀결사 조직을 창설하여 의협 투쟁을 전개해야 한다는 그의 주장은 많은 동지들의 지지와 찬동을 얻었다. 이러한 지지에 힘을 얻은 그는 비밀결사체의 창설을 서둘렀다. 1년 후 그와 황상규는 의열단을 탄생시켰고 그들이 오래전 대한광복단 때부터 지녔던 이론을 실천했다.

3장

상해임시정부 요원으로 활약하다

할아버지는 결혼 후 아들딸들을 두었으나, 평온한 가정생활을 누릴 사이도 없이 가정의 무거운 짐을 젊은 아내에게 떠맡기고 결혼 초부터 국내외를 누비면서 독립운동에 투신했다. 아내에게 간단한 가정 상황을 물은 다음 그는 미안하다는 말만 수없이 곱씹고 곱씹었다.

프랑스 조계지 보창로 329호

1919년 2월 말, 할아버지는 중국 동북3성의 독립운동자 대표의 일원으로 정부수립 준비를 위해 상해로 갔다. 그때 그의 어깨에는 또 다른 중요한 임무가 하나 있었다. 오래지 않아 창립 예정이었던 의열단에서 사용할 폭탄과 기타 무기 구입 및 조달 임무였다. 상해의 프랑스 조계 보창로 보강리寶康里 60호에 자리한 그의 집은 의열단의 상해 근거지였다. 모든 의열단 단원들이 상해에 오면 일단 그의 집에 거처를 정했다. 김원봉, 곽재기 등 의열단원들의 자료에는 할아버지의 집을 근거지로 삼고 단원들이 활동했다는 내용이 나온다.

상해 보강리 일대는 독립운동가들이 모여 살던 곳으로, 60호에는 신규식, 나의 할아버지, 남형우 등이 거주했고, 50호에는 김승학과 신숙, 최동오가 살았으며 54호는 이유필의 집이었다. 이유필의 집은 1920년대 초에 신채호가 〈신대한新大韓〉을 발간했던 장소이며, 윤봉길 의사의 의거가 성공한 후 도산 안창호가 이곳에서 일본 영사관 소속 경찰에게 체포되어 국내로 압송당한 역사의 현장이기도 하다.

그때 상해는 독립운동이 비교적 자유로웠기에 3.1운동 전에 국외로 망명한 독립운동 지도자들이 가장 많이 집결했던 곳으로 국외 독립운동의 중심거점이었다. 특히 프랑스 조계는 안전한 지대였다. 거기에 손중산孫文, 두월생杜月笙 등 중국 인사들의 지원도 있어 한국독립운동에 대해 여론의 지지를 얻을 수 있었다. 조선 국내를 포함하여 일본군이 주둔해 있는 중국 동북3성이나 러시아 또는 본토와는 너무 멀리 떨어진 미국보다는 상해가 비교적 안전하고 편리한 지역이었다.

1920년 6월 조선총독부 경무국장이 일본 외무차관에게 통보한 보고서 요지에서 "3.1운동의 책원지는 상해가 아니냐는 의심이 없을 수 없다"고 썼듯이 3.1운동에 대한 준비를 가장 조직적으로 전개한 상해에는 이미 천여 명의 독립투사들이 모여 있었고 또 임시정부를 준비하는 동안에도 독립투사들이 속속 망명해 오고 있었다. 그들은 한국의 독립이 국제적인 인정을 받으려면 국내외 독립 세력을 통합하는 독립운동의 최고기관을 세워야 한다는 데 공감했다. 이때 조선에서 드디어 3.1운동이 폭발했다. 이 거족적인 독립운동은 마침내 상해 임시정부의 수립을 이끌어 냈다. 한국이 국권을 빼앗긴 지 9년 만에 한국인은 자주적 정부수립이라는 위대한 역사의 한 페이지를 열게 된 것이다.

1919년 3월 말에서 4월 초에 이동녕, 김동삼, 이시영, 조소앙, 신채호, 남형우, 여운형, 현순, 김철, 신석우, 선우혁 등이 상해에 왔다. 거물급 지사들이 상해에 도착함으로써 상해는 독립운동 분위기가 농후해졌으며 임시정부 설립 활동은 더욱 활기를 띠기 시작했다. 할아버지는 이들과 만나 임시정부 수립을 논의하면서 29인의 발기인 중 한 사람이 되었다.

그들은 프랑스 조계지에 있는 보창로 329호에 모여 임시정부를 조직하기 위한 예비회의를 열었다. 그 회의에서는 시작부터 주도권 문제로 국내파와 국외파로 의견이 갈라지기도 했다. 다음에는 임시정부의 정체政體를 이씨왕조를 계승하는 제국정부 형태를 취하느냐 공화주의 정체를 채택하느냐로 의견이 맞섰으나 몇몇 사람을 제외하고는 공화체제를 지지했기에 정부 형태는 공화정체를 채택하기로 결말을 보았다.

드디어 1919년 4월 10일에 임시국회인 임시의정원 제1차 회의를

대한민국 2년 신정, 임시정부 새해축하회 기념사진

프랑스 조계지 김신부로에서 소집하게 되었다.《대한민국 임시정부와 석오 이동녕》이란 책에 의하면 할아버지는 이동녕과 같이 제1차 의정원회의를 개최했고 소집임무를 맡았다고 한다. 회의는 다음날인 4월 11일까지 열렸고, 임시정부 발기인 즉 임시의정원의 제헌의원인 29명 전원이 참석했다. 그들의 명단은 김대지, 현순, 손정도, 신익희, 조성환, 이광, 이광수, 최근우, 백남칠, 조소앙, 남형우, 이회영, 이시영, 이동녕, 조완구, 신채호, 김철, 선우혁, 한진교, 진희창, 신철, 이영근, 신석우, 조동진, 조동우, 여운형, 여운홍, 현장운, 김동삼이다.

이들 의원들의 면면을 살펴보면, 국내 3.1독립운동을 추진한 49인이 보낸 현순 · 손정도, 시베리아와 만주 등지에서 근업회, 경학사, 한족회, 신흥무관학교 등을 세워 독립군을 양성하고 해외 독립군 기지를 구축했던 김대지 · 이동녕 · 이회영 · 이시영 · 조완구 · 김동삼 · 신채호, 일본에서 2.8독립선언을 선포하고 온 이광수, 미국에서 독립운동을 전개한 여운홍, 상해에서 신한청년당을 결성하여 독립운동의 기틀을 마련한 여운형 등 당시 각 지역에서 독립운동을 주도한 인물들이 망라되어 있다.

의정원에서는 의장 이동영, 부의장 손정도를 각각 선출했으며, 4월 11일에 국호를 '대한민국'으로 의결하고 전문 10조로 된 임시헌장을 심의 통과시켜 공포함으로써 대한민국임시정부의 수립을 대내외에 선포했다. 아울러 이승만을 국무총리로 선임하는 등 각료 명단도 발표했다. 그리고 4월 17일에는 임시정부의 현판식을 거행했다. 2천만 조선사람들의 염원으로 대한민국임시정부가 통합된 단일 통제기관으로 상해에서 탄생한 것이다. 바로 3.1운동에서 "조선이 독립국임을 선언하노라"고 한 선언을 실천에 옮겼다고 볼 수 있다.

대한민국이란 국호는 1919년 4월 11일 임시의정원에서 신석우의 동의와 이영근의 재청으로 가결되었다. 이때 여운형은 국호를 '대한'으로 결정하는 데 크게 반대했다. 그는 "대한은 조선에서 오래 쓴 역사가 없고 잠깐 있다가 곧 망했으니 부활시킬 필요가 없다"라는 것이 이유였다. 이에 반해 '대한'을 찬성한 사람들은 "대한으로 망했으니 대한으로 흥하자"고 주장했다.

제2차 임시의정원회의가 4월 22일 제1차 때보다 40명이 증가된 69명이 참석한 가운데 차장제 폐지와 위원제 사용이 가결되어 각부 위원의 인선이 끝났는데, 이 회의에서 할아버지는 신익희, 김구, 최근우, 조동진 등과 같이 내무 위원(내무부 차장)이 되었다.

역사 문헌에는 할아버지의 임시정부 의정 활동에 대해 다음과 같이 기록하고 있다.

> 제1차 회의:
>
> "4월 10일 조소앙으로부터 정식의장 한 사람을 선거하자는 동의動議가 있었다. 이어 임시의장 한 사람을 선거해야 한다는 김대지의 개의改議가 있었다."
>
> "교통차장의 선거에 한진교는 선우혁, 이영근은 김대지를 추천하여 가결한 뒤 투표 결과 선우혁이 당선되다."
>
> 제2차 회의:
>
> "차장제를 폐지하고 위원제 사용을 결의했다. 각부 위원의 선거는 4월 22일에 15인을 선정하여 이 위원회에서 추천한 인원 중에서 본원에서 의결하자는 최근우의 동의動議와 김우진의 재청에

의해 가결된 후 …… (중략) 의원 중 8인은 의장이 선정하자는 여운홍의 동의와 서병호의 재청에 의해 가결되어 의장(이동녕)은 서병호, 김응섭, 한남수, 김구, 이기용, 조성환, 김대지, 윤현진을 선정하다."

제3차 회의:
"4월 25일 임시의정원법 초안을 통과할 때 …… (중략) 심사위원 5인을 선거하여 한 시간 후에 심사 보고케 하여 가부를 의결하자는 여운형의 개의改議와 현순의 재청으로 가결되었다. …… (중략) 곧 임시의정원법 심사위원으로 이춘서, 배형제. 유경환, 조동우, 김대지, 홍도, 서병호, 이광, 최근우를 추천했다……."

상해임시정부는 일본 세력이 한국의 반일 역량을 훨씬 능가하고 국제적인 협조와 지원이 현저히 부족한 어려운 상황에서 탄생했다. 하지만 임시정부의 성립 소식은 일제의 탄압과 고통 속에서 좌절하고 방황하는 한민족에게 독립의 희망과 용기를 북돋아 주었다. 물론 그 뒤에 제구실을 못해서 논란도 많았고 비판도 받았지만 그것은 임시정부가 바로 독립운동을 위주로 한 통치기구였기 때문이다. 한민족은 임시정부가 독립운동의 구심점이자 최고 기관이라고 믿고 따르려 했다. 상해임시정부의 선서문은 이렇게 호소한다. "동포 국민이여 분기할지어다. 우리의 정의는 마침내 일본의 폭력에 승리할 것이다. 동포여! 기起하여 최후의 1인까지 싸우라." 우리 민족은 상해임정이 보여준 이 불굴의 의지와 정신을 끝까지 고수했다.

망명 후의 첫 고향 방문, 그리고 바람처럼 사라지다

대한민국임시정부는 타국인 중국 상해에 수립된 까닭에 국내의 국민들을 직접적이고 효율적으로 통솔할 수 없어서 내정에는 많은 한계가 있었다. 다만 교통부 소관의 교통국과 내무부 소관인 국내 지방행정기구인 연통제聯通制 조직이 비밀리에 설치되어 국내와의 연락, 자금조달, 정부의 명령전달 등의 업무를 담당하게 했다.

당시 임정은 교통국이나 연통제의 조직망을 활용하여 국내의 독립운동을 지도하고 통괄했으며, 경우에 따라서 이들 기구의 활동 상황을 점검하는 등의 특수 임무를 위해 임정요인 중 적임자를 선정하여 파견하거나 현지인에게 그 임무를 부과하기도 했다. 경상남도 밀양군에는 할아버지를, 경기도 경성에는 박은식과 현순을, 충청북도 청주군에는 신채호를 그리고 황해도 인천군에는 김구를 보냈다. 그들은 파견된 각지에서 그 지방의 유력자, 재산가, 학교, 종교 등을 조사하여 보고하는 역할을 맡았다.

이처럼 임정에서 파견한 조사원들은 모두 당대의 쟁쟁한 독립투사들이었다. 대한민국임시정부가 일원화된 정부로 활동을 시작할 무렵인 1919년 11월에 할아버지는 임시정부의 조사원 자격으로 고향인 밀양에 파견되었다.

상해임정 수립 후, 할아버지가 임정의정원 의원 및 내무 위원이 되었다는 소식이 세상에 전해지고 일제가 드디어 그의 출신, 배경, 경력 등을 알아낸 뒤로 밀양 내이동 847번지 본가는 거의 매일 일경들이 들이닥쳐 수색하였고 식구들은 시시각각 일경의 감시를 받아야 했다. 바로 그런 시점인 1919년 초겨울에 그는 일제 경찰과 밀정들이 욱실

거리는 조선에 임시정부 조사원 신분으로 잠입하여 무사히 고향 밀양으로 돌아왔다. 이는 죽음을 무릅쓴 모험이었다.

1918년 가을에 해외로 망명한 후 처음 와보는 고향이었다. 꿈속에서도 그리던 밀양이었지만 고향은 그에게 마음껏 다닐 자유도 주지 않았다.

상해임정에서 유일한 밀양 출신인 그는 밀양경찰서의 눈엣가시였다. 본가 주위는 철저히 감시당했기에 근처에 얼씬도 할 수 없었다. 왜적에게 유린당한 고향땅은 차갑고 침울한 분위기에 휩싸여 있었다. 그는 무거운 심정으로 밀양에 은거해 있는 동지들을 찾아갔다.

중대한 사명을 지니고 온 그는 낮에는 숨어 있고 밤중에야 독립운동가들을 찾아서 연락을 취하고 밀양의 사회 실태를 조사했다. 그러는 한편 그는 독립운동 자금모집을 위해 백방으로 노력을 기울였다. 밀양에 있는 몇몇 재산가와 부호들의 사상 동태도 자세히 알아보고 그들에게 나라를 위해 자금을 헌납하도록 설득시키는 일도 했으며 믿을 수 있는 부호들로부터 군자금을 얻기도 했다. 그러나 이런 일은 아주 위험했다. 비위가 조금이라도 거슬려도 부호들은 경찰서에 고발할 수 있었다.

《부산경남 3.1운동사》의 241쪽에는 당시 상황이 이렇게 기록되어 있다.

> 김대지는 동년 11월에(1919년) 임시정부의 재정 조달을 위해 국내에 잠입하여 전국 각지를 다니면서 재산가들의 재산 상황을 조사하고 재산가들의 성행 등을 면밀히 기록하여 임시정부에 보고하고 모금활동을 했는데 밀양 동지 정동찬(김대지의 매형이었다)

이 400섬 분의 전답을 저당하여 17,000원의 거금을 김대지에게 주어서 임시정부에 헌납하게 했다.

후에 임시정부는 정동찬(아버지 김명의 고모부)이 헌납한 거금에 대한 영수증을 보내 주었다. 일경의 수색이 심하여 벽속에 감추어 두었는데 광복 후에 그 영수증을 꺼내 보니 수재로 인해 곰팡이로 다 썩어버린 상태였다.

할아버지가 밀양에 있는 동안 아내 박선이와 밀회한 에피소드가 있다. 어느 날 으스름한 저녁녘에 할아버지는 처제인 옥선이네 집에 감쪽같이 찾아 들어갔다. 너무도 놀라서 어리벙벙해 있는 옥선이를 보고 하는 첫 마디가 "너 형을 좀 불러다오!"였다.

옥선이는 기쁜지 슬픈지 헤아릴 수 없었다. 허둥지둥 밖으로 달려가면서도 꿈같았다. "아니 무슨 담이 저리도 크담. 이 땅에 돌아오다니." 그녀는 형부가 돌아오리라고는 생각도 못했다. 모두들 조용한 방구석에서 수근수근 속삭이는 말로 전해왔던 밀양의 전설 같은 독립투사가 상해에서 고향으로 온다는 것을 꿈에도 생각지 못했던 것이다.

이윽고 박선이가 부랴부랴 옥선이네 집에 뛰어왔다. 밀양 박씨인 그녀는 용모가 출중하고 얌전했다. 유교식 교양을 받으며 자라난 그녀는 규수 시절부터 현숙하고 예의범절에 밝아 밀양의 많은 부잣집에서 탐을 냈다.

그녀의 부모는 밀양의 작은 부자였는데 땅도 있고 자그마한 상점도 차리고 있어 생활이 유족했다. 재산가 부호들로부터 청혼이 여러 번 들어왔으나 박선이의 아버지는 웬일인지 가난한 청년 김대지를 마음에 들어 했다고 한다. 땅 한 조각 없이 네 남매를 기르며 극빈한 생활을 하고 있는 김경수의 집에 가서 자기 딸이 고생할 일은 근심도 않고 점잖고 학식 있어 밀양에서 이름난 김대지 청년이 전도가 유망할 것이라고 믿으면서 맏딸 선이와 청년 김대지의 혼인을 선뜻 허락했다. 이 일은 한때 밀양의 큰 화젯거리였다고 한다. 훗날 할아버지가 중국에 망명한 후 처자식을 돌보지 못하여 딸 선이가 고생할 때에도 박 노인은 두말없이 딸을 힘껏 도와주었고 임종 시에도 큰 사위를 원망하지 않았다.

할아버지는 결혼 후 아들딸들을 두었으나 평온한 가정생활을 누릴 사이도 없이 가정의 무거운 짐을 젊은 부인에게 떠맡기고 결혼 초부터 국내외를 누비면서 독립운동에 투신했다. 그렇게 어렵게 잠입해 들어와 부인을 만났을 때에도 부인에게 간단한 가정 상황을 물은 다음 그는 미안하다는 말만 수없이 곱씹고 곱씹었다(이런 사연들은 훗날 아버지 김명이 이모한테 전해 들은 내용이다—필자 주). 성품이 과묵하고 양순한 할아버지는 미안하다는 말을 할 때마다 눈시울이 붉어지고 얼굴에는 슬픔과 비장한 표정이 뒤섞여 떠올랐다. 그도 아내를 사랑하고 가정을 사랑했다. 그러나 나라를 위해서는 이마저도 저버려야 했던 것이다.

담배 한 대도 다 태우지 못한 채 할아버지는 또다시 바람처럼 사라져야만 했다. 부모님이 살아 계시며, 오매불망 그리던 집을 지척에 두고도 더운 밥 한 그릇도 먹지 못하고, 연로한 부모님께 인사조차 올리지 못한 그대로 불효자식처럼 떠나야만 했다. 그런데 그 걸음이 고향 밀양과의 마지막 작별이 되리라고는 누가 생각이나 했을까? 그 뒤로 할아버지는 영영 고국 땅에 돌아오지 못했다.

가장 조심해야 할 적들

3.1운동 후 일제는 조선총독부에 별도 예산으로 밀정의 조직 및 매수 자금을 준비했다. 일제는 거미줄 같은 정보망을 구축하고 항일독립운동을 파괴했다. 그 정보망은 조선인 밀정들로 짜여 있었으니 이 또한 얼마나 기막힌 일인가. 밀정들은 왜적에게 매수되어 생명을 걸고 투쟁하는 애국지사들을 밀고하는 것을 업으로 삼았다. 모든 독립투사들에게 있어 가장 큰 위협은 이러한 밀정들의 존재였다. 밀정들은 도처에서 독립투사들을 감시하고 비밀을 탐지하여 3원 내지 5원에 일제에게 팔아넘겼다니 참으로 분통하고 부끄러운 일이다.

가장 조심해야 할 적은 왜경이 아니라 밀정이었다. 그들이 판 것은 정보가 아니라 동포들이고 조국이었다. 밀정은 민족의 배신자들이었다. 중국에 망명해 있는 동안 할아버지는 가는 곳마다 뒤를 밟히고, 많은 주밀한 계획이 파괴되는 것을 목격했다. 문헌을 보면 해외에서 독립투사들을 뒤쫓으며 온갖 정보를 일제에 제공하던 친일 주구 밀정들의 수효는 독립투사만큼이나 많았다고 한다.

의열단원 김지섭이 동경 황궁 앞 이중교二重橋 투탄 사건을 일으키기 나흘 전인 1924년 1월 1일 조선총독부 경무국장은 내무성 경보국장 및 경시총감, 장기 야마구지 현지사에게 "김지섭이 12월 21일 동지의 양해 없이 단독으로 폭탄 3개, 권총 1정을 휴대하고 장기로 출발했다"고 경고하는 전문을 쳤을 정도여서 일제의 정보망은 우리 독립운동단체 구석구석에까지 파고들었음을 알 수 있다.

할아버지가 상해임정 수립 건으로 상해에 머무르고 있을 때 프랑스 조계지 안에 있는 악명 높은 일본영사관은 임정에 관한 정보를 얻으려고 혈안이 되어 밀정들을 침투시켰다. 상해노병회上海勞兵會의 모든 기밀이 일본영사관에 넘어갔던 적도 있다. 독립운동 조직인 노병회 회의 내용과 회원 명단을 일본 영사관 경찰부와 프랑스 공무국에서 정확하게 알고 있었다. 뿐만 아니라 회의를 개최한 다음날엔 일본 경찰이 회의 내용을 모두 알고 있을 정도였다. 노병회는 내부의 밀정을 잡았는데 일본 헌병대 소속인 홍인이라는 밀정이 2~3백 원을 받고 동족들을 팔아온 것이었다.

그때 임정 내무위원이었던 할아버지와 김구 등은 밀정을 잡아 응징하는 일을 맡았다. 오시림의 책《독립운동비화총서 : 다큐멘터리 임시정부》(전 5권)의 〈민족의 함성〉편을 보면 일본영사관 경찰부는 월급 1백 20원이라는 후한 대접에 이동이라는 밀정을 채용하여 접수사무를 보면서 임시정부의 동태를 살피도록 했는데, 할아버지(김대지)와 김구, 최근우가 민단사무실에서 이 밀정을 처단하는 일화가 생생하게 실려 있다.

그 장면에 보면 김구가 "이놈, 아무리 해먹을 짓이 없기로서니 일본놈의 앞잡이가 된단 말이냐! 죽일 놈 같으니라고" 하며 살기가 등등하여 호령을 퍼부었고 "지금까지 밀정 노릇 한 것을 전부 자백하라!"고 할아버지(김대지)가 호통을 쳤다고 기술되어 있다.

4장

독립운동의 막후 지도자 김대지

의열단은 우리 한국 독립투쟁사의 끊임없는 움직임 속에서 선조들의 의열 정신과 경험에 근거하여 세워진 것이지 어느 영웅이 하루아침에 만들어 낸 신화가 아니다.

의열단은 일제에게 공포였다

의열단은 그동안 비록 소규모이기는 했지만 지속적으로 일제에 타격을 주었다. 심지어 조선공산당도 1926년 3월 코민테른Comintern에 제출한 보고서에서 1920년대 전반기 의열단의 투쟁 역량에 대해 "민족혁명 전선에서 직접 투쟁하는 단체는 의열단, 신민부, 통의부밖에 없다"라고 평가했다.

1919년 창단 후 7년 동안 의열단은 크고 작은 수백 건의 의사를 거행하여 세상에 그 이름을 알렸다. 1922년 후에는 암살, 재무, 교육, 비행기, 폭탄 · 총기 제조, 각 선전 부서를 두어 100여 명에 이르는 결사단원을 확보한 비밀결사로 발전했다. 의열단은 일제에게 큰 공포와 손해를 입혔을 뿐만 아니라 독립운동이 활발히 진행되고 있음을 우리 동포들에게 알려 민족의식의 각성에도 큰 영향을 주었다. 중국인들도 의열단의 활동에 호감을 갖고 있었다. 그 당시 중국인들이 항일 의열사들의 의거에 경의를 표시하는 일들이 신문에 많이 실렸다.

일제의 〈고등경찰요사〉의 '재외 조선인의 상황'편에는 의열단을 이렇게 묘사했다.

> 1919년 3월 소요[만세운동] 후 불령의 무리가 상하이 방면에 운집하여 임시정부를 중심으로, 혹은 이와 관계없이 국권회복 운동을 표방하여 조직한 이른바 불령단체는 중국 본부지방만 해도 수십을 헤아린다. 그렇지만 그 표방하는 데를 향해 감연히 행동실현을 적극적으로 감행하는 자는 참으로 수가 적은데, 실로 의열단은 그 가운데서 유독 그 표방하는 파괴, 흉포 행위를 실제로 실행에 옮기는 곳이다. 게다가 목표로 하는 바는 오로지 조선 내에만 그치지 않고 일본도 목표권 내에 두고, 그 수단이야말로 정교한 폭탄과 권총이다. 이에 더하여 실행 담임자와 동지 간의 비밀을 지키는 것도 엄중해서 도저히 다른 실없는 껍데기 단체의 추종을 허용치 않는 점이 있어 조선내 민심에 충격을 주는 점이 실로 생각하는 것보다 크다.

내가 자료 수집을 하던 중 미국 국회도서관에 있는 《한민족독립운동사자료집》(전 31권) 〈의열투쟁 IV〉를 읽었다. 이 자료집은 독립운동가들에 대한 재판기록으로, 이 안에는 의열단 활동 협의자에 대한 일본 경찰 심문조서와 공판기록이 있었다. 이 책의 205~206쪽을 보면 1934년에 이미 노선이 변한 의열단에서 의열단 명칭 변경을 두고 큰 논의가 있었다는 재미있는 기록이 있다. 즉 김원봉이 의열단의 혁명 간부학교에서 의열단의 명칭 변경을 제의했는데 많은 대원들이 반대해서 부결되고 의열단 명칭을 존속한다고 결정한 일이었다.

김원봉은 "의열단의 명칭은 종래 일반적으로 민족주의적인 폭력혁명을 목적으로 하는 단체라는 인상이 있었으므로 동지 획득 및 공작상 오해를 살 우려가 있기 때문에 〈조선혁명무장동맹〉으로 개칭할 것을 제의했다"고 설명했다. 하지만 어떤 사람들은 의열단 명칭 변경은 안 된다고 주장했다. 종래 중국정부에서 받는 원조금은 의열단에게 준 것이니 명칭을 바꾸면 그 원조금을 받는 데 불편이 많다는 의견도 있었고, 이동하李東河라는 단원은 "이 역사 있는 의열단의 명칭 변경은 절대 반대이다. 학교를 폐지하더라도 의열단의 명칭은 바꾸어서는 안 된다"고 말했다. 여기서도 볼 수 있듯이 의열단의 명성은 대단했다.

철저한 비밀결사, 의열단

1976년 8월 17일 동아일보 1면에는 "의열단 활동 등 귀중한 사료 발견", "일본외무성 극비문서 국회도서관서 입수: 단편적 역사사실 크게 보완"이란 기사가 실렸다. 기사 내용은 다음과 같다.

> 국회도서관이 입수, 번역 중에 있는 일본외무성 극비문서 속에서 3.1운동 후 7년 동안 일제에 대해 활발한 투쟁을 벌였던 의열단 등에 대한 소상한 기록을 발견, 학계의 큰 관심을 모으고 있다.

이 극비문서 중에는 상해 임시정부를 비롯한 독립운동 단체의 활동상과 조직관계, 자금출처 등 재중국 한인들의 동향 그리고 이들 단체와 지도자들의 내분 등에 이르기까지 광범위한 정보 보고들이 수록돼 있으며 특히 아직 일반에 알려지지 않은 당시 의열단의 조직 상황과 자금제공 관계 등이 밝혀져 있어 주목을 끌고 있다.

이 자료에 의하면 지금까지는 처음부터 김원봉(창단 당시 23세)이 의열단 단장을 맡은 것으로 되어 있으나 조선총독부 경무국장은 "의열단은 따로 통제자를 정하지 않고 오로지 선배의 지도에 의해 혁명에 노력하기로 했으며 그 후 김원봉이 단원 간에 두각을 나타내어 자연 단장으로 일반의 지목을 받게 되었다"고 보고했고 김대지(경남 밀양인)라는 새로운 인물이 김원봉을 지도 육성했다고 적고 있다. 이에 대한 재평가도 수반돼야 할 것이라고 관계자들은 말하고 있다.

조선총독부가 단편적으로 파악해 왔던 의열단의 진상은 이처럼 창단된 지 5년이 지난 1924년이 되어서야 일본외부성에 종합적으로 보고되었다. 일본 경찰이 그 많은 정보원을 동원하여 정탐에 진력했으나 이같이 뒤늦게 진상의 대강이라도 파악하게 된 것은 의열단이 철저한 비밀결사였기 때문이라고 김창수 교수는 분석했다.

이 기사를 쓴 〈동아일보〉 강상재 기자는 이 비밀문서에 대해 아래와 같이 기술했다.

사실 의열단은 1919년 말 조직해 활동을 개시한 이래 동경 이

중교 투탄사건, 동척사건 등 10여 건의 굵직한 사건을 일으키는 등 괄목할 만한 '직접 행동'으로써 독립운동을 벌였지만 이에 대한 자료는 해방 직전 김원봉의 구술에 따라 실록 소설체로 엮은 《약산과 의열단》, 이 밖에 《고등경찰요사》, 《무장 독립운동비사》, 《기려수필》과 〈동아일보〉의 단편적인 보도가 있을 따름이다.
그런데 이번 자료는 사건 일시나 장소, 관계자 그리고 사건 내용의 서술에 있어 위의 자료와는 비교도 안 될 정도로 자세히 언급하고 있어 사료로서 귀중한 가치를 지니고 있다는 게 관계자의 평가다.

의열투쟁사에 파묻힌 거물급 지도자

할아버지와 황상규는 함께 의열단을 창단시켜 한국독립사상 빛나는 한 페이지를 열었다. 하지만 의열투쟁의 이 두 거물급 지도자는 아직도 한국 의열투쟁사의 그늘 속에 파묻혀 있다.

1976년 의열단의 소중한 자료들이 미국국회도서관에서 발굴되어 이 세상에 드러났지만 역사의 재평가는 아직 시작 단계에 머물러 있다. 아직은 몇몇 교수들의 연구로만 이루어지고 있다고 본다. 많은 역사학자들이 김원봉의 구술을 받아서 쓴 박태원의 《약산과 의열단》에 근거하여 의열단 연구의 틀을 잡고 그 안에서 같은 말을 되풀이하는 상황이다.

물론 광복을 보지 못하고 돌아가신 이 두 분이 비밀결사 조직의 내막을 세상에 밝힐 기회도 없었고, 또 광복 후에 생존했던 독립투사들도 경제적인 이유와 다른 원인으로 그들이 아는 역사의 진상을 세상에 밝히지 못했겠지만 왜곡된 의열단 투쟁사는 참으로 나의 마음을 아프게 한다. 어느 개개인의 공훈을 따지자는 것이 아니라 한국의 의열단 투쟁사 연구를 시작한 지 반세기 이상 지났는데도 오래전에 굳어진 통설에 의존해 답보 중인 사실이 나를 실망시킨다.

1958년에 돌아가신 한봉근 의사는 의열단의 창단 멤버였고 할아버지와 오랜 시간 함께 많은 의열투쟁을 하셨는데 그분에게 역사적 사실을 밝힐 기회가 주어졌을까 하는 의문과 함께 또 그분이 의열단 창단 내막을 밝혔으면 얼마나 좋았을까 하는 아쉬움도 있다.

한국 방문 1년 전인 1985년에 기록한 아버지의 회고록을 보면, 의열단에 관한 구체적인 사건은 곽재기의 밀양폭탄 의거와 나석주 동척 투탄 사건뿐이었다. 곽재기의 의거는 고향 어른들이 당시 신문을 통해 할아버지가 상해 자신의 집에서 폭탄을 만들었다는 사실을 말해 준 것으로, 나석주 사건은 할아버지와 함께 영고탑에 돌아온 한봉근을 통하여 그 사건에 사용될 무기와 탄약을 구입해 준 두 분이 천진을 떠나 피신해 온 사실 때문에 알게 되었다.

영고탑에 살 때 한봉근은 늘 할아버지 집에 와서 지난날의 의열투쟁 일화를 다른 독립투사들에게 말해 주었다. 일제 외무성 극비자료에 따르면 한봉근은 의열단 5명의 참모부 성원 중 한 사람으로 의열단의 중심에 있던 사람이었다. 그는 자신이 할아버지의 지휘를 직접 받았고 함께 무기와 폭탄을 구입했으며, 나석주 사건을 예로 들면서 두 분이 그 사건 때문에 피신하러 북만에 왔었고 나석주 사건 때 의열단은 이미 해체되었으며 김원봉은 이미 광주로 가버렸다고 증언했다.

의열단 일화를 말할 때 빠지지 않았던 김원봉은 당시 신문에 자주

나왔는데 그때 분명히 할아버지와 한봉근은 김원봉을 '모험대원'으로 불렀으며 용감하고 머리도 좋았다고 했다. 신문지상에서 김원봉을 '단장'이라고 하는 것에 대해 별로 신경 쓰지 않았던 것이다. 왜놈들이 뭐라 하던 상관없다는 식이었다. 아버지는 '의열단에 단장은 무슨 단장이야' 하는 식이었다고 분명히 기억하고 있었다. 아버지는 두 분의 담화를 통해 김원봉의 고모부인 황상규와 할아버지김대지가 의열단을 창립했고, 의열단의 지도고문이었다는 점을 의심할 바 없는 사실로 알게 되었다고 하셨다.

1986년 한국을 방문하고 중국에 돌아온 아버지는 한국의 독립투쟁 역사 연구에 대해 큰 실망을 토로했다. 1958년에 돌아가신 한봉근과 1968년에 돌아가신 윤치형을 만나보지 못한 유감을 토로하면서 "내가 한국에 있었으면 제대로 바로잡았을 건데"라고 두고두고 말했다. 한국에 살고 있는 철우 삼촌은 할아버지김대지가 살아계실 때 너무 어려서 할아버지의 친우와 동지들을 몰랐다.

한국 의열투쟁사 연구의 주류는 아직도《약산과 의열단》이란 책을 아쉬운 듯 떠나지 못하고 있다. 왜적의 탄압하에 비밀 조직인 의열단이 조직을 지키려고 진상을 세상에 감춘 결과, 오히려 의열단의 참 역사가 왜곡된 것은 아닐까? 죽은 사람들은 말이 없으니 어찌하겠느냐고 한탄하는 사람도 있지만 역사의 진실은 언젠가 꼭 밝혀지리라 믿는다.

1919년 봄까지 중국에서 유학을 하고 있었고 의열투쟁 경험이라곤 전혀 없던 21살의 청년이 반 년 뒤 의열단을 조직했다고 믿는 근거는 무엇일까? 의열단 창단 후인 1920년대에 그는 확실히 의열단 활동의 선두에 선 이름 난 '단장'인 것은 사실이나 그가 의열단을 '창립'했다는 것은 근거가 전혀 없다고 본다.

의열단 창단 시 김원봉은 애국애족의 열혈청년이었을 뿐이지 비밀결사를 조직하고 인원을 확충할 만한 자력이나 경험도 구비하지 못했다. 의열단 창립 후에 김원봉의 명성 때문에 그를 과대평가하여 의열단의 모든 것을 그의 공로로 돌린다면 먼 훗날 역사의 웃음거리가 될 수도 있다.

의열단은 우리 한국 독립투쟁사의 끊임없는 움직임 속에서 선조들의 의열 정신과 경험에 근거하여 세워진 것이지 어느 영웅이 하루아침에 만들어 낸 신화가 아니다. 김원봉이 의열단을 창단했다고 우기면서 그에게 빛나는 광채를 집중시킨다면 우리는 저도 모르게 한국 의열투쟁 역사에서 그 흐름의 고리를 끊어 놓게 되는 셈이다.

피눈물 나는 한말의 의병 투쟁 그리고 그 뒤에 의병 출신 위주로 조직된 대한광복회의 의열투쟁, 또한 대한광복회가 파괴된 후 1918년 중국으로 망명한 대한광복회 결성대원이던 할아버지와 황상규가 조직한 의열단, 이것이 바로 한국 의열 역사의 본래의 흐름이었다.

의열단의 선구 조직, 대한광복회

대한광복회가 붕괴되다시피 할 때 국외로 탈출한 한훈, 우재룡 등은 만주에서 활동을 했다. 우재룡은 광복회가 파괴되기 전에 벌써 중국 길림에 지부를 결성했고 길림은 이후에도 광복회 인사들의 주요 근거지가 되었다. 앞에서도 언급했지만 할아버지의 동향인이자 친한 동지인 손일민은 일찍이 1912년에 만주로 망명하여 국외 광복회의 안동安東지회 회원을 거쳐 1915년에는 길림지회를 조직하여 비밀리에 국내와 연락하며 활동하고 있었다. 이런 일들을 볼 때 길림이 의열단의 탄생지가 된 것은 우연이 아니라고 생각된다.

대한광복회가 민족반역자와 일제 고관의 처단을 투쟁 목표로 정하고 실천한 경험과 전투 지향성은 광복회가 파괴된 이듬해에 성립된 의열단에 그대로 계승되었다. 종로경찰서 폭발 의거를 감행한 의열단원 김상옥, 그리고 할아버지와 황상규 등 뒤에서 의열단을 조직하고 핵심으로 활약한 인물들이 모두 대한광복회 주요 회원이었기 때문이다. 국가보훈처 문헌에 의하면 의열단원 윤치형, 이병철, 이수택이일몽, 이각도 광복회의 일원이었다.

1917년에 광복회의 총사령관 박상진은 광복회원들에게, 조선에서 혁명을 하기 위해서는 첫째 비밀, 둘째 암살, 셋째 폭동, 넷째 명령, 이 네 가지를 지켜야 함을 항상 강조했다고 한다. 이런 대한광복회의 의열투쟁 정신과 행동 원칙이 의열단의 행동 강령에 고스란히 계승된 것은 할아버지와 황상규가 의열단을 창단했기 때문이라고 볼 수 있다. 의열단이 '7가살'과 '5파괴'를 행동 강령에 명시한 것도 광복회 강령에 있는 '일인 고관' 및 '한인 반역자'를 처단 대상으로 삼은 데서 영향을 받아 더욱 구체화했던 것이다.

그리고 의열단의 결성 멤버 대부분이 신흥무관학교 출신인 것도 우연이 아니었다. 광복회는 주로 군자금을 마련하여 무력 준비를 하고 만주에 사관학교를 설치하여 독립군 장교를 양성하는 데 활동 목표를 두었다. 의열단은 광복회의 이러한 목표를 계승하고 만주의 신흥무관학교와 긴밀한 연락을 가지면서 군자금 모집을 적극 추진했다. 광복회는 해체되기 전 1918년까지 신흥무관학교와 긴밀하게 연락하고 있었다. 하여 할아버지가 장차 의열단 단원이 될 청년들을 신흥무관학교에 주선했던 것이다.

의열단의 양대 지주, 신채호와 나의 할아버지

1989년은 내가 북경대학 철학과에서 교편을 잡고 있을 때였다. 북경대학 도서관에서 우연히 한국 동국대의 김창수 교수가 1976년에 쓴 논문 "1920년대 있어서 민족운동의 일 양상-樣相 : 민족운동으로서의 의열단의 활동 보유"를 읽게 되었다. 할아버지에 대한 연구 논저는 이 글이 처음이었다. 얼마간 읽어 내려가다 숨이 턱 하고 막혔다. 한참이나 숨을 고르고 나서야 눈물을 참으며 계속 읽을 수 있었다.

김창수 교수는 이 논저에서 "김대지가 의열단의 인장을 고안한 만큼 중요한 인물임에는 틀림없는데, 다만 이 인물의 내력과 생애에 대하여는 현재로써 전혀 밝힐 길이 없음이 매우 유감이다. 다만 〈상해에서의 한국독립운동에 관해 1919년 5월 13일 자로 조선총독부가 외무성에 통보한 요지〉에 상해임시정부원으로 5월 3일 결정된 명단에 내무부의 안창호 밑에 신익희, 김구 등과 함께 김대지의 이름이 들어 있는데 이 인물이 김대지가 아닌가 추정된다. 이 추정이 맞는다면 김대지는 대한민국 임시정부 수립 당시에 참여한 민족운동자로 추측된다"라고 설명했다. 여기서도 알 수 있듯이 1976년 당시까지만 해도 할아버지는 독립운동사에서 '생소한' 인물이었다.

그 뒤 1990년 김창수 교수는 월간 잡지 〈통일〉에 "독립운동의 막후 지도자 김대지"라는 글을 실었다. 이 글에서 김 교수는 "10여 년 전 필자는 의열단에 관한 논문을 집필하면서 그때까지 의열단장 김원봉 외에는 별로 알려진 바 없어서 그에 대한 논급에만 그쳤는데, 의열단의 조직과 활동에서 전혀 새로운 인물인 김대지金大池, 1891—1942를 발굴해 내고 그에 대해 약간 소개한 바 있었다. 그러던 중 필자는 며칠 전 뜻밖에도 중국 북경대학 철학부의 교수로 있는 김대지의 손녀 김주영 씨로부터 서신과 함께 독립운동가 열전에 첫 번째 페이지를 장식하게 될 김대지 사적을 정리하여 쓴 자료(역사실화 "푸른 얼", 중국의 〈장백산〉 잡지 제5호, 1989년)를 제공받았다"라고 하면서 할아버지에 대한 연구를 언급했다. 김 교수는 나의 절절한 편지를 받고 '가슴이 뭉클해짐을 금할 길 없다'라고 하셨다.

김창수 교수는 1976년의 전기前記 논저에서 "이와 같이 김대지는 의열단에 있어서는 〈조선혁명선언〉을 기초한 신채호와 함께 양대 지주의 역할을 담당했음은 물론 도리어 신채호보다 먼저 의열단의 지도노선을 지시했다는 점에서 주목된다"고 평가했다.

《민족문화대백과사전》에서는 의열단의 발전 과정에 대해 이렇게 소개하고 있다.

> 의열단 창단 당시 단원은 대체로 신흥무관학교 출신이 중심이 되었고, 그 명단은 자료에 따라 한결같지 않으나, 김대지金大池 · 황상규黃尙奎가 고문으로서 지도했고, 의열단의 지도이념 및 사상을 정립하는 데에도 창단의 중요한 역할을 담당했던 김원봉의 동향 선배이며 고문인 김대지와 황상규의 영향이 컸으며, 뒤에는 신채호가 독립운동의 경륜과 강령을 체계화한 것으로 보인다.

그들이 길림에서 향후 새로 결성될 의열 조직의 운동 방향을 모색 및 구상했다고 단정할 수 있는 것은 1919년 2월 말 할아버지가 상해로 갈 때 장차 결성될 비밀결사 조직의 폭탄 무기 입수 임무를 지니고 간 데서 알 수 있다. 이 두 사람은 대규모 무력 항쟁은 당장 할 수 없으나 소수 인원으로 기동성을 발휘하여 적을 타격하는 급진적 방식을 추진하기로 합의하고 조직의 성질을 비밀결사로 결정했다. 이를 위해 할아버지는 상해임정 수립초기 있었던 많은 사진 촬영 기회를 일부러 피했고, 1919년 초겨울 임정조사원으로 고향 밀양에 갔을 때에도 집안 식구들이나 친우들이 가지고 있었던 사진과 건판까지 모두 소각시켜 앞으로의 비밀 활동을 대비했다. 하여 지금 이 세상에 남아 있는 한 장의 사진은 돌아가시기 한 해 전에 아버지의 결혼식 때에 찍은 것뿐이다.

할아버지는 1919년 5월경에 임시정부의정원의 의원으로 활동하면서 그의 비서격인 고인덕을 대동하여 길림에 있는 대한독립의군부의 재정을 담당하고 있는 황상규와 길림에서 광복회를 조직하고, 활약 중인 손일민을 만나 비밀결사 단체 창단에 관한 구체적인 논의를 진행했다.

이 과정에서 신흥무관학교를 졸업했거나 당시 재학 중인 이성우, 강세우, 이종암, 한봉근, 신철휴, 서상락, 권준, 김상윤 등도 동참했다. 이들의 가세로 비밀결사 조직의 결성은 6월경에 거의 완성단계에 이르렀다. 할아버지는 젊은 동지들에게 상해지역 독립운동지사들의 동태와 실정을 알리고 무기와 폭탄 구입제조의 가능성도 거론하며 비밀결사 단체를 통한 무력혁명의 정당성을 역설하여 그들의 동의를 얻어 냈던 것이다. 할아버지는 이미 1919년 4월 동북3성 대표의 자격으로 임

나의 할아버지 김대지와 아버지 김명이 함께 찍은 유일한 사진. 1942년 아버지의 결혼식 때 할아버지를 모시고 찍은 사진이다. 가족들과 개인적으로 찍은 할아버지의 유일한 사진이기도 하다. 할아버지가 돌아가시기 1년 전에 촬영했다.

정의 의정원회의에 참석했을 때 친구 김동삼에게 부탁하여 신흥무관학교에 중국인 주황을 초빙하여 학생들에게 폭탄제조법을 익히도록 했다. 그러나 비밀결사 단체의 이름을 정하지는 않았다.

이 무렵 황상규의 처조카인 김원봉이 길림으로 찾아왔다. 할아버지는 담대하고 침착한 김원봉이 마음에 들어 그를 지도하면서 차후 결성될 비밀결사 조직의 일선에 세우기로 작심했다. 1924년에 나온 일제의 많은 기밀문서에는 "1920년에 의열단의 밀양 폭탄의거가 실패했으나 당시 길림에 남아 있던 김원봉은 김대지 등의 지도에 따라 단원 중에 참연嶄然히 두각을 나타내어 자연스럽게 단장으로 추천을 받았다"고 나와 있다. 이러한 여러 연고로 "김원봉은 김대지에게 사사師事를 받으며 매사에 그의 의견을 듣고 있다"고 기술했다.

위의 자료에 근거하여 김창수 교수는 그의 논문1920년대 민족운동의 일 양상: 민족운동으로서의 의열단의 활동 보유에서 "의열단이 단장 김원봉을 중심으로 조직된 것은 주지의 사실이겠으나 실제로 그 배후조정자로 고문의 역할을 한 것은 밀양 출신의 김대지였다"고 서술했다. "또한 1923년 1월 상해에서 개최된 국민대표회의에서 이른바 창조파와 개조파(계속파)로 분립했을 때 의열단이 중립적인 대도를 견지하게 된 것도 김대지의 지시에 따른 것이었다"고 밝혔다.

최근에 나온 여러 자료들에도 나의 할아버지, 황상규가 의열단의 고문을 맡았다는 평가가 있다. 독립기념관에서 편찬한 《독립운동사 교양총서》 중의 〈항일 의열투쟁사〉에도 "의열단의 지도 고문은 밀양 출신의 김대지金大池이며, 단장에는 김대지의 추천에 의해 의기발랄한 청년 김원봉이 선출되었다"는 요지로 의열단에 대해 기록되어 있다.

할아버지가 김원봉에게 중립적 태도를 취하라고 충고한 내용은 일본외무서의 극비문서 〈의열단 조사서〉에 아래와 같이 상세히 나온다.

> 1923년 1월 이래 상해에서 국민대표회의가 개최되자 백여 명의 대표자는 정부기관 신설을 주장하는 창조파와 현재의 임시정부 개조를 주장하는 계속파의 두 파로 분립하여 서로 암투를 계속한 것은 주지의 사실인데 창조파인 함경파의 수령 윤해, 신숙, 한성근 등이 의열단을 자기의 세력단 내에 유도하여 반대파에 대항하려고 기도하고 미리 한성근의 보관금 20만 원 중에서 4만 원을 단장 김원봉에게 주고자 여러 번 대표자를 파송할 것을 종용했다.
>
> 이보다 앞서 김원봉은 일찍이 사시師事한 김대지에게 어느 당파

에 속해야 될 것이냐를 질문했던 바 김대지는 "현하 혁명 시대에 처해서는 정부의 형식을 갖춘 기관을 조직할 필요가 없다. 지금 국민대표회의 상황을 보면 모두 기관의 존재를 생명으로 하지 않는 자가 없으므로 어느 당파에도 속해서는 안 된다"고 지시했다.

하여 김원봉은 1923년 1월에 개최된 국민대표회에 의열단도 대표를 보내고 창조파에 가담하라는 요구에 불응하고 아예 대표를 파견하지도 않고 중립을 선언했다. 이 처신은 의열단이 심각한 갈등 속에 휘말리는 사태를 예방했다. 그리고 국민대표회의가 결렬되고 독립운동 전선에 분열의 그림자가 드리우자 대동단결을 제창하는 경고문을 배포하기도 했다.

할아버지가 의열단의 배후조정자이고 지도고문인 사실은 다른 문헌에도 나와 있다. 조선총독부 경무국이 독립운동에 관해 수집한 문헌(《독립운동사》 제9집 716쪽)에는 "1921년 4월 상해주재 불령선인不逞鮮人의 상황 보고서에서 의열단의 후원자로는 장건상, 이소산, 김대지, 김재선으로 밝혀짐"이라고 되어 있다.

1919년 7월에 할아버지는 김원봉, 이종암과 같이 길림을 떠나 폭탄제조법과 그 사용법을 배우려고 상해로 갔다. 그때 상해에는 임정의 부속기관으로 구국모험단이 있었는데 이 단체는 김성근, 임득산의 지휘하에 폭탄제조와 사용법을 습득하고 있었다. 할아버지는 김성근을 비밀리에 만나 협의한 후 김원봉, 이종암이 구국모험단 단원들과 함께 폭탄제조법과 사용법을 배우도록 주선했다. 이처럼 할아버지는 차후 결성될 의열단의 인원 구성과 무기 구입 및 제조에 이르기까지 주도면밀하게 준비했다.

독립운동사 기록에는 의열단 결성을 보던 날 "부득이한 사정으로 참석 못한 사람은 황상규, 윤치형이었다"라고 되어 있다. 의열단의 창단 멤버는 우리가 지금까지 통상적으로 알고 있는 그 13명만이 아니다. 많은 책들마다 그 13명에 대한 인명 기록이 각각 다른 데서도 그 외에 적어도 몇 명이 더 있음을 알 수 있다.

의열단이 결맹을 하던 같은 시기에 할아버지는 신채호, 김구 등과 같이 임정조사원으로 조선 국내에 잠입한 상태였다. 윤치형은 1962년 6월 26일에 발표한 "밀양 폭탄사건 회고"에서 의열단을 조직할 때 구성 멤버는 주로 밀양 사람들이었는데 한봉근, 황상규, 윤세주 신철휴, 김대지, 김원봉, 윤치형 등이었으며 각자가 맡은 부서는 결의에 따라 길림군정서에는 황상규, 상해임정에는 김대지가 파견되었다고 했다. 그리고 '의열단'이라는 명칭을 붙였지만 따로 통재자를 정하지 않고 오로지 선배의 지도에 의해 동지들이 서로 협력하여 혁명을 추진하기로 했다고 기술했다. 이처럼 의열단 조직은 소수 정예조직이었고 조직원 간에는 형제와 같은 신뢰와 의협의 관계가 있었다.

할아버지가 의열단 인장印章을 고안한 일은 간과할 수 없는 큰 사건이었다. 일본의 극비문서 〈의열단 조사서〉에는 의열단의 인장에 대해 아래와 같이 별도로 설명했다.

> 의열단의 인장에는 양羊의 형체가 그려 있다. 이것은 의열단의 '義'의 글자에 기인한 것으로 '義'는 '羊'과 '我'로 구성되며 한편으로는 犧牲(희생)이라는 의미도 포함시킨 것으로 김대지의 고안에 따른 것이라고 한다. 그리고 단원과 비단원과는 우선 위의 설명을 요구하고 그 당부當不를 시험하여 판단한다. 고故로 이 설명

이 적중한 자에 대해서는 곧 악수를 청하는 것이 관례다.

의열단의 조직 특성을 잘 나타내는 10개 조의 공약은 할아버지가 고안한 인장에 잘 나타나 있다.

공약 제1조는 이렇게 되어 있다. "천하의 정의義의 사事를 맹렬烈히 실행하기로 함." 이 글귀에서 〈의열단義烈團〉이라는 이름을 얻었고 그 의義자는 의열단의 인장과도 연관이 있다. 그렇다고 의義자를 그대로 새긴 것이 아니라 양羊의 형체를 그려서 '羊'과 '我'로 구성한 의열단의 '義'라는 글자를 상징적으로 나타냈으며, 또 한편으로는 '희생犧牲'이라는 의미도 담아 의열단의 공약 제2조인 "조선의 독립과 세계의 평등을 위해 신명身命을 희생하기로 함"을 나타냈다. 의열단의 인장印章에 창단의 취지와 궁극적인 운동 목표와 이념이 이렇듯 심오하게 표현되어 있다.

할아버지와 황상규가 의열단의 창립 준비 시기부터 그 활동 목표와 운동 노선에 폭탄의 제조와 무기 구입을 포함시킨 것도 광복회에서의 경험이 있었기 때문이다. 그들은 의열단 창단 시에 광복회에서 진행했던 활동들을 많이 재현시켜 암살 및 파괴 대상을 결정했다. 그러나 이런 것은 오로지 행동 지침일 뿐 의열단의 강령은 아니었다. 창단 시에 의결된 의열단 강령은 '구축왜노驅逐倭奴 · 광복조국光復祖國 · 타파계급打破階級 · 평균지권平均地權', 이렇게 4개 조항이었으며, 1923년에 신채호 선생은 이를 다시 수정하여 의열단 강령을 19개 항으로 확정했다.

의열단의 정신적 지주와도 같았던 신채호 선생은 〈조선혁명선언〉을 작성하여 의열단의 운동 이념을 재정립하고 명문화하여 노선의 정당성을 널리 인식시켰다. "강도 일본이 우리의 국호를 없이하여 우리의 정권을 빼앗으며 우리의 생존적 필요조건을 다 박탈했다"로 시작되는 6천여 자로 쓴 이 선언문은 의열단 창단 4년 만인 1923년에 발표했다. 또한 이 선언문은 "폭력은 우리 혁명의 유일 무기이다"라고 선언하고 "우리 생활에 불합리한 일체의 제도를 개조하여 이상적 조선을 건설하사"고 외치고 있나. 선언문은 의열단원들을 감격시켰고 사기와 자부심을 크게 북돋아 주었다. 의열단원들은 폭탄을 사용하는 현장에서 이 선언문을 함께 살포했다.

신채호 선생의 〈조선혁명선언〉은 항일민족투쟁사에 길이 남을 명문이었고 그 정신에 따라 항일투쟁을 전개한 의열단은 우리 독립투쟁 역사에서 가장 과감하게 싸운 단체였다. 이 의열단의 정신적 지주였던 신채호와, 의열단을 창단시키고 그 운동 목표와 조직 특성을 제시한 나의 할아버지는 독립운동 역사에서 오랫동안 친밀한 관계를 지속했다. 대한광복회 국내 회원들이 독립운동 자금을 조달하면서 한국인 부호들에게 독립운동 자금을 배정하여 미리 통보하고 비밀리에 찾아가서 징수하는 방법을 취할 때 쓴 그 〈광복회 통고문通告文〉과 〈광복회 고시문告示文〉도 당시 국외 대한광복회 회원이었던 신채호 선생이 집필한 것이었다. 그러므로 신채호 선생이 의열단 선언문을 쓴 것은 우연이 아니었다.

할아버지가 돌아가시기 전 마지막 정착지인 북만 취원창에 있을 때 독립운동가들과의 연락과 회동을 비밀리에 집에서 많이 가졌는데 신채호에 대한 일화를 많이 들려주었다고 한다. 할아버지와 신채호는 1919년 임정수립 시 함께 29인의 발기인이 되었고 임정의 제1차, 제2차 그리고 제3차 의정원회의에 같이 참가했다. 그리고 두 사람은 선후하여 상해를 떠나 북경에 가서 '직접 무장투쟁론'을 주장하고 북경 군사촉성회를 함께 결성했다.

할아버지와 신채호 선생은 북경에서 1920년대 중반까지 함께 독립운동을 전개했다. 그리고 1926년 봄부터 준비한 나석주 거사에 두 분 모두 깊숙이 관여하고 있었다. 훗날 두 분이 북경에서 의기 상통했었다고 한 할아버지의 회고로부터 신채호의 의열투쟁 이론을 두 분이 깊이 토의했음을 알 수 있다.

할아버지가 직접 참여한 의열단 의거

창단 직후부터 의열단은 파괴와 암살이라는 목표를 세우고 활동을 기획하여 1920년 이래 수차례에 걸쳐 대규모의 국내 거사를 시도하는 등 본격적인 독립운동을 전개해 왔다. 의열단 활동 중에 세상에 알려진 주요 사건들은 다음과 같다.

1920년 3~6월. 곽재기, 이성우, 황상규, 윤치형 등이 총독부 공격에 사용할 폭탄을 밀양으로 반입하려 한 의거(일명 진영 · 밀양 사건)

1920년 9월. 밀양 폭탄반입 사건에 대한 응징으로, 박재혁이 부산 경찰서장을 폭사시킨 의거

1920년 11월. 최수봉이 밀양경찰서를 폭파한 의거

1921년 9월. 김익상이 종로경찰서를 폭파시킨 의거

1922년 3월. 김익상, 이종암, 오성륜이 상해 황포탄 부두에서

일본 육군대장 다나카 기이치를 저격한 의거

1923년 1월. 김상옥이 종로경찰서를 부수고 왜경과 총격전을 벌인 의거

1923년 1월. 자금모집 후 동경을 치려던 사건(일명 구여순 사건)

1923년 3월. 김시현, 남정각, 유설현 등이 경기도 경찰부 황옥 경부와 합작하여 무기와 폭탄을 국내로 반입하려 한 사건(두 번째로 총독부를 노린 사건)

1923년 9월. 동경 습격을 계획한 의거

1924년 1월. 김지섭이 왜 왕궁 이중교二重橋 폭파를 시도한 의거

1924년 1월. 관동대지진 때 한인 학살에 대한 응징으로 구여순, 오세덕 등이 국내 폭동을 시도한 의거

1925년 3월. 이인홍과 이기환이 북경에서 일제 밀정 김달하를 처단한 의거

1925년 11월. 이종암, 배중세, 고인덕 등이 국외로부터 무기를 반입하여 거사를 준비했던 '경북 의열단 사건'

1926년 12월.나석주가 동양척식회사와 조선식산은행을 습격한 의거

위에 열거한 사건들 외에도 수많은 활동들이 있었지만 세상에는 거의 알려지지 않았다. 1919년 창단 후 7년 동안 의열단은 크고 작은 수백 건의 의사를 거행했다. 하지만 의열단은 비밀조직이었기 때문에 대다수의 내막이 가려져 있어 그 정확한 실태를 알 수 없다. 앞에서 언급한 일제 외무성 극비문서에서도 창단된 지 5년이 지나서야 겨우 의열단의 윤곽을 밝힌 것을 보더라도 이를 알 수 있다. 의열단의 활동

은 극히 비밀리에 진행되었기에 그들이 진행한 의열투쟁 사건들은 세상에 널리 공개되거나 기록에도 남지 않았다. 이름도 남기지 못하고 혜성처럼 반짝하고 사라진 의열단원은 수백 명도 넘었다.

왜놈들은 자기들이 탐검探檢해 내지 못한 사건이나 자기들이 실패한 일들 그리고 백성들이 모르는 사건들은 아예 감추어 버렸다. 하여 의열단의 빛나는 사적들 중에 역사 기록으로 남아 있는 것은 극히 적다. 미국의 여기자 님 웨일즈Nim Wales의 《아리랑》(2005년, 동녘)에는 의열단이 1919년부터 1924년에 걸쳐 국내에서만 약 300건의 대일 테러를 했고 1919년부터 1927년 사이에 체포되어 처형당한 의열단원은 무려 300명에 이른다는 기록이 있다.

의열단은 창단 시부터 엄격한 비밀결사 조직이어서 비밀 엄수가 아주 철저했다. 단원 상호 간의 연락이 지극히 엄밀한 조직이어서 지도자들을 제외하고는 단원 각 사람들은 자기가 하는 일 외에는 전혀 몰랐다. 게다가 그들은 지역을 달리할 때마다 이름을 바꾸고 심할 때는 한 사람이 여러 개의 이름을 가졌기에 사진을 보지 않고 본인을 찾는 일은 거의 불가능했다. 의열단 간부들은 사진을 거의 촬영하지 않았고, 때로 기념을 위해 촬영하는 일이 있어도 원판도 같이 자기 수중에 넣어 복사본을 남겨두지 않았다. 하여 지금 우리는 의열단의 세부 활동에 대해서 알아내기가 무척 어렵다.

할아버지와 밀접한 관계를 가지고 오랫동안 함께 활동을 한 동지이며 동향인인 한봉근은 의열단의 일화들을 북만의 할아버지 집에서 다른 독립투사들에게 들려주곤 했다. 한번은 한봉근이 처음 만나는 의열단의 어떤 동지를 찾아가 보니 자신이 이미 잘 알고 있던 사람이었다. 이름만 달랐던 것이다. 그런 일은 늘 있었다. 어떤 때는 새 활동 계획을 세울 때마다 다른 이름을 사용해서 왜경을 혼란에 빠뜨렸다고 한다.

1920년 가을, 의열단은 상해에서 북경으로 옮겨갔다. 여러 연구에서는 김원봉이 북경에 단의 본거지를 정한 것에 대해, 상해 의열단 단원들의 후견인격이던 할아버지, 장건상과 신숙 등 김원봉과 친분이 깊던 이들이 모두 상해를 떠나 북경으로 가면서 같이 행동할 것을 권고했을 가능성이 높다고 보고 있다. 조선총독부 자료에 의하면 "김대지가 북경에서 직접 행동으로 흉폭 수단을 사용할 것"이라고 기록되어 있다. 이는 분명 의열단 활동을 말하는 것이다.

많은 자료를 토대로 봤을 때 당시 의열단은 창단된 지 얼마 뒤에 근거지를 길림에서 북경으로 옮기고 다시 상해에서 열혈단원을 포섭하고 세력 확대에 힘쓰면서 1924년경에는 중국인을 포함하여 약 70여 명의 단원을 가지게 되었다고 기술하고 있지만 할아버지의 구체적인 활동을 보여 주는 자료는 찾을 수가 없다.

이렇듯 할아버지의 발자취를 찾는 것은 쉬운 일이 아니고 그가 참여한 사건에 대해 알 수 있는 자료는 지극히 적다. 지금 내가 가지고 있는 할아버지가 직접 관련된 의열단 활동에 대한 자료는 의열단의 제1차 밀양 거사, 1923년 9월~10월경의 동경 거사 시도 계획, 1923년 남만주 거사(남만철도 연선 철도 파괴를 목표로 계획), 그리고 해체되기 전 의열단의 마지막 거사인 나석주 사건, 이렇게 네 가지뿐이다.

(1) 의열단의 제1차 거사: 밀양 폭탄반입 사건

제1차로 창립단원 전원의 일심협력과 참여로 왜적의 정치기관인 조선총독부, 동양척식회사와 조선은행, 선전기관인 〈매일신보〉를 일거에 폭파하고 총독 이하 각 요로대관要路大官을 격살키로 정한 후 거사를 준비했다.

의열단은 군대 조직이 아닌 만큼 많은 인원이 필요치는 않았다. 다만 가장 필요한 것은 무기였는데 그중에서도 폭탄과 권총이 가장 필요했다. 할아버지는 1919년 봄에 상해임시정부수립을 위해 상해로 갈 때 벌써 폭탄 및 기타 무기 구입 임무도 띠고 갔다. 여러 역사 문헌은 이번 의열단의 제1차 거사에 사용될 폭탄과 무기 모두를 할아버지가 준비했음을 입증하고 있다. 구입 책임은 상해에 머물고 있던 할아버지가 맡았고, 구입한 무기를 국내로 운반하는 일에 대해서는 밀양 출신인 윤치형이 담당했다.

1920년 3월경 김원봉, 이종암, 윤치형, 곽재기, 이성우 등이 상해에 도착했다. 할아버지는 폭탄 3개를 만들 수 있는 쇠붙이와 놋쇠탄피 3개 그리고 여기에 채워 넣을 화약 등 이미 구입해 두었던 부속품을 가지고 상해 프랑스 조계 보창로 보강리 60호에 있는 자신의 집에서 김원봉, 곽재기, 이성우 등과 함께 폭탄을 제조하고 포장했다.

폭탄을 다 만든 후 할아버지는 거사 계획 및 임무를 단원들에게 시달하고 자신은 당시 임시정부 외교차장이자 의열단 후원자인 장건상을 찾아가서 안동현 세관에서 근무하는 영국인 유스 보인에게 폭탄을 소포로 우송해 달라고 부탁했다.

할아버지의 계획대로 곽재기, 김기득은 재빨리 상해에서 기선으로 대련까지 간 후 다시 기차로 안동에 가서 유스 보인에게서 폭탄이 든 소포를 인수하여 이곳 안동에 있는 원보상회의 주인이며 의열단원인 이병철에게 교부했다. 그때 이병철은 무기를 비밀리에 조선 국내로 반입하는 일을 맡았다.

이병철은 이 폭탄들을 수수 스무 마대 속에 다시 위장 포장하여 경상남도 밀양 역전에 있는 대환운송점의 김인환 앞으로 보냈고 사흘 후 자신이 밀양으로 직접 가서 수수마대들을 밀양읍 내이동에 있는 김병환의 점포로 운반하여 그날 밤에 마대 속에 있는 폭탄을 끌어내 그 집의 마루 밑에 숨겨두었다. 밀양을 택한 이유는 이곳이 의열단 대다수 핵심단원들의 고향이고 입수한 무기를 은닉하기 쉬운 곳이기도 했기 때문이다. 김병환은 할아버지의 가까운 친척이었는데 그 당시 그는 밀양청년단 단장이었으며 미곡상을 하고 있었다. 1919년 말 할아버지가 임정조사원으로 밀양에 갔을 때 비밀리에 만난 적이 있었다.

또다시 1920년 4월 초순에 할아버지는 이전에 구입해 놓은 폭탄 13개를 만들 수 있는 탄피와 화약 등 부속품, 그리고 미국제 권총 2자루, 탄환 약 100발을 김원봉, 윤치형, 이성우 등에게 넘겨주었다. 동지들은 이 무기들을 중국식 고리짝에 포장한 뒤 중국말과 중국 생활에 익숙한 이성우가 중국사람으로 변장해 해로로 무사히 안동까지 가서 이병철에게 교부했다.

이병철은 다시 수수 스무 마대 속에 포장하여 그달 하순 기차 편으로 부산에 거주하고 있는 배중세 앞으로 송부했다. 같은 해 5월에 배중세는 고용인 이주현을 시켜 이 화물을 운송점에서 찾아 경삼남도 창원군 진영역 앞에 있는 강원석의 집으로 운반할 것을 명했다. 그달 중순경 배중세는 다시 강원석의 집으로 가서 폭탄이 들어 있는 다섯 마대를 받아 동군 동면 무점리 강상진의 집으로 옮겼다.

폭탄과 무기들이 이미 두 차례 조선 국내에 틀림없이 반입되었다는 것을 확인하자 동지들은 다음 계획에 착수하려고 비밀리에 모여 모의를 하고 기회를 기다렸다. 그들은 지방에 흩어져 있는 동지들과 연락하고, 김병환과 배중세에게는 밀양과 진영에 있는 폭탄들을 서울로 가져오게 조치하고 매일 숙소를 바꾸면서 거사 대상물과 대상자를 살피며 거사에 필요한 자금을 준비하고 있었다.

그런데 불행하게도 이 거사 계획이 경기도 경찰국 제3부에 탐색되어 그해 6월부터 의열단원 16명이 체포되고 밀양과 진영에 은닉해 두었던 폭탄과 무기도 발각되어 전부 압수되었다. 의열단의 첫 폭파 계획은 이로써 실패로 돌아갔고 의열단은 핵심단원들을 많이 잃어 큰 타격을 받았다.

이번 의거에 참여하여 폭탄을 국내로 반입하다가 일제에 체포되어 1921년 6월 21일 경성지방법원에서 징역 5년형을 선고받고 옥고를 치른 윤치형은 1962년 6월 26일에 발표한 〈밀양 폭탄사건 회고〉에서 당시의 사건에 대한 준비 과정을 이렇게 밝혔다.

> 1920년 3월 의열단원들은 국내에 잠입하여 총독부를 비롯한 주요 관서를 폭파하고 일인고관 암살을 결의한 후 김대지가 상해에서 폭탄을 비롯하여 무기를 구입하고 윤치형이 그것을 국내까지 운반하는 책임을 맡았다. 폭탄 13개와 권총 2정을 김대지로부터 넘겨받은 윤치형은 그것을 봉천까지 무사히 가지고 왔었다.

(2) 1923년 9월 동경 습격 계획

1923년은 재중국 조선독립운동 지사들과 의열단원의 활동이 가장 격렬하고 활발하게 진행되었던 해였다. 1922년 3월에 상해 황포탄 사건이 있은 후 상해 프랑스 조계 경찰의 단속이 심해지지 않아 의열단은 북경으로 옮겼던 본부를 다시 상해 프랑스 조계로 옮겼다. 그리고

1922년 6월부터 의열단은 조직 건설과 이론 건설에 진력했고 주밀한 행동 계획을 세웠다. 그들은 왜경과 밀정의 감시를 피하고 비밀 누설을 방지하며 조직을 보존하기 위해 의열단을 기밀부와 실행부, 이렇게 둘로 나누었다.

당시 의열단의 기밀부에는 할아버지 김대지, 장건상, 왕백초 등이 있었다. 실행부 소속의 보통 단원들은 의열단의 주요 간부와 배후 조정자 및 동단의 고문 등 인사들의 정체를 정확히 알 수 없었고 다만 김원봉 한 사람의 지시인 것으로 알게 했다. 그때 의열단의 핵심 인원은 70여 명이었는데 북경에 17명이 남아 있었고 나머지는 거의 상해에 체류하고 있었다. 그때 할아버지와 김원봉, 장건상 등 의열단의 주요 간부들은 어렵지 않게 북경과 상해를 넘나들었다. 또한 북경이나 상해에 있을 때면 그들은 일정한 곳에 오래 머무르지 않았다. 특히 상해에 있을 때면 거의 매일 밤 장소를 달리하고 동분서주했다.

의열단은 1923년 공격의 주요 목표를 일본 동경과 조선 서울에 두었다. 조선총독 암살을 연이어 대여섯 번 정도만 하면 그 후임이 되려는 자가 없을 것이고 동경에서 매년 두세 번 일본인을 놀라게 하는 거사를 일으킨다면 일본 스스로가 조선 통치를 포기할 것이라고 생각했다. 이것이 당시 의열단의 주요 행동 방침이었다.

최근에 공개된 영국 정보국 SISSecret Intelligence Service의 비밀문서를 보면, 1923년 당시 의열단의 규모와 활동 방식에 대해 자세한 설명이 나온다. 이는 영국 국가기록원이 관리하던 것을 한국 국가기록원이 수집해 2010년부터 보관해 오던 것이다.

영국 본국에 보고된 SIS 극동지부의 1923년 8월 보고서는 의열단에 대해 약 2000명의 회원으로 구성된 한국인 비밀결사체로, 한국과 일본에 있는 일본인 관리들을 암살하는 것이 의열단의 목적이라고 기록하고 있다. 보고서는 "한 달 전에 이 단체 회원 한 명이 중국 청도에 있는 독일인이 만든 폭탄 160개를 가지고 있었는데, 이 가운데 100개가 한국에 반입되었다. 현재 50여 명의 회원이 도쿄에서 활동 중이다" 라고 상세하게 기록했다.

1923년 9월 1일 일본 동경을 중심으로 일본 관동 지방에 대지진이 일어나 순식간에 폐허가 되었다. 이리하여 인심이 흉흉해지자 간악한 일본 정부는 광란한 민심을 수습하기 위해 조선인이 폭동을 일으켰다는 유언비어를 퍼뜨렸다.

"이때를 타서 조선놈들이 우리 일본인들을 독살시키려 든단다……", "조선놈들이 우물마다 독약을 처넣었다", "그놈들을 모조리 잡아서 죽이지 않으면 우리가 그놈들 손에 죽고 만다"는 등의 유언비어를 퍼뜨려 놓고 소위 자위대를 조직하여 죽창과 곤봉, 일본도 그리고 단총까지 들고 나와 조선사람들을 만나는 족족 죽였다. 그때 왜적의 손에 학살당한 우리 동포의 수효는 6천여 명에 이른다. 이 소식이 전해지자 조선 민족의 분노는 하늘을 찔렀다. 더욱이 조선의 독립을 위해 죽기로 맹세한 의열단 단원들의 가슴은 분노로 타올랐고 피는 철철 끓었다.

1923년 9월 19일경, 상해 시내의 한 지하실에서 의열단의 주요 간부들이 비밀회의를 가졌다. 그들은 이 회의에서 의열단의 총동원 계획을 견고히 수행하기로 결의했다. 그때 폭탄과 무기는 이미 일본에 들어가 있었다. 늦어도 1924년 봄 왜왕의 아들(소화 왕)의 혼례식 전에 반드시 동경으로 가서 일대 거사를 할 것이며 거사 방법은 단독 행동이든 집단행동이든 모두 가능하다고 결정했다.

동경의 조선인 학살 사건을 계기로 의열단에서는 결사대를 동경에 파견하여 소위 제국 의회가 개최되는 기회를 이용, 이곳에 참석하는 요인을 폭사시킬 계획을 세웠다. 이 계획에 대한 조선총독부의 경찰 자료에는 이렇게 기록되어 있다(이 자료는 1896년부터 1942년에 이르는 기간에 해당되는 전말들인데 조선총독부 경찰이 취조했던 기록들이다).

> 대정 12년(1923년) 10월 2일 오후 2시발
>
> 수신: 내무성 경보국장 및 경시총장
>
> 발신: 총독부 경무국장
>
> 전문: 의열단원 김원봉은 일찍이 조선혁명의 수단으로 경성에서 모두 5~6명을 죽이고 동경에서는 매년 시민을 놀라게 하는 방법을 강구하면 일본 국민 스스로가 조선을 포기함에 이를 것이라고 호언장담하고 있다. 최근 동단으로부터 모지某地에 달한 암호 통신에 의하면 김원봉은 동경 거사에 착수할 것이며 또 동봉한 보통 통신문에 의하면 김원봉은 동지 김대지, 김덕곤, 구신일과 협의한 결과 국제적 혁명의 성공을 기하여 총동원의 계획을 진행 중으로 폭탄 및 기타 무기는 이미 일본으로 발송했다고 기재하고 있다. 요컨대 그가 일본 또는 조선에 대하여 이와 같은 공포스런 계획이 있다는 것은 확실한 것으로 인정된다.

(3) 남부선 파괴를 계획한 남만주 거사

1923년 1월 신채호 선생이 〈조선혁명선언〉을 발표하여 의열단의 정당성을 만방에 알리고 의열단의 행동 강령과 혁명적 지도노선을 체계적으로 확립한 후 의열단은 활동 반경을 일본, 조선, 러시아까지 넓

혔으며 중국 내에서도 멀리 몽고, 만주까지 가서 활동을 전개했다. 몽고에서는 지방단원 회의를 개최한 적도 있었다.

1923년 하반기에 의열단은 만주, 서울, 동경의 세 곳에서 동시다발적으로 거사를 일으키는 대규모 활동 계획을 세웠다. 그들의 계획은 바로 북경과 천진을 기지로 삼고, 남만주 지방에서 거사를 일으키는 것을 시작으로 서울과 동경에서 대규모의 암살 및 파괴 활동을 전개하는 것이었다.

이와 같은 의열단의 활동 구역 확대로 일제 관헌들은 바짝 경계심을 높일 수밖에 없었다. 1923년 10월 27일 자 〈조선일보〉에 나온 기사 "의열단장이 위로연을 열고"를 보면 의열단의 여러 활동 방침이 나오는데 그중 하나가 "진행 사업은 일본과 국내를 목표로 하여 각 간부의 지휘하에 실행하는 동시에 중국, 만주의 간악배는 추후 척결토록 하여 중대 사업에 방해가 안 되도록 주의할 것"이었다. 여기서 일본과 국내를 목표로 한 거사들이 바로 이들의 중대 사업임을 알 수 있다.

남만주 거사는 일본 관동군이 배치되어 있고 친일파 장작림이 관리하던 안봉선(안동—봉천간 철도) 파괴와 연도의 교란을 목표로 하고, 북경과 천진쪽 단원들을 중심으로 추진하게 했다. 7월 중순에 안봉선을 답사하여 경비 상황과 취약 지점을 확인한 후 김대지를 위수로 한 7명의 결사대를 조직했고 서간도의 통의부와 의군부에 연합 행동을 제의하여 수락받는 등 실행 준비를 한 것이 확인되었다.

이 사실은 〈동아일보〉 1923년 8월 7일 자 기사 뉴스에 "의열단원 천진에 모여 남부선 파괴를 계획"이란 제목으로 나온 아래와 같은 기사를 통해 알 수 있다.

> 방금 천진에서 의열단 일파인 김대지, 최용덕, 김덕원, 김우진 등은 천진에 모여 단장 김원봉과 상의하고 폭발탄으로 남만철도를 파괴한 후 다시 통행열차를 전복하여 맹렬한 독립운동을 세계에 보이려는 것이 당국에 탐지되어 방금 경계에 극력 노력 중이더라 (봉천)

애석한 것은 지금은 이 일을 계획했다는 사실밖에 알 수 없고 세상에는 알려지지 않은 의열단 활동이어서 거사가 실제로 일어났는지, 일어났다면 성공했는지의 여부조차 알 수 없다는 점이다.

(4) 나석주가 동양척식회사와 조선식산은행을 습격한 의거

의열단 창단 후 가장 장쾌한 3대 의거 가운데 하나가 1926년 12월 28일 서울 한복판에서 일어난 나석주羅錫疇의 조선식산은행과 동양척식주식회사 폭탄 투척 의거이다.

이 의거가 일어난 후 일제는 이 중대 사건에 소스라지게 놀랐다. 그리고 모든 언론을 봉쇄하고, 비상 경계령을 내렸다. 이 의거로 일제 경무국이 당황하던 모습은 〈동아일보〉 1927년 1월 14일 자 사설을 통해 "경무국의 당황"이라는 제목으로 보도되었다. 이 사설에 보면 나석주의 식산은행, 동척 투척 의거가 어떻게 일제를 공포의 도가니로 몰아넣었고 또 일제 경무국이 얼마나 당황했는가를 잘 알 수 있다.

이 의거 사실의 보도를 해금解禁한 것은 사건 발생으로부터 17일째 되던 날인 1927년 1월 14일이었다. 이날 〈동아일보〉에서는 "백주白晝에 돌발한 근래 초유의 대사건"이라는 제목으로 이 장거를 다음과 같이 대서특필하여 보도했다.

> 작년 12월 28일 오후 2시경부터 (2시) 30분까지의 동안 백주에 시내 남대문통 이정목2丁目 조선식산은행과 황금정 이정목 동양척식주식회사 경성지점에 폭탄을 던지고, 또 권총을 난사하여 동척 사원과 경관 등 일본인 일곱 사람을 살상한 후 범인 자기도 자기 권총으로 자살을 한, 근래에 전혀 없는 중대 사건이 있었는데 당국에서는 사건의 내용이 비범함을 알고 즉시 신문의 게재를 일체 금지하고 검사국과 연락하여 대대적으로 조사를 진행 중에 있었다.

나석주 의사가 자신에게 쏜 세 발의 총탄 중 두 발은 관통했고 한 발은 폐에 박혔다. 출혈이 심했지만 아직 목숨이 붙어 있는 그를 총독부 병원으로 옮겼다. 일제는 그가 해외에서 들어온 의열단원이라고 추측할 뿐이었으나 정체는 몰랐다. 그대로 죽으면 신원을 밝힐 수 없어 그에게 지혈주사를 놓은 후 1분에 1대씩 식염주사를 놓아 목숨을 간신히 이어갔다고 신문은 보도했다.

일제는 해외에서 활동하는 요시찰인물 명부에서 이러한 일을 벌일 만한 인물을 추려 하나씩 이름을 대며 물었다. 20여 명의 이름을 불러보았으나 부인하다가 악에 바친 일본 경부가 "그러면 네가 상하이 의열단에서 보낸 나석주가 아니냐?"라고 소리를 질렀는데 그제야 나직하나 굳센 어조로 "그렇다"고 대답했다. "공범은 없나?"라고 질문하니 "내가 나석주다. 공범은 없다"라는 말밖에는 도무지 입을 열지 않다가 사망했다.

많은 학자들은 나석주 의거가 일제 식민지 지배의 중추적 수탈 기관을 강타하며 민족혼을 일깨운 장거였다고 공인하고 있다. 이 사건은 비록 표면상으로는 나석주 한 사람의 단독 의사인 것처럼 보여도 거기에는 많은 사람이 연관되어 있었다. 이 사건이 성사되기까지 많은 사람들이 계획을 세우고 자금을 마련하고 무기를 장만했던 것이다. 할아버지 김대지와 한봉근도 이 거사에 쓰일 무기와 탄약을 구입했다.

하지만 당시 김원봉은 이미 의열단 창단 시의 암살파괴 노선을 포기하고 새로운 무력혁명의 길을 찾아 1년 전 20여 명의 단원들을 이끌고 광주에 가서 장개석 정부에 의탁하여 황포군관학교에 입학한 상태였기에 원래의 의열단은 사실상 해체된 상황이었다. 하여 이 거사는 김원봉과는 아무 관련이 없이 북경그룹이 앞장서서 조직했고 준비 작업도 주로 천진과 북경에서 진행되었다.

이 사건은 심산 김창숙이 기획하고 시작했다. 김창숙은 1920년대 초기부터 북경에서 할아버지와 같이 북경그룹 창조파에 속해 함께 의열단원의 고문으로도 활약했다. 〈동아일보〉 1922년 12월 26일 북경발 뉴스에는 "북경에 체류 중이던 김정묵은 국민대표회의에 출석코자 김창숙, 김대지, 정인교 세 사람과 함께 일간 상해로 출발한다더라"라는 기사를 실었다. 추측컨대 두 분이 북경에서 1920년대 초부터 나석주 사건이 터진 1926년까지 밀접한 관계를 가지고 함께 활동했던 것이다. 더욱이 김원봉 등 20여 명의 단원들이 원래의 의열단 노선을 버리고 광주로 간 뒤에서 끝까지 남아 무력파괴 노선을 견지한 두 분은 서로에게 힘이 되었음이 분명하다.

김창숙이 내몽고 지방에 둔전 형태의 독립운동 기지를 건설하고 또한 무관학교를 설립하기로 목표를 정한 후 20만 원을 마련하려고 국내로 잠입했다가 모금이 여의치 않아 고작 3천여 원밖에 얻지 못하니 원래의 계획을 취소하고 일부를 의열단에 제공해서 일제에 보복할 계획을 세운 것이 나석주 의거의 시작이었다.

김창숙은 상해에 가서 이동녕, 김구 등 상해임정 요인들을 만나 모금의 어려움을 설명하고 청년결사대를 국내로 침투시켜 적 기관 습격과 친일파 박멸 거사로 민족혼을 일깨울 것을 제의했다. 이에 호응하여 김구는 천진에서 중국군 장교로 복무 중인 제자 나석주와 이승춘 등 의열단원들도 같이 추천하면서, 의열단원 유자명과 상의할 것을 권했다. 그때 김원봉과 노선을 달리하고 북경과 천진에 남아 있던 의열단원 중 이름 있는 인사들은 유자명, 한봉근, 김대지, 김창숙 등 몇 명뿐이었다.

1925년에 들어서부터 의열단의 재정궁핍이 극심한 지경에 이르렀다. 의열단 간부급 단원이었던 김성숙의 표현을 빌린다면 "돈이 바닥이 나서 폭탄을 마련할 수가 없을 뿐 아니라 단원들이 전부 굶어죽게 될" 형편이었다.

1928년 8월 14일 자 〈동아일보〉에 실린 김창숙 사건 예심결정서에 의하면 1926년 3월 김창숙은 의열단이 자금결핍으로 말미암아 목적하는 바인 암살폭파에 착수하지 못하고 있음을 알고 상해에서 의열단 간부들인 유우근유자명과 한봉근을 만나 거사 계획을 설명하고 1천5백 원을 주기로 약속하면서 미리 생각해둔 암살 대상자를 알려 주었다. 그 자리에서 유우근에게 27원, 한봉근에게 40원을 주고 그 외에 따로 약 400원을 한봉근에게 건네 그 돈으로 권총 7정, 실탄 490발을 구입하게 했다.

그리고 같은 해 4월 초순경 천진으로 가서 유우근과 같이 천진 불조계 불조루佛照樓 여관에서 암살폭파의 실행 담당자인 의열단원 나석주와 면회했는데 이때 유우근은 암살폭파 등에 쓰일 폭탄 3개를 휴대하여 같은 여관에서 나석주에게 교부했다. 나석주는 김창숙에게서 물질적 원조를 얻으면서 의열단원 이동춘과 함께 생명을 바쳐 임무수행을 하리라 다짐했다.

그해 여름 나석주, 한봉근, 이승춘, 김창숙 등 일행 4명이 국내로 잠입하기 위해 곧 중국 산동성 위해위威海衛로 떠났다. 하지만 거기서 6개월을 머무르는 동안에 밀입국 방법을 찾느라고 5개월 동안 거사 자금 상당액을 허비하게 되어 급기야 뱃길에 익숙하고 중국어에 능통한 나석주 혼자 조선으로 떠나갔다. 한편 한봉근 등은 그대로 위해위에서 대기했다.

사건이 터진 후, 나석주, 한봉근과 같이 위해위에 갔던 이승춘은 그 이듬해인 1927년 5월에 북경에서 체포되고 김창숙은 2월에 상해에서 체포되었다. 나석주 의사 무기 구입에 참여한 한봉근과 나의 할아버지는 북만 영안 영고탑으로 피신했다. 그 뒤 한봉근은 한국으로 돌아가기 전까지 북만 할아버지네 집에서 가까운 곳에 있었다고 한다.

북만에서 한봉근은 독립투사들에게 자신과 할아버지가 참가한 마지막 의열단 활동이 나석주 사건이라고 했다. 이번에 미국 국회도서관에서 (서울지방검찰청이 보관해 오던) 일제강점 시기의 독립운동관계 재판기록 문서를 보다가 드디어 연관 자료를 찾을 수 있었다.

이 자료를 보면, "1926년 3월경 김대지가 천진에서 브로닝 권총 3정을 의열단원 이우민李愚民에게 당분간 보관시켰다"는 기록이 나온다. 그때는 의열단이 극도의 자금난으로 사실상 해체되고 단원들 간에 민족주의와 사회주의로 내부 분열이 생겼으며 단원 다수가 1년 전에 김원봉을 따라 광주로 가서 의열단 활동이 완전히 정지된 시기였다. 또

한 시간상으로도 나석주 사건의 준비 시기와 맞물리는 것이어서 한봉근이 "김대지와 자신이 나석주 의거에 쓰인 무기와 탄약을 구입했다"고 말한 사실을 뒷받침해 준다.

아래는 이우민약송에 대한 재판기록이다.

1924년 7월경 일찍이 북경에서 아는 사이가 된 이래 친교를 계속해 온 동지 김대지가 북경으로부터 나의 숙소로(천진) 방문해 와서 의열단의 일을 이야기하면서 동단에 가입하여 달라고 권유했으므로 나는 반갑게 그에 응하고 동인의 추천에 의하여 동단 단원의 자격을 얻게 된 이래 동단 집행부의 연락원이 되어 전술한 다물단多勿團의 방식에 의하여 행동을 취하여 왔다.

그 후 대정 15년(1926년) 3월경 동지 김대지가 나의 집에 돌연 와서 당시 의열단 소유인 브로닝형 권총 3정을 나에게 제시하면서 이것을 당분간 맡아 달라고 말하므로 그것을 맡아 두었는데 당시에 누군가 그 사실을 일본영사관에 밀고했으므로 당시 영사관으로부터 경관 수명이 나의 집에 와서 모조리 가택 수색을 행했으나 마침 권총은 변소의 뒤편에 숨겨 두었던 까닭으로 발각되지 않고 끝났으나, 나는 수일간 영사관 경찰서에 검거되어 사실 심문을 받았는데 시종일관 부인한 결과 무사히 석방되었다. 그 후 의열단원 김대지를 다시 만나 앞에서 말한 권총을 반환하여 이로써 의열단 사업 수행에 열중했다.

이 이우민이라 사람은 다물단원이었는데 북경에 있을 때인 1923년에 중한호조사中韓互助社에서 경제부 주임으로 일하면서 대만에서 온 중국사람들과 같이 구구사九九社란 단체를 조직하고 실제행동을 통해 한인을 지원했다는 문헌 기록도 있다. 그리고 그의 공훈록에는 나석주 의사의 의거를 위해 거사 자금 및 의거에 필요한 권총과 폭탄 등을 지원했다고 기록되어 있다.

의열단의 첫 의거에서부터 무기구입에 진력해 온 할아버지는 의열단의 마지막 의거인 나석주 의사가 쓸 무기 구입에도 참여하여 거사의 성공에 큰 기여를 함으로써 자신의 의열투쟁 역사에 마침표를 제대로 찍었다. 나석주 사건은 할아버지가 의열단 창단 시에 제시한 암살파괴의 지도노선을 따른 의열단의 마지막 의거였다. 의열단 해체와 나석주 사건을 계기로 할아버지는 의열단의 역사무대에서 조용히 사라졌다.

5장

북경에서의 반일 독립활동

신채호와 나의 할아버지는 무장투쟁과 의열투쟁을 통한 독립투쟁론을 주장했다. 그들은 무력 투쟁과 의열투쟁을 외면하고 외교에 집착하는 임시정부 지도부를 강력히 비판하고 경고했다. 이를 위해 북경에서 의열단의 활동을 지속적으로 조직하고 전개했는가 하면 여러 잡지, 신문 등을 간행하기도 했다.

1970년대 말 나는 북경에 가서 대학공부를 하게 되었다. 북경으로 떠나기 전날 아버지는 나에게 이런 말씀을 하셨다. "북경에 가면 학교에만 틀어박혀 있지 말고 북경 구석구석을 다녀보아라. 너의 할아버지가 1920년 초부터 1926년 늦은 봄까지 6년 동안 북경에 계셨는데 어디엔가 그분의 자취가 있을 것 같아 나는 북경에 갈 때마다 이곳저곳 두리번거리면서 찾아다녔단다." 쓸쓸해 보이는 아버지의 얼굴을 보면서 그분의 마음을 읽을 수 있었다.

하여 나도 아버지처럼 북경에서 여기저기를 찾아다녔다. 내가 간 곳들은 주로 북경도서관과 북경대학도서관이었다. 할아버지도 북경대학도서관에 많이 다니셨다는 아버지의 추억도 한몫했다. 내가 1988년에 북경대학 철학부에서 교편을 잡은 후에는 북경대학도서관 교원들만 열람할 수 있는 특수열람실에 보관된, 신채호가 발간한 잡지 〈천고天鼓〉를 열람할 수 있었다. 그때는 한국에서 이 잡지의 존재가 지금처럼 널리 알려지지 않은 때였다.

지금도 나는 그때 처음 북경대학도서관 직원이 조심조심 넘겨주던 색이 누렇게 바랜 〈천고〉를 두 손으로 공손히 받아 한참이나 멍하니 앉아 있었던 일이 생각난다. 할아버지의 절친한 동지였던 신채호의 〈천고〉에 어쩌면 할아버지의 지문이 남아 있을지도 모른다는 엉뚱한 생각에 잡지책 앞뒤 면을 찬찬히 쳐다보기까지 했다.

두 분이 더 많이 가까워진 것은 이승만의 '위임통치 청원'에 대해 신채호 선생이 격한 반대를 했고, 할아버지가 이를 깊이 동감하고 존중했으며, 이에 의기투합하여 두 사람이 상해를 떠나 북경에 가서 '직접 무장투쟁론'을 주장하고 함께 북경군사촉성회를 결성하기 시작할 때부터였다.

북경에서 '5인 과격자'로 지목되다

이즈음 북경에는 임정의 외교독립론이나 실력양성론 노선에 반대하여 독립군의 급진적인 무력 투쟁을 통한 독립전쟁론을 주장하는 각지의 독립운동가들이 모여들고 있었다. 북경은 1919년 임정이 수립된 후에 상해임시정부와 의견을 달리하는 독립인사들의 집결지가 되었다. 1923년 국민대표회의가 성공적으로 이루어지지 못한 후에는, 상해임시정부와 의견을 달리하는 인사들의 주요 거점이 되었다.

여기에 모인 대부분의 독립운동가들은 무력항쟁만이 민족독립운동의 가장 효과적인 수단이라는 데 서로 의견을 같이했다. 그동안 중국이나 만주지방에서 독립군의 무장항쟁은 다소 전과가 있었지만 통일된 지휘체계가 없어 보다 강력한 전투력을 발휘하지 못하고 있다는 점에 대해서도 공감하고 있었다.

이렇듯 북경은 중국의 운명을 좌우할 정치풍운의 진원지인 동시에 조선 독립을 위한 무장투쟁을 지향하는 반정부 북경그룹의 근거지이기도 했다.

특히 1920년 가을, 의열단이 상해에서 북경으로 옮겨갔는데 그때부터 북경은 인근에 있는 천진과 함께 의열투쟁의 전초지가 되어 있었고 그 중심에 신채호, 김대지, 김창숙, 이회영 등 거물급 인사들이 있었다. (일제가 1923년에 작성한 〈북경 재주 조선인의 최근 상황〉에는 주요 인물로 박용만, 이회영, 김창숙, 김대지, 한진산, 조성환, 김정묵, 장건상, 김원봉, 정인교 등을 꼽았다.)

이회영, 신채호, 그리고 할아버지는 상해임시정부 수립에 참가했는데 1920년 1월경 북경으로 왔다. 이회영은 정부조직을 건립하는 것 자체를 반대했고, 신채호는 한국의 완전 자주독립을 포기하고 미국 대통령에게 국제연맹에 위임통치를 청원했던 이승만이 임시정부의 우두머리가 된 것에 분개해서였으며, 할아버지도 임시정부와 노선이 달라 북경으로 이동했다. 3월에는 미국에서 활동하던 독립전쟁론자인 박용만이 북경에 와서 정착하고 9월에는 천도교 계통의 신숙과 유림계를 대표하는 김창숙이 11월에 각각 상해를 떠나 북경그룹에 합류했다.

할아버지가 밀양에서 임무를 마치고 상해에 온 것은 1920년 1월 초였다. 하지만 당시 임정은 극심한 재정난에 독립투쟁의 방법과 이념상의 갈등으로 침체에 빠졌을 뿐만 아니라 독립운동가들 사이에도 심각한 분열상이 노출되고 있었다. 따라서 그가 혼신의 힘을 기울여 작성한 국내실태 보고서 역시 안타깝게도 사장되었다.

당시 할아버지는 임정의 투쟁노선에 불만을 가지고 또 임정의 활동에 회의와 갈등을 느끼게 되면서 우울한 심정이었는데 그때 마침 북경에서 옛 동지들로부터 항일독립운동의 활로를 위한 대사를 논의하자는 연락을 받게 된 것이다.

이때 신채호와 할아버지는 무장투쟁과 의열투쟁을 통한 독립투쟁론을 주장했다. 그들은 무력 투쟁과 의열투쟁을 외면하고 외교에 집착하는 임시정부 지도부를 강력히 비판하고 경고했다. 이를 위해 북경에서 의열단 활동을 지속적으로 조직하고 전개했는가 하면 여러 잡지, 신문 등을 간행하기도 했다.

아래에 인용하는 1925년 조선총독부 자료를 보면 그 당시 할아버지를 비롯한 북경에서 활동하던 한인 독립운동가들은 무력 투쟁을 지향하는 선전 활동과 의열투쟁을 통하여 독립을 쟁취하고자 힘썼다는 것을 알 수 있다.

> 북경에 거주하는 불령선인은 최근 문서 선전에 주력함과 동시에 한편으로는 직접행동에 의하여 흉폭수단을 취하려는 경향이 있다. 한교동지회韓僑同志會는 〈도보導報〉, 불교유학생은 〈황야荒野〉 및 〈혁명〉, 조선학생회는 〈해외순보海外旬報〉, 고려학생회는 〈신광新光〉, 〈신인물新人物〉, 〈시단詩壇〉, 〈학원學苑〉 등의 출판물을 계속 발행하여 공산주의 혹은 민족주의를 치열하게 고취하려 했다. 이들 양兩 주의主義는 목적은 서로 다르지만 그 과정이 같으므로 무력 투쟁을 지향하고 마땅히 서로 협력하여 일치 혁명의 완성에 노력

하지 않으면 안 된다고 …… 북경에 있어서는 현재 선인 공산당 단체의 조직은 없으나 장건상, 한진산, 서일보, 김대지, 김봉환, 임유동 등과 같은 적화 선인이 거주하고 있는 관계상 별항에서 기술한 바와 같은 각종의 주의적 출판물이 속출하고 있다.

북경의 민족운동가들은 각 세력을 망라하는 단체인 북경 한교구락부北京韓僑俱樂部를 조직했다. 학자들은 그 시기를 대략 1921년 초라고 추정한다. 북경한인유학생회의 회장 장자일에 의해 발간된 〈신인물新人物〉에 따르면 "구락부는 신팔균, 김해산김정묵, 박건병 등 유력자의 제의로 20여 명이 참여하여 조직되었다"고 되어 있다. 그리고 일제의 〈북경 천진 및 부근의 조선인 상황〉이란 조사서에 의하면 "구락부의 발기인은 박용만, 박건병, 김대지, 한진산, 최동오, 이진산, 신팔균, 이민창, 김세준 등"이었다.

1924년 국민회의 창조파 인사들이 북경에 도착한 후 새로운 한인 독립운동가 단체인 한교동지회의 조직에 착수했는데 서왈보가 중요한 역할을 했다. 한교동지회는 한교구락부를 확대한 형태였다. 〈일본 외무성경찰사〉의 기록에 의하면 1925년 1월에 한교동지회가 성립된 후 서왈보와 한진산은 회칙會則을 중국어로 번역해서 북경 경찰청과 보군통령아문(경성의 수비, 순찰 등의 치안 임무를 수행하던 중국의 군대)에 제출하고 양해를 구했다.

경찰청은 9월 말까지 북경한인사회에서 공산주의자와 의열단 그리고 아나키스트 등의 '과격파'들을 제외한 진정한 애국심이 있는 독립운동가의 성명을 기록해 제출하라고 지시했다. 북경 당국은 북경한인의 국권회복을 위한 민족주의 운동은 지지했지만, 공산주의와 아나키

즘 운동을 인정하지는 않았다. 그리하여 한진산, 원세훈, 신숙, 박건병 등은 그해 10월 2일에 한진산의 집에서 회합을 가진 뒤 이회영, 김대지, 박용만, 신채호, 안정근(안중근 의사의 동생) 등 이미 '과격자'로 지목된 5명을 제외한 명부를 제출했다고 한다.

한교동지회는 합법적으로 북경지역 한인의 이권을 대변하는 자치단체였는데 의열단과 아나키스트들은 여기에 포함되지 않았다. 이는 '과격자'라고 불린 이들과 공산주의자들은 북경 당국의 단속이 엄격해서 한교동지회에서 뚜렷한 활동을 하지 못했기 때문이었다.

북경 군사통일촉성회의 발기인이 되다

1920년 늦은 여름, 상해임시정부의 정책에 반감을 품고 북경으로 온 박용만은 임시정부에 비판적이던 노령의 대한국민회의 문창범, 북경에서 활동하던 신채호, 의열단의 지도자였던 김대지, 천도교의 대표자 신숙 등을 규합하고 상해 한인공산당의 후원을 받아 북경군사통일촉성회를 설립했다. 군사통일촉성회는 한국 군사단체의 통일을 이루고 노령에 통합적인 군사기관을 설립하려고 했다.

당시 중국 만주에서 진행 중이던 한국독립군의 무장투쟁은 자랑스러울 만큼 전과가 컸다. 그러나 여러 독립군들이 통합되지 않았기에 전체적인 지휘를 받을 수 없고 전투력에도 제한이 있었다. 상해임시정부를 승인했던 서북간도의 주요 무장단체들은 임시정부가 간도사변에서 무력한 대응을 보인 것에 실망하여 임시정부와 결별함으로써 임정은 만주와 노령의 주요 지지기반을 상실했다. 북경군사통일촉성회는 설립 직후 각 지역 독립지도자들의 동조를 얻고 통합을 실현하기 위해 만주로 대표들을 골라 보냈는데 남만주에 배달무, 북만주에 남공선을 파견했다. 뒤따라 신채호, 김대지 등 주요 간부도 만주의 군사단체의 통합을 논의하려고 만주지방으로 떠나게 되었다. 김대지의 첫 번째 임무는 김동삼과 이청천을 만나 그들의 동조를 얻는 일이었다.

북경세력의 목표는 평소 주장하던 독립전쟁 방략을 효율적으로 펼쳐 나가는 것과 통일된 군사 조직의 지휘권을 장악하는 데 있었다. 그러던 중 1920년 10~11월에 독립군을 토벌코자 만주로 침략한 일본군과 독립군 사이에 대접전이 전개되었으니, 대표적인 것이 청산리전투다. 여기에서 홍범도와 북로군정서의 김좌진金佐鎭 · 이범석李範奭 등이 역사적 대승을 거두었다. 그러나 일본의 대규모 공격 때문에 독립군은 시베리아로 이동하지 않을 수 없었고, 이로 인하여 북경의 군사통일회 결성 노력은 일단 중단되고 말았다.

1921년에 접어들면서 북경 세력은 다시금 군사통일회 결성에 혼신을 기울였다. 세 가지의 상황 변화로 인해 조직 결성에는 더욱 탄력이 붙었다.

첫째는, 1920년에 일본군이 만주를 침공해 독립군이 대거 시베리아로 이동한 뒤, 분산되고 약화된 독립군과 단체를 통일해야 한다는 당위성이 설득력 있게 받아들여지는 상황이었다.

둘째는, 이승만이 혼란스런 정국을 해결하기 위해 1920년 12월 상해에 도착했는데, 상해 체류 기간에 그를 공격하여 임시정부를 뒤집으면 독립운동계의 대권을 쉽게 장악할 수 있으리라는 판단이었다.

셋째는, 박은식을 비롯한 여러 인사들이 국민대표회의 소집을 요구하는 바람에 상해 독립운동계가 크게 술렁이고 있어서, 상해세력과 함께 국민대표회의 소집을 강력히 요구할 경우 독립운동의 지휘권을 확보할 수 있는 좋은 시기였다.

이러한 정황은 1921년 4월 20일에 박용만과 신숙 등이 북경에서 개최하고 시베리아, 남 · 북만주, 하와이 및 국내의 10개 단체 대표가 모였던 군사통일준비회의를 보면 더욱 분명해진다. 이 회의에서는 독립전쟁의 지휘권 문제와 이승만의 위임통치 청원 건 등을 논의했다. 이러한 문제들을 구체화하여 실천할 수 있게 하는 것이 국민대표회의라고 생각하고 준비위원으로 박용만 외 4명을 선출했다.

이 회의에 군사통일촉성회 결성 당시 참여했던 신채호, 김대지 등은 참여하지 않았다. 조규태 선생은 그의 논문 〈북경군사통일회의의 조직과 활동〉에서 위 두 사람이 참가하지 않은 것은 박용만과 신숙이 소비에트 러시아 정부의 지원에 대해 사실보다 과장되게 말했기 때문이라고 해석했다.

1921년 10월 14일 자로 조선총독부 경무국장이 상해에 있는 한인 독립운동가의 근황에 관해 외무성 아시아국장에게 통보한 요지에서는 박용만, 신숙, 김대지, 배달무, 장건상 등 북경파에 대해 분석했는데 김대지는 군사통일회 발기인이고 32세가량이며 한국노동단 대표라고 기록하고 있다.

이처럼 북경군사통일회는 외교노선에 치중한 상해임시정부의 독립운동 방침에 반대하고 '무장투쟁론'에 입각하여 군사 통일을 실현하기 위해 결성된 연합기구였다.

1921년 11월 북경에서 군사통일회의는 상해임시정부를 부정하면서 한성정부의 법통을 이은 '대조선공화국'의 수립을 선언했다. 대통령은 이상룡, 국무총리 신숙, 교통총장에는 박용만을 내정했고 할아버지 김대지는 이 조선공화국의 내무총장으로 내정되었다. 대조선공화국을 수립한 이들은 신채호를 통해 무력항쟁의 당위와 이승만의 위임통치론을 비판하는 〈성토문〉을 발표하고, 여기에는 김창숙, 김원봉 등 임시정부에 비판적인 인사 54명이 서명하여 기세를 올렸다.

그러나 조선공화정부 임시정부는 제대로 운영 한 번 해보지도 못한 채 곧 좌초되었다. 박용만이 교통총장의 인선에 불만을 품었고, 또한 모스크바의 자금문제로 인해 상해의 여운형 등과 관계가 원만하지 못하여 곧바로 분열 상태에 빠졌기 때문이다. 이렇게 조선공화정부의 수립이 사실상 불가능해지자 군사통일회는 다시 국민대표회의를 개최하는 데 관심을 주력했다.

1922년 12월 말 북경 한교구락부는 김정묵, 김창숙, 김대지, 정인교 등을 국민대표회의에 대표로 참가시켰다. 1922년 12월 26일 자 〈동아일보〉 기사에는 김대지 등이 상해국민대표대회에 참가하기 위해 북경을 떠났다는 소식을 다음과 같이 보도했다. "북경에 체류 중이던 김정묵은 국민대표회의에 출석코자 김창숙, 김대지, 정인교 세 사람과 함께 일간 상해로 출발한다더라.(북경)" 여기에 나오는 김정묵은 신채호와 함께 통일책진회統一策進會를 발기하고 김창숙, 신채호, 박순병과 함께 한문으로 된 월간지 〈천고天鼓〉를 발행했던 사람이다.

그 후 북경과 상해에서 각각 국민대표회의를 주장하고 서로 의견을 절충한 결과 각지 대표 70여 명이 참석한 가운데 1923년 1월부터 상해에서 정식으로 국민대표회의가 열려 의장에 김동삼, 부의장에 안창호, 윤해, 비서장에 배달무가 선임되었다. 이 대회는 독립사상 유례가 없을 만큼 독립운동가들이 대규모로 참가한 회의였다.

그러나 국민대표회의가 개최되고 있던 중 임시정부 개조안 문제로 인하여 이후 국민대표회의는 창조파와 개조파로 대립하다 결렬되었는데, 창조파는 임시정부를 해산하고 새롭게 정부를 만들자는 방향이었고 개조파는 임시정부를 실제 독립운동에 적합하도록 개조하자는 것이었다. 이런 대립으로 혼란에 빠지자 개조파는 퇴장하고 국민대표회의는 끝내 실패하고 말았다.

1920년부터 박용만, 신채호, 김대지, 신숙 등이 각 군사 단체의 통합과 정부 문제의 해결을 목표로 군사통일촉성회를 설립하고, 그 뒤 1921년 군사통일회의를 조직하여 국민대표대회를 발의하면서 시작된 국민대표회의는 민족의 여망에도 불구하고 2년 만인 1923년에 실패로 막을 내렸다. 비록 독립운동가들 사이에도 이렇듯 분쟁과 비방이 있었지만 그들에게는 조국 광복의 달성이란 같은 목표가 있었다.

북경특파원

신채호 선생이 봉천으로 떠난 지 며칠 안 된 1920년 가을 어느 날 할아버지는 북경군사통일촉성회의 지시를 받고 서로군정서에 조사원으로 파견되어 갔다. 그의 임무는 김동삼과 지청천의 동조를 얻어 오는 일이었다. 그는 중국인 의사로 변장하고 북경에서 기차에 올랐다. 유창한 중국어로 힘들지 않게 왜경과 중국 경찰의 눈을 속일 수 있었다. 그는 북경에 있을 때는 늘 중국사람의 옷을 입었다. 다부산즈(중국 두루마기)에 마고자까지 받쳐 입으면 그럴 듯한 중국사람이었다. 상해에 있을 때 프랑스 조계 밖에서 일을 볼 때면 왜놈과 밀정들의 눈을 피하려고 양복을 차려 입고 일본사람으로 가장하기도 했다니 변장술에 능란해진 것도 의열 투쟁 속의 필요에 따라 익힌 재간이었다.

할아버지는 기차로 봉천까지 무사히 와서 봉천역을 빠져나온 후 구영필이 꾸리고 있는 삼광상회를 찾아갔다. 중국으로 망명할 때 이종암이 은행에서 가지고 나온 돈의 일부와 구영필이 사재를 처분하여 가지고 온 자금, 그리고 할아버지가 고향에서 얻어온 자금으로 구영필이 봉천에 꾸린 가게였다. 이곳은 독립운동가들의 안전한 피신처와 연락처였으며 의열단의 활동 기지이기도 했다. 구영필의 도움으로 할아버지는 다시 중국인 장사꾼으로 변장하고 짐을 꾸려 서로군정서가 자리한 서간도 통화지구로 떠났다. 사전에 비밀 연락계통을 통하여 구영필은 봉천에서 서로군정서와 연락을 가졌다.

할아버지가 봉천을 떠날 때쯤 훈춘사변琿春事變이 터졌다는 놀라운 소식을 들었다. 때는 1920년 10월 초라고 했다. 할아버지는 서간도로 가는 걸음을 재촉했다. 이 훈춘사건(일본군이 중국의 마적단을 매수하여 훈춘의 일본 영사관을 습격하도록 사주한 사건. 일제는 만주에 거주하는 일본인의 생명과 재산을 보호한다는 구실로 즉각 군대를 출동시켰다. 이로 인해 독립운동이 크게 위축된다—편집주)으로 독립전선은 큰 수난을 겪게 될 것이라는 불길한 예감이 뇌리에 스쳤다. 할아버지가 유하현柳河縣에 도착했을 때는 일제가 간도에 대거 침입을 시작한 다음이었다. 서로군정서의 기관은 이미 한 달 전에 북만주의 액목현額穆縣으로 옮기고 난 후였다. 10년 동안 애써 건설한 서간도 독립근거지는 이젠 주인 떠난 빈집처럼 쓸쓸하고 처량했다. 그러나 왜놈의 토벌을 피하게 된 것이 다행스런 일이라고 생각하면서 안도의 숨을 내쉬었다.

1920년대 초부터 일제는 만주에서 날로 강해지는 조선 독립운동 세력에 놀라 중국 동북의 군벌정권에 압력을 가하여 독립부대를 압박하기 시작했다. 5월부터 남만지역에는 '중일 합동수색조'가 조직되는 등 험한 분위기가 조성되고 독립운동가들은 체포되기 시작했다. 1920년 10월에는 훈춘사건을 빌미로 삼아 일본은 이를 조선인 소행이라고 억지를 부려 '간도출병'을 결정했다. 이에 따라 북간도지역의 독립군 단체들은 8월부터 이동을 시작했다. 일제의 토벌로 서로군정서 독판 이상룡과 참모장 김동삼은 서로군정서의 행정기관을 액목현으로, 행정요원 외의 군사요원과 교성대教成隊는 지청천의 통솔 아래에서 안도현安圖縣으로 전술적인 이동을 단행하기로 결정했다.

교성대장 지청천은 무장력을 보전하기 위해 1920년 8월 대산림지대인 안도현으로 떠나야 했다. 지청천이 이끈 교성대 400여 명은 서로군정서 참모장 김동삼과 함께 유하현을 출발하여 안도현으로 이동했다. 그때 서로군정서는 비상 시를 위해 신흥무관학교를 백두산 천연림 속 깊숙한 곳에 있는 안도현 대전자大甸子로 이동했고 각 무장단체들과 연락을 취하면서 안도에서 무장단체의 대동단결을 모색하기로 결정했다. 안도현 산림지대는 밀림이 우거지고 지도에서도 측량이 되지 않는 지역이 많아 적은 병력과 화력으로도 많은 군사력을 상대할 수 있는 곳이었다. 그리고 이곳은 봉천과 길림의 접경 지역이어서 일제가 1920년 독립군 토벌을 폈을 때에도 중국으로부터 '작전 지역'으로 허가받지 못했다.

할아버지는 지체하지 않고 연락원과 함께 백두산 산림지대로 서로군정서를 찾아 떠났다. 유하에서 떠난 지 이틀이나 사흘 되던 날 오후 장사꾼 옷을 보따리에 싸서 걸머지고 농민 차림을 한 할아버지는 대전자에 도착했다. 그때는 10월이라 백두산 수림 속은 벌써 찬바람이 스며들어 아주 추웠다. 그런데 그곳에 있는 독립군들은 장교나 병사나 할 것 없이 모두가 홑옷만 입고 추위에 떨고 있었다.

할아버지와 이청천의 첫 상봉은 이렇게 백두산 밀림 속에서 이루어졌다. 이청천은 일 년 전 상해임시정부 의정원회의에 참가하고 돌아온 김동삼에게서 대한광복단에서 활약을 한 할아버지에 대한 이야기를 들었다. 할아버지도 상해에서 이미 신흥무관학교에 문무를 겸비한 일본군 중위 출신이었던 이청천이 교성대장으로 있다는 소문을 들어왔다. 이청천 장군은 그에 대한 신비스러운 소문과는 달리 체구가 크지 않았고 몸집도 우람하지 않았다. 보통 키에 몸이 단단해 보일 뿐이었다. 그때 이청천 장군은 삼십이 조금 넘었는데 할아버지보다 두세 살이 많았다.

반일 독립의 한길에서 만난 두 투사는 밤새는 줄 모르고 이야기를 나누었다. 나서 자란 고향 이야기로부터 망국 후의 자신의 경력에 대해서도 빠짐없이 털어놓고 오랜 친구처럼 마음을 주고받았다. 이청천은 자신의 성이 본래는 지池씨였다고 말했다. 젊어서 일본에 유학 가서 동경사관학교에서 공부했고 졸업 후 일본군 보병부대에서 소위로 있다가 후에 중위로 승급되었다. 나라가 망했다는 소식을 듣고 그는 기회를 타서 일본군복을 입은 채로 도망쳐서 서로군정서를 찾아갔던 것이다. 그는 일본군에 있을 때 중국의 청도전투에도 참가했다. 그가 싸움에 용맹하고 전술에 능했으며 총도 잘 쏘고 칼도 잘 다루었다는 소문을 들어온 할아버지는 이번 만남에서 몸소 이청천의 세상을 놀라게 하는 칼솜씨를 체험하게 되었다.

이청천의 반일 투지는 아주 견정했고 그에게는 조국을 되찾으려는 피 끓는 정의감이 있었다. 할아버지는 자신의 경력담을 말한 후 상해임시정부의 현실 상황으로부터 북경군사통일촉성회의 주장을 상세하게 이청천에게 말해 주었다. 이청천은 북경군사촉성회의 발기를 적극 찬성했고 독립군사단체의 통합을 두 손 들어 찬성했다. 그는 이번에 근거지를 이동하기 전에 군사단체를 통합했더라면 이번 일제의 소탕에 대항하여 독립군들이 연합작전을 펼칠 수 있었을 것이라고 하면서 안타까워했다.

당시 대전자 근거지에 있던 이청천이 이끄는 교성대는 병력이 많지 않았다. 이삼백 명가량 되는 병사들이 얼마 안 되는 무기를 소지하고 있을 뿐이었다. 얼마 후 홍범도 부대와 김좌진의 북로군정서 부대가 백두산 아래의 화룡 삼도구三道溝 부근까지 들어왔다는 소식이 들렸다. 그 외에도 여러 갈래의 독립군들이 백두산으로 왔다.

역사 기록에 의하면 지청천이 이끄는 신흥무관학교 교성대를 중심으로 한 서로군정서 부대가 안도현으로 먼저 들어간 뒤, 1920년 하반기부터 북간도 지역의 다른 독립군 단체들도 이동을 개시했다. 홍범도가 이끄는 대한독립군은 8월 중순경 화룡현 이도구二道溝 어랑촌漁郎村 일대에 새 기지를 창설했다. 김좌진이 이끄는 북로군정서는 9월에 서쪽으로 이동하기 시작하여 10월 중순경에 화룡현 청산리 지역에 도착했다.

10월 초 화룡현 삼도구에서는 각 독립단체들이 회합하여 대책을 협의했다. 북로군정서와 홍범도 부대가 이동하던 중 10월 21일 청산리에서 일본군과 만났을 때 그 유명한 청산리전투가 일어났다. 홍범도 부대는 김좌진 부대의 백운평전투가 있었던 다음날인 10월 22일 완루구完樓溝전투에서 일본군에 타격을 입히고, 청산리전투의 최대 격전이었던 어랑촌 일대의 전투에서 김좌진 부대와 협공해 치열한 공방전을 벌였다. 이청천도 부대를 이끌고 홍범도 부대의 이 전투에 참여해

적지 않은 성과를 거두었다. 서로군정서 독판 이상룡의 행장에는 이청천이 이끄는 서로군정서의 부대가 청산리에서 왜적을 만나 수백 명을 사살한 것으로 기록되어 있다.

이청천 부대와 함께 있던 어느 날 한 연락원이 달려와 급보를 가져왔다. 청산리에서 패전당한 일본군들이 보복하려고 혈안이 되어 날뛰면서 지금 대부대를 동원하여 백두산 밀림을 수색하면서 이청천 부대가 있는 방향으로 다가오고 있다는 것이었다. 정세는 아주 위급했다. 그런데 그때는 11월에 다 들어서서 백두산 밀림 속은 엄동설한이었다. 근거지에는 식량이 떨어졌고 군인들은 동복도 입지 못하고 있었다. 이런 상황에서 눈길을 헤치며 이동하려니 첩첩산중이었다. 그렇다고 앉아서 왜놈들의 침입을 기다리고 있을 수만은 없었다. 이청천 장군의 인솔하에 독립군들은 서로 사기를 북돋우면서 재빨리 이동하기 시작했다. 그때 독립군은 대부분 말을 탔었다. 때문에 대오의 행군 속도는 무척 빠른 편이었다.

백두산 밀림 속 지형에 익숙한 서로군정서 이청천의 부대는 교묘하게 산길을 잘 찾아서 행군했다. 때문에 포위해 오는 일본군과 대규모로 맞닥뜨리지 않았다. 한번은 어느 산골짜기에서 왜놈의 소부대를 만났는데 조우전을 벌려 놈들을 소멸한 후 포위를 뚫고 산을 넘어간 적도 있었다.

이청천 부대는 대전자를 떠난 후 북쪽으로 한참 행군하여 화룡현의 하집령을 타고 넘어 오도양차라는 곳을 지나서 돈화현 액목으로 향해 급급히 이동했다. 오도양차를 지난 지 얼마 안 되어 어득어득한 저녁 무렵이 되었다. 하지만 부대는 쉬지 않고 행군을 재촉했다. 그때 이청천 장군과 할아버지는 모두 말을 타고 있었다. 이청천 장군은 행군 시에 항상 대오의 앞에서 말을 달렸다. 장군다운 기풍이 넘쳤다.

어느 뾰족한 산모퉁이를 돌 때였다. 말을 탄 이 장군은 돌연히 일본군 전초 기병 세 놈과 딱 마주쳤다. 적아 쌍방 모두 준비가 전혀 되어 있지 않은 상태였다. 총집에서 총을 빼낼 여가도 없는 순간이었다. 이 숨 막히는 위기일발에 비상한 검술을 갖고 있던 이청천 장군은 장도를 휘둘러 어리벙벙해 있는 일본군 세 놈을 연거푸 찍어서 모두 요절을 냈다. 이것은 눈 깜짝할 새에 발생한 전투였다. 모두들 놀라서 벌린 입도 다물지 못했는데 이 장군이 홀연히 졸도하여 군마에서 떨어졌다. 너무도 긴장하고 뜻밖인데다 연일 기아와 추위 속에서 눈도 붙이지 못하고 급행군을 했으니 그럴 수밖에 없었을 것이다.

행군 길에서 벌어진 이청천의 이 장쾌한 전투 장면을 할아버지는 오랫동안 기억하고 있었고 후에 나의 아버지와 다른 동지들에게도 전해 주었다. 그러나 독립운동사나 이청천의 전기 등에서는 찾아볼 수 없는 대목이라 유감이다.

액목으로 가는 길에서 서로군정서 독립군과 할아버지는 기한飢寒에 시달려서 죽을 고생을 했다. 식량이 떨어졌지만 보충을 받을 데가 없었으며 산짐승을 만나도 총으로 쏠 수 없었다. 방법이 없어 타고 가던 말을 잡아 대충 요기를 해가면서 행군할 정도였다. 하지만 방한을 할 방도는 전혀 없었다. 대오 속에는 동복을 입거나 겨울 신발을 신은 사람이 한 명도 없었다. 귀와 얼굴이 모두 얼어붙어 사람마다 검푸른 얼굴을 하고 있었으나 한 마디 불평도 하지 않고 밤낮없이 행군했다.

대오는 드디어 액목에 도착했다. 거기서 며칠간 휴식할 수 있게 되었으나 물자 공급을 받을 수는 없었다. 당시 왜놈들은 조선독립군을 토벌하려던 애초의 목적을 달성하지 못하고 청산리전투에서 참패까지 당하자 그 분풀이로 화룡현 장암동, 연길현 의란, 와룡동, 팔도구 등지에서 조선인 부락을 습격하고 조선인들을 마구 죽였으며 부락에 불을 놓고 남녀노소를 막론하고 잔인무도하게 생매장하고 칼로 찍어 죽이는 천인공노할 만행을 자행했다. 이를 간도사건 혹은 경신참변庚申慘變이라고 부른다. 이렇게 조선인 동포들이 참변을 당하고 있었으니 독립군은 식량과 피복 지원을 받을 수 없었다.

마침 이때 홍범도 장군이 인솔한 독립군이 이청천 부대를 찾아왔다. 홍범도 부대는 이청천 부대에게 무기와 식량을 공급해 주었다. 그때 홍 장군의 부대는 단원이 적지 않았다. 그리고 병사들이 거지반 산포수 출신들이어서 행동이 날렵하고 사격술도 이만저만이 아니었다. 생각한 것과는 달리 홍 장군은 보통 노인이었다. 연세는 오십여 세가 되어 보이고 체구도 장대한 편이었으나 조선 노인들이 흔히 입는 한복 두루마기를 입었고 신발 차림새는 산포수와 같았으며 권총이나 장도를 찬 것이 아니라 장총을 메고 있었다. 옷고름을 날리면서 휘휘 손을 저으며 걷는 뒷모습은 만주의 조선 마을에서 흔히 볼 수 있는 가난한 집 노인들과 조금도 다름이 없어 보였다. 이런 그가 바로 의병 두령이자 대한독립군의 사령관이라고는 왜놈들도 쉽게 믿지 않았을 것이다.

독립군 장교들과 군인들은 모두 홍 장군을 우러러보고 존중했다. 할아버지는 북경군사통일촉성회의 주장을 홍 장군에게 전해드렸다. 일찍부터 독립군의 통합을 모색해 오던 홍 장군은 그 자리에서 선뜻 이청천 부대와의 무조건 통합을 승낙했다. 그리고 이청천더러 중임을 맡으라고 진정어린 권면을 했다. 이청천과 할아버지의 간곡한 요청과 추대로 홍 장군이 연합부대의 총사령에 취임하고 이청천이 부사령이 되어 부대를 인솔하고 밀산으로 떠났다.

액목에서 할아버지는 북경으로 돌아가려고 길림을 향해 떠났다. 할아버지는 서로군정서의 도움으로 액목현에서 마차를 타고 송화강을 따라 내려오다가 길을 바꾸어 길림에 도착했고 거기서 기차를 타고 봉천까지 간 다음 다시 구영필의 도움으로 변장을 하고 기차로 북경까지 무사히 돌아갔다.

국민대표회의의 실패로 신정부 수립은 이루지 못했으나, 북경군사통일촉성회 그리고 그 뒤에 설립된 북경군사통일회의는 만주지역 독립군단의 통합을 촉진시킨 밑거름이 되었다. 북경군사통일회의에서 대표들은 상해임시정부와 임시의정원을 부정하고, 이를 즉각 해체하는 대신 1919년 4월 23일 조선 국내외에서 국민대회 명의로 선포된 한성정부의 법통인 대조선공화국을 건설하여 항일독립운동의 최고기관으로 삼아 국내외의 군사통일을 이룩하자는 데 의견일치를 보았다. 따라서 북경군사통일회의에서는 대통령 이상룡을 비롯한 대조선공화국의 내각 인선 작업도 병행했다. 할아버지는 내무총장에 선임되었다. 이어 군사통일 방안으로 대조선공화국 정부 산하에 국내외 각지의 독립군을 '대조선국민군'으로 통일 편성하는 계획도 세웠다. 이 계획에는 박용만이 대조선국민군의 총사령관이 되고, 각지의 군인을 징집, 군적부를 작성하는 한편 국내외 각지에서 각종 군직을 임명하고 군사비를 징수하는 내용 등이 포함되어 있었다.

결국은 와해되고 말았지만 북경군사통일회의로 인해 임정의 존폐 문제와 관련하여 국내 독립운동의 방향과 방략을 재정립하는 국민대표회의를 소집할 수 있었고, 이후 남만주, 북만주와 연해주에서 독립군단의 통합운동을 추진하는 데에 실질적인 영향을 미쳤다. 그 뒤 남만주의 각 독립군단 지도자들은 1923년 가을부터 일련의 회의를 개최하여 통일 문제를 논의하고 1924년 봄에는 전만통일준비회全滿統一準備會를 조직했고 같은 해 11월에는 이 준비회를 토대로 만주지역 최대의 독립운동 기관인 정의부를 성립시켰다.

6장

조선사람들은 단합하기가 왜 이다지 힘든가

이념과 의기가 같았던 오랜 친구였던 김좌진과 김동삼을 잃은 타격으로 할아버지는 전에 없던 피로와 고독감을 느꼈다. 이중 삼중의 타격으로 할아버지는 중병에 걸려 드러눕게 되었다. 십여 년간 풍찬노숙하고 구사일생으로 싸워온 결과 남은 것은 온몸의 병뿐이었다. 병문안을 온 동지들에게 그는 "조선사람들은 단합하기가 왜 이다지 힘든가?" 하고 가슴에 쌓아두었던 의분을 토로했다.

북만의 영고탑에 멈춘 발걸음

1926년 늦은 봄 5월쯤, 나석주 사건에 쓰일 권총 구입을 완수한 할아버지는 북경을 떠날 준비를 했다. 그때 마침 북만 영안현 영고탑에서 농장을 경영하고 있는 친구 구영필이 북경에 있는 할아버지에게 편지를 보내 왔다.

편지의 사연인즉슨, 할아버지더러 영안에 대한 책을 써달라는 것과 자신이 지금 억울하게 누명을 쓰고 딱한 처지에 있으니 할아버지가 직접 영고탑에 와서 자신의 문제를 해명해 달라는 부탁이었다. 하여 할아버지는 북만 영안현 영고탑에 가게 되었다. 한봉근은 나석주와 함께 위해위로 떠날 준비를 하면서 이 일이 끝나면 자신도 영고탑으로 따라 가겠다고 할아버지에게 약속했다. 그해 말에 나석주 사건이 터진 후 한봉근은 영고탑으로 피신하였다.

당시 구영필은 봉천의 삼광상회를 꾸리던 돈을 가지고 영고탑에 와서 땅을 사고 발해농장을 세웠는데 주로 독립군과 그들의 가족들을 안전하게 피신시키고 조선에서 건너온 농민들을 받아서 농사짓게 하고 있었다. 영고탑은 의열단의 안전한 후방인 셈이었다. 구영필은 유서 깊은 영안을 소개하는 책을 우리말로 펴내 조선 국내외에 영고탑을 널리 선전하고 싶어 했다. 때문에 그는 이 책을 써달라고 할아버지에게 간곡하게 부탁을 한 것이다.

할아버지는 의열단 해체 후, 러시아령의 유명한 독립운동 지도자이자 친구인 문창범이 러시아령에 건너와 새로운 독립운동의 길을 개척해 달라는 부탁을 해왔기에 북만에 가서 그곳 독립운동의 정황도 알아보면서 그 길로 러시아령으로 가려던 참이어서 친구 구영필의 부탁을 선선히 승낙했다. 얼마 후 할아버지는 영고탑에 도착하여 그곳에서 김치환, 김일봉 혹은 김자중이라는 별명을 쓰면서 왜경과 밀정들의 눈을 피했다.

의열단 부단장으로 불리던 한봉근도 구영필의 도움으로 북만에 정착할 수 있었다. 구영필은 독립운동가들에게 편의와 도움을 많이 준 독립투사였다. 의열단 단원들과 할아버지는 구영필의 신세를 많이 졌고 도움도 많이 받았다. 의열단원들이 자유자재로 북경, 상해, 봉천을 드나들면서 의열 활동을 할 수 있었던 것은 구영필의 헌신적인 도움 덕분이었다. 할아버지는 구영필을 그리워하면서 그가 없었다면 이 모든 게 불가능했노라고 회고했다.

영안에 온 후 할아버지는 우선 구영필의 문제를 해명하려고 독립운동자들을 찾아다녔다. 듣건대 한 독립운동가가 중국 경찰에 피검되어 옥고를 치른 후 돌아와서 하는 말이 자기를 밀고한 변절자가 바로 구영필이라는 것이었다. 그 후부터 조선사람들은 구영필을 피하고 멀리했다.

그 누구보다도 구영필의 굳건한 독립투지와 강한 반일정신을 잘 아는 할아버지는 구영필이 모함을 받고 있음을 밝혀 보려고 마음먹었다. 할아버지가 이 일을 조사하려고 몇 달 동안 애써 보았으나 해명할 실마리를 찾기 어려웠다. 그리고 그가 밀고한 변절자라는 근거도 없었다. 정말 모든 것이 오리무중이었다. 아무리 깐깐하게 따져보아도 왜 구영필을 미워하는지 이유를 알아낼 수가 없었다.

그 당시 영안에는 각 독립단체 간의 파벌 투쟁과 세력 다툼이 심했고 서로를 일본 주구, 밀정, 친일파라고 성토했다. 몇 달 동안 조사한 결과 할아버지는 구영필이 분명히 세력 다툼의 과녁이 되었다는 것으로 결론을 내렸다. 그러나 구영필의 억울함과 분통함을 덜어주지 못해 할아버지도 속수무책으로 고통스러웠다.

그러면서 한편으로 할아버지는 책을 쓸 준비 차 현지답사를 하기 시작했다. 그는 동경성에 가서 자세히 고찰하고 조사도 했으며 경박호, 백두산에까지 가서 지형, 기후, 물산 등을 관찰했다. 현지답사를 끝낸 후 그는 한 달 남짓한 시간을 이용하여 책을 써냈다. 아버지는 이 책의 제목이《발해의 옛도시 영안성》이었을 것이라고 한다.

이 책에는 영안의 유구한 역사와 정치, 경제, 지리, 풍경, 민속, 기후 등의 내용이 망라되어 있는데 책의 부피는 200쪽 전후였다. 책은 할아버지가 조한朝漢 혼용체로 붓글씨로 쓴 것을 구영필이 출자하여 등사했다.

그때 영고탑에는 많은 독립군들이 정착하고 농사를 짓고 있었다.

러시아령에 갔다가 무장해제를 당하고 분산된 후 만주로 탈출해 온 사람도 많았고 경신참변 후 피신해 온 사람들도 있었다. 김좌진 장군도 그때 영안에서 농사를 지으면서 독립역량을 키우고 단체를 조직하고 있었다. 그분도 1921년 러시아령으로 이동했다가 흑하사변黑河事變(1921년 러시아령 자유시에서 대한독립군단이 레닌의 적군赤軍과 교전한 사건) 후 다시 만주로 돌아와서 1925년 영안성에서 신민부를 창립했다.

김좌진을 총사령으로 한 대한독립군단과 대한군정서의 정신 등이 결성한 후 1929년 3월, 3부 통합운동의 결과로 해체될 때까지 신민부는 영안현을 비롯하여 주하, 목릉, 밀산, 요하, 돈화현 등 북만주 지역을 관할구역으로 자치활동과 무장투쟁을 전개한 군정부였다. 중국 《흑룡강 소수민족 간사簡史》에 보면 1923년 영고탑에는 조선사람들이 686호에 2246명이 살았다고 기록되어 있다. 그러니 3년 뒤인 1926년에는 더 많은 조선사람들이 살았을 것이라고 짐작할 수 있다.

1926년 늦은 가을인 9월에 할아버지는 원래의 약속대로 러시아령으로 문창범을 찾아갈 차비를 하고 있었다. 바로 이때 구영필이 장을 보러 갔다가 암살을 당했다. 옆구리에 칼이 박힌 것이었다. 할아버지는 떠날 날짜를 뒤로 미루고 즉시로 구영필의 사후 처리와 살인범 조사를 시작했다. 그렇게 또 서너 달 동안 억울하게 비명한 동지를 위해 동분서주했다.

구영필은 호가 일우一友이고, 할아버지는 호가 일봉一峰이었다. 그들은 독립을 위해 함께 중국에 망명하여 왔고 상해임정에서도 함께 일했던 옛 고향 친구이고 또 황상규와 더불어 도원결의를 한 삼형제였다. 구영필은 의열단 활동에 재정적 지원 등 많은 도움을 주었으며 또한 북만에서 독립군과 그 가족들에게 삶의 터전을 만들어 주었던 독립운동가였다. 할아버지는 침통한 마음으로 구영필을 보냈다. 할아버지뿐만 아니라 많은 독립운동가들도 그가 억울하게 모함당한 것을 잘 알고 있었다. 구영필의 죽음으로 큰 이득을 챙긴 세력들이 꾸민 것임을 알면서도 끝내 암살자는 잡지 못했다.

그때 영고탑에는 여러 유형의 반일세력들이 있었다. 민족주의 계열에 속하는 독립운동가도 있었고 공산당 계열에 속하는 반일세력도 있었으며 봉건군주 제도를 복벽復辟하려는 세력도 있었다. 그들 사이에는 이러저러한 모순으로 항상 충돌이 벌어지던 시절이었다.

얼기설기 엉켜 있는 복잡한 사회관계 속에서 구영필의 피살 원인과 암살자를 도무지 찾을 수 없어 힘든 상황이었는데 부인 박선이가 둘째아들 철준(김명, 나의 아버지)이를 데리고 불쑥 찾아왔다. 너무도 의외여서 할아버지는 반가운 줄도 몰랐다.

지난 8년간 할머니 박선이는 남편의 행방을 알려고 모진 애를 썼는데 서울중앙고보에 다니던 큰아들 철수가 배재중학교에 다니는 구영필의 아들을 통하여 할아버지가 영고탑에 와 있다는 소식을 듣게 되었다. 박선이는 인차 편지로 안부를 전한 다음 할아버지의 동의도 기다리지 않고 1927년 1월 구영필의 아들이 겨울방학에 영고탑으로 오는 편에 따라서 온 것이었다.

하지만 천신만고 끝에 찾아온 부인과 아들을 번갈아 보던 할아버지는 벌컥 화를 내셨다. 무엇을 먹고 살거냐며 당장 조선으로 돌아가라고 소리를 질렀다고 한다. 자신은 지금 소련으로 독립운동 하러 가는 길이라고 말하면서 오라는 기별도 하지 않았는데 왔다고 발까지 구르며 성을 냈다. 온순하고 인자한 박선이도 얼굴을 붉히면서 이젠 죽어도 같이 죽고 살아도 같이 살겠으니 그리 알라고 하면서 흐느껴 울

할아버지가 1926년 영고탑에서 구영필의 장례식을 주관하고 있다. 사진 중간에 검은 상의를 입고 조기 옆에 선 이가 할아버지다.

었다. 불쌍한 아내와 아들을 와락 끌어안으며 할아버지도 뜨거운 눈물을 끊임없이 흘렸다고 한다. 이때부터 할아버지의 발걸음은 북만의 영고탑에 멈추었다.

항상 균형 감각을 지니다

아버지는 1985년에 사라져 가는 자신의 기억을 후손들에게 남기고자 친필로 할아버지에 대한 회고록을 썼다. 어려서부터 유난히 책을 좋아했던 아버지는 독립투사들이 하신 말씀들과 그분들이 하신 활동을 50여 년이 지난 후에도 생생히 기억하고 있었다. 아버지 본인이 직접 알게 된 할아버지의 독립운동 경력은 만주에서의 활동밖에 없었다. 그때까지 본 것, 들은 것들을 모두 기록했다. 이 회고록을 집필한 1985년은 한국의 서적들과 자료를 접할 수 없는 때였는데 지금 와서 문헌자료들과 대조해 보니 인명, 사건, 지명 대부분이 맞았다. 그리고 다른 연구서적들에는 없는 많은 인물들이 나왔다.

1920년 일본군의 간도 출병으로 수많은 조선사람들이 처참하게 희생되었으나 동포사회는 독립군의 활동을 보장할 만한 경제적 기반을 갖추지 못한 상황이었다. 하지만 만주에 있는 독립군들은 그런 악조건 속에서도 혁혁한 공을 세웠다.

그러다가 1925년 후반부터는 상황이 완전히 달라졌다. 만주에 있는 독립군이 내외의 정세 변화에 따라 고립되기 시작한 것이다. 그 주요한 이유로는 중국 국민당 정부가 동북3성을 방임 상태에 두었는데 일제가 이틈을 타서 한국의 독립운동에 대한 강도 높은 제재를 요구하기 위해 중국 동북3성 당국과 삼시협정三矢協定을 체결하는 것으로 한국의 독립운동을 압박했기 때문이다.

일제는 속칭 삼시협정이라 불리는 이 '재만한인 단속법'을 체결하여 한국독립운동의 뿌리를 뽑으려고 계획했다. 이 협정 속에는, 중일 양국 경찰은 합작하여 봉천 동부에서 활동하는 한인의 독립운동을 방지할 것, 중국 당국은 한인 독립운동가를 체포하여 일본 당국에 인도할 것, 주요 한인 독립운동가의 명단을 일본 당국이 중국 당국에 통보하여 줄 것 등의 아주 악랄한 내용이 들어 있었다.

이 협정으로 인해 일본 군경은 중국 군경과 합동 토벌을 할 수 있어 일본은 합법적으로 중국에서 활동할 수 있었고 그 후부터는 독립군은 물론 농민들도 만주에서 숱한 고초를 당하게 되었다. 이로 인해 만주 도처에서 독립투사들이 중국 군경에게 체포되고 살해되었다. 그리하여 만주에서 전개된 조선인들의 독립운동은 중일 양측으로부터 동시에 압력을 받게 되었고 만주지역 독립군 단체들은 반일 무장투쟁은 물론 단체의 존립마저 위협받는 처지가 되었으며 국내와의 연락도 거의 끊어졌다.

1925년경에 조선 국내의 각종 독립 관련 조직망이 일제 경찰의 무자비한 탄압에 의해 거의 붕괴되다시피 된 것도 주요한 이유였다. 그 외에도 1921년에 일본과 국교를 회복한 소련도 공산주의 운동 외에는 관심이 없었을 뿐만 아니라 한국독립군의 무장 활동을 철저히 경계하는 상황이었다. 이렇게 만주에 있는 독립군은 아무런 국제적 원조도 없이 외롭게 독립전쟁을 하게 되었다.

그리하여 독립전선에서는 새로운 길을 모색하려는 움직임이 활발히 일어났다. 그것은 독립전선의 통합운동으로 나타났는데 두 가지 방향에서 추진되었다. 하나는 민족진영과 공산진영을 대통합하는 소위 민족유일당 운동이었고, 다른 하나는 민족진영 내에서 자체 통합을 모색하는 참의부, 정의부, 신민부의 3부 통합운동이었다. 당시 삼부의 활동은 1927년 이후 점점 미약해 가고 있었고 이럴 때 독립전선의 통합 문제가 대두되었는데, 유일당운동에서 비롯된 논의는 삼부의 통합으로 발전했다.

유일당 운동은 당시 국제 조류의 영향을 받아 어떠한 사상이나 파벌도 초월하여 민족적 차원에서 하나로 통합된 정당을 결성하려 한 것이다. 삼부의 통합 문제는 민족유일당 운동에 자극받고 특히 만주에서 삼시협정 후 쇠퇴일로에 있던 독립운동을 만회하려고 한 재만동포사회의 요구를 배경으로 대두된 것이었다.

당시 할아버지가 머물던 영고탑은 통합운동의 요지였다. 1928년 초, 정의부, 신민부, 참의부 삼부 간부들이 영고탑에서 회합하여 4월에 연합회를 개최하자고 결의했고 김찬의 조선공산당 만주총국도 영고탑에 있었다. 민족진영과 공산진영 모두 영안을 중심으로 활동했음을 알 수 있다.

우리 가족이 영고탑에서 독립투사나 친우들의 경제적 도움을 받지 못하면서 빈곤한 생활을 하는 와중에도 할아버지는 수십 년에 걸쳐 조선독립과 민족해방을 밤낮으로 탐색하면서 몇몇 투사들과 친우들 사이를 오가며 새로운 길을 끊임없이 검토했다.

그때 독립투사들은 할아버지의 집에서 비밀리에 자주 모여 밤을 새며 토의하고 의견을 교환했다. 아버지는 할아버지와 독립투사들이 아래와 같은 취지로 열띤 토론을 벌였다 한다.

> 악독한 일본제국주의 통치하에서 우선 우리 민족은 명확한 목적과 치밀한 투쟁 강령을 세워 한 몸이 되어 단합해야 한다. 허무한 명성만 가지고 전략적 동기 없는 활동을 거듭하는 지금과 같은 임시정부 체제는 공중누각과도 같아, 무의미한 희생만 거듭할 뿐이고 2천만 군중의 실망과 환멸 속에서 암담한 시일만 반복될 뿐이다.
>
> 현재 우리에게 제기된 유일한 과업은 일제의 침략 앞에서 확고한 사상과 이념을 확립하고, 한마음 한뜻으로 일제와 장기적이고 간고艱苦한 투쟁을 계속하며 조선의 독립을 위해 우리의 피와 땀을 흘리는 일뿐이라고 생각한다.

> 하지만 해외에서 활동하는 우리 민족의 정치활동에서 가장 큰 문제는 각 집단들이 반일 활동에는 별로 관심이 없고 실제로는 파벌 논쟁과 투쟁에 열중함으로써 가장 중요한 항일이란 목적을 잃어버린 것이다. 민족주의, 공산주의 등으로 분열된 채 맹목적이고 끝없는 싸움을 계속하면서 실상은 동족상살同族相殺과 무의미한 논쟁으로 시일만 허비하는 비참한 상황을 초래하고 있다.

당시 중국 만주에서 활동하던 민족주의 단체는 북로군정서를 기초로 형성된 김좌진과 정신을 수뇌로 한 신민부(영안현과 해림현 등지), 서로군정서를 기초로 한 김동삼과 이청천을 수뇌로 한 정의부(유하현, 삼원포 등지) 외에도 수십 개의 이름을 가진 반일독립운동 단체들이 통일되지 못한 채 남북만 일대의 조선사람들이 거주한 지방을 차지하고 각자 세력 범위를 정하고 있었다.

통일을 목적으로 각 대표들이 모였으나 중요하지 않은 견해 차이를 좁히지 못하여 다시 분열되었다. 그 후에도 부분적으로 병합되어 활동하다가 유야무야로 소실되었고, 새로운 이름으로 난립하는 양상을 거듭할 뿐이었지 새로운 성과나 형태가 나타나지 못하면서 독립투사들의 노약병사와 생활상의 극빈한 어려움으로 조직은 점차 흩어져 갔다.

당시 공산주의자들은 군벌이 통치하는 만주에서 반공개적인 활동을 할 수 있었다. 그들은 조선인들이 거주하는 농촌에서 급속도로 세력을 키우며 군중의 마음을 쉽게 얻을 수 있었으며 자연히 민족주의자들과 치열한 마음 쟁탈전을 벌였다.

공산당 내부에도 화요파, MR파, 서울장안파, 상해고려파, 해삼위파 등이 서로 정통을 다투고 제2국제 대표자격을 차지하기 위해 눈코 뜰 새 없었고 더욱이 일제 특무들이 독립군과 공산당 내에 침입하여 파괴와 이간 활동을 악랄하게 전개하여 독립운동 내부와 공산당 내부의 파벌 투쟁은 더욱 악화되고 심각한 양상을 띠게 되었다. 그들은 서로를 일본 특무, 주구, 친일파 등의 이름을 붙여가며 성토했고 조선인 거주 지역에는 삐라가 범람했다. 정작 일제를 반대하고 민중을 발동해야 하는 항일투쟁의 성세는 더욱 쇠약해져 갔다.

이 같은 상황에서 반일구국에 일생을 바쳐온 할아버지는 권일우, 김월송 등의 민족진영 독립운동가들과 토의하고 상해에 있는 김두봉, 김원봉 그리고 러시아에 있는 이동휘, 문창범 등과 연락하고 상의했다. 그리고 옛친구인 정운해(대구 출신), 백파(안동 출신) 등 공산주의자와도 의견을 교환하고 토론을 거쳐 견해를 하나로 모았다. 그들은 조선민족해방독립동맹이란 명칭으로 각 당파를 통일 단합하여 조국 통일을 위한 역량을 총집결하고 민족 간의 파벌 투쟁을 중지했으며, 조직을 정돈하며 치밀한 규율을 정해 일치단결하자는 의견에 동의했다.

당시 공산 진영에 있던 독립투사들도 항일 격정이 아주 높았고 투쟁정신이 투철했다. 하여 할아버지가 그들과 손을 잡으려고 했던 것이다. 조선공산당 지도자인 김찬이 일제 경찰의 심문 과정에서 진술한 내용을 보면 조선공산당 창당의 첫 번째 슬로건은 "일본제국주의 통치 완전 타도, 조선의 완전 독립"이었다. 이는 창당 당시 조선공산당이 무엇보다도 민족해방 내지는 독립을 강령에 포함시키려고 했음을 보여 준다.

정운해의 그 후 활동에서도 좌익운동가들이 어떻게 민족주의 진영과 연합을 모색했는지 알 수 있다. 정운해는 출옥 후 대구에서 신탄사업을 경영했고 1944년 여운형, 안재홍 등 조선의 민족운동 세력이 일제의 패망을 예견하고 건국을 준비하기 위해 비밀리에 결성한 조선건국동맹에 참여하여 경북지역 책임자가 되었으며, 해방 직후 건국동맹이 조선건국준비위원회로 등장하자 건국준비위원회 경북지부 결성에 참여했으며 이 단체와 우익 진영의 경북치안유지회가 통합하여 발족한 건국준비경북치안유지회에도 관여했다. 해방 후 대구지역에서는 좌우익 정치세력이 연합하여 대구공동위원회를 구성해 친일 잔재를 청산하고 3.1기념행사를 공동 개최했다. 이는 정운해처럼 좌익운동을 하면서도 민족주의 진영과 연합을 모색하는 사람들이 있었기 때문에 가능했을 것이다.

그리하여 할아버지는 김월송, 권일우, 정운해, 백파 등 동지들과 같이 민족주의와 공산주의 각파의 주요 인물들과 본격적인 접촉을 시작했다. 1927년부터 1930년 사이 그는 독립 역량을 통합하기 위해 영고탑, 오상현, 그리고 아성 일대를 분주히 오가며 끊임없는 활동을 전개했다. 그동안의 곡절과 애로도 적지 않았다. 폐병이 있었던 할아버지는 몸에 신열이 오르고 기침을 자주 했지만 주야를 불문하고 동분서주하면서 협동전선의 결성을 위해 노력했다.

할아버지는 정의부 김동삼과 이청천을 해룡, 오상 등지에서 만나 상의하고 신민부 김좌진, 정신 등을 영고탑 평안진에서 수차례나 만나 상의했다. 그리고 공산당의 화요파 김찬, ML파 한빈 등을 영고탑, 아성, 빈현, 동경성에서 만나 수차 상의했다. 수년간에 거친 할아버지의 결사적인 노력으로 각 당파는 우선 일본제국주의와 싸워 일제를 조선에서 몰아내고 조선 독립을 위해 손잡고 통일 행동을 하자는 원칙에 의견을 같이하게 되었다.

김좌진 장군은 대한광복회 때부터 할아버지의 친구였고 영고탑에 머물 때는 늘 할아버지 집에 와서 시국을 토론했다. 할아버지는 키가 크고 몸집이 장대한 김좌진을 '전봇대'라고 불렀다. 한번은 김좌진이 할아버지 집에 와서 동지들과 통합문제를 놓고 울분을 토하며 말씀하신 일을 아버지는 기억하고 있었다. 화가 엄청 많이 나 있었다고 한다. 그리고 1928년 봄에 김동삼이 영고탑에 와서 할아버지 집에 잠깐 들렀다가 김좌진 등 동지들을 만난다고 할아버지와 함께 집을 나선 일도 기억한다. 아버지의 기억으로는 그 당시 김동삼의 가족이 영안현 주가툰에 있었다고 한다. 그 뒤로부터는 할아버지는 집에 안 계시고 늘 외지로 돌아다녔다. 멀리 길림쪽으로도 갔다가 몇 달씩 있다 돌아오셨다.

반일세력 통합을 위한 첫 번째 회의는 1928년 5월 12일부터 같은 달 26일까지 정의부를 비롯한 18개 단체 대표인 김동삼, 이청천 등 39명이 모여 길림 화전에서 열렸다. 그러나 불행히도 회의는 순조롭게 진행되지 못하고 의견이 나뉘어 협의회와 촉성회 두 파로 분열되었다.

1928년에 들어와서는 중국이나 소련의 사정도 달라졌다. 중국에서는 국공합작國共合作이 분열되었고, 소련에서는 조선공산당의 해체를 추진하는 시기였는데 유일당운동을 1928년에 추진했으니 그 와해가 불가피했던 것이다. 하여 이제는 민족진영 안에 있는 삼부만으로 통합을 실현하려는 계획이 나타나서 1928년 9월에 삼부 통합회의가 신안툰에서 열렸다. 그런데 이 회의도 완전히 결렬되고 말았는데 이 모임을 도화선으로 신민부, 참의부, 정의부 내의 분열이 표면화되어 오히려 독립운동 단체의 정비 사업이 그해 말부터 추진되었다. 이어 삼부는 해체되고 이념과 이해에 따라 1929년에 다시 규합하여 혁신의회와 국민부, 이렇게 이부로 재편되었다.

혁신의회는 김좌진을 비롯해 신민부의 군정파인 정신, 참의부의 김소하 그리고 정의부의 김동삼, 이청천 등이 참여했다. 그런데 이 계열은 일제 및 그 주구배의 습격을 받아 김동삼이 체포되고 김좌진이 피살되는 등 큰 타격을 입었다. 김동삼은 회의를 마치고 돌아가다가 그를 미행한 일본 경찰에게 1931년 10월에 하얼빈에서 체포되었고, 김좌진은 1930년 초 봄에 암살당했다.

김좌진이 사망한 후 이청천 등은 오상현에서 생육사를 조직했다. 홍진, 이청천, 신숙 등은 이들 단체들을 기반으로 1930년 7월에 한국독립당과 한국독립군을 창설했고, 남만주에서는 국민부와 그의 이념적 유일당인 조선혁명당 그리고 소속 독립군인 조선혁명군으로 개편되었다.

3년 남짓 모든 노력을 쏟아부었지만, 성공도 아니고 그렇다고 완전 실패도 아닌 실망스러운 결과를 받아든 할아버지는 많이 괴로웠다. 그가 애써왔던 반일세력 통합은 수포로 돌아가고 재만 독립협동전선을 결성하려던 기회는 영영 다시 오지 않을 것 같았다. 더구나 이념과 의기가 같았던 오랜 친구였던 김좌진과 김동삼을 잃은 타격으로 할아버지는 전에 없던 피로와 고독감을 느꼈다. 이중 삼중의 타격으로 할아버지는 중병에 걸려 드러눕게 되었다. 십여 년간 풍찬노숙하고 구사일생으로 싸워온 결과 남은 것은 온몸의 병뿐이었다. 병문안을 온 동지들에게 그는 "조선사람들은 단합하기가 왜 이다지 힘든가?" 하고 가슴에 쌓아두었던 의분을 토로했다.

국가보훈처 "이달의 독립운동가 김대지"에 관한 생애와 공적개요를 보면 왜 그렇게 정리되어 있는지를 알 것 같다.

> 김대지 선생은 항일독립운동 전 기간을 통해 특정계파나 주의에 연연하지 않고 항상 균형 감각을 지니고 일본제국주의에 맞서 싸웠으며, 무력 투쟁과 혁명을 통한 완전한 자주독립노선을 표방하면서 활동했다.

9.18사변 후의 참담한 만주 생활

1931년 일제는 9.18사변(일본 제국이 중국 침략을 위해 1931년 9월 18일 류탸오후 사건을 조작해 벌인 침략 전쟁을 말하며, 만주사변이라고도 한다—편집주)을 계기로 불과 4개월도 안 되는 사이에 전 동북을 점령하고 자기들의 식민지로 만들었다. 침략군은 1931년 말까지 하얼빈과 치치할을 거쳐서 북만주의 중요한 지점을 거의 다 점령하고 다음 해에는 장학량의 임시 사령부인 금주까지 침입하여 요서 방면을 견제하며 장학량 군대를 산해관 안으로 압박하니 만주는 일제에게 완전히 정복된 셈이었다.

만주사변 후 일제가 만주를 지배하게 되자 이 지역을 근거지로 활동하던 한인 독립운동가들은 큰 제약을 받게 되었고 상실감도 컸다. 반면 일제는 한반도에 접해 있는 만주를 점령함으로써 한국 독립조직을 일제히 소탕할 기회를 얻었다.

을사조약 이후 의병들과 독립군들이 20여 년 동안 일본군에게 항쟁하던 만주 땅에서 이제 독립군들은 조국 광복을 이루지 못한 채 쫓겨나게 되었다. 이후부터 만주 일대에서 한국독립군의 대규모 무력항쟁이 자취를 감추었고, 전 만주에 일본군이 확대되어 독립운동가들의 활동 범위는 더욱 위축되었다. 그러니 목숨 걸고 지도자들을 따라왔던 독립군 병사들과 독립운동가들은 실의와 절망을 느낄 수밖에 없었다. 독립무장 세력들이 관내로 건너가자 동포들의 실망도 커졌다. 저항다운 저항 한 번 해보지도 않고 만주를 일본에게 넘겨준 중국정부의 태도에 만주에 있는 독립운동가들은 더욱 암담해졌다.

그때 상해 임정의 이동녕과 김두봉의 연락을 받은 할아버지도 몸이 좀 회복되었으니 관내로 들어가려 했으나 극도로 가난한 우리 가족은 도저히 할아버지의 여비를 마련할 수가 없었다. 거기다 한평생 유랑자처럼 망명 생활을 해온 할아버지의 몸은 1930년대 초부터 날로 무너져 갔다.

젊을 때부터 폐병으로 고생한 데다 기관지염도 심했다. 9.18사변 후 독립운동이 침체되고 자신의 독립 염원을 더 이상 펴지 못하게 되자 울화 때문에 병이 더 심해졌다. 말수가 적은 할아버지는 늘 한숨을 길게 내쉬었고 애꿎은 담배를 피워댔는데 그가 토하는 담배 연기는 마치 가슴이 타서 뿜는 연기와도 같았다.

할아버지는 나라를 사랑하고 반일 독립투쟁에 많은 공헌을 한 훌륭한 투사였으나 자신의 가정과 처자에 대해서는 좋은 남편과 훌륭한 아버지는 아니었다. 1927년 영고탑에 온 후 우리 가족은 독립지사들의 도움으로 간신히 허름한 집을 구했다. 대충 거처를 정하자마자 할아버지는 또다시 집을 떠나 재만 독립단체의 통합 활동을 위해 분주히 다니셨다. 하지만 구영필의 사망으로 독립투사들과 그들의 가족들은 도움도 못 받고 험난한 나날을 보내야 했다.

할아버지는 독립운동을 하러 밖으로 다니며 집을 돌보지 않았고 나가면 몇 달이고 돌아오지 않았다. 그때는 자식들이 아직 어려서 밖에 가서 벌어올 수도 없었고 할아버지는 직업이 독립운동가여서 가정에는 수입이 전혀 없었다. 동지들과 친우들의 얼마 되지 않는 도움으로 겨우 생계를 유지했는데 걸핏하면 사흘씩 굶곤 했었다. 중국말도 모르고 친척도 친구도 없는 낯설은 북만에서 할머니는 어찌할 바를 몰랐다. 어디 가서 쌀 한 홉 동냥하기도 힘들었다. 땔나무도 없고 먹을 식량도 없이 고생을 죽도록 하셨다. 아버지는 추운 겨울날 굶주린 배를 끌어안고 추워서 벌벌 떨면서 지냈는데 그때 방안에서 눈 오줌이 그 자리에서 얼 정도로 추웠다고 한다.

나흘이나 굶자 아이들은 힘없이 축 늘어져 버렸다. 할머니는 사색이 되어 허둥지둥 중국사람의 감자밭으로 달려가 언 감자를 캐왔고 배추밭에서 언 배추 뿌리라도 뽑아왔다. 아버지는 옛날이야기만 하면 할머니가 너무 불쌍했다고 울먹이셨다. "너희 할아버지는 독립밖에 모르는 분이었다. 조선에는 공이 있지만 가정에는 죄가 많은 분이다." 만주에서 망명 생활을 하는 동안 할아버지는 물론 가족들까지 거의 조석으로 끼니를 못 이으면서 살아왔다.

아버지는 한반도의 남쪽에 위치한 따스한 밀양에서 나서 자랐기에 북만의 살을 에는 듯한 추위가 늘 망국의 설움을 더했다고 한다. 삭풍이 휘몰아치는 만주의 혹한 속에서 아버지는 항상 고향 생각을 했고 그렇게 고향을 그리는 마음이 어쩌면 아버지한테는 원초적인 애국심으로 이어졌을 것이다. 나라를 찾아 훈훈한 고향으로 돌아가는 것이 아버지의 평생소원이었다.

아버지는 영안현에서 초등학교를 다닐 때 황기툰에 있는 강화린의 집에서 먹고 자고 하였다. 강화린은 원래 신흥무관학교에 있다가 후에 김좌진이 이끄는 북로군정서 사관양성소에서 이범석과 같이 교관으로 있었다. 후에 유명한 청산리전투에 참가했는데 그때 그는 중대장이었다. 강화린은 생활이 구차한 우리의 가정 형편을 알고 할아버지를 조금이라도 돕고 싶어서 아버지를 데려다 자기 집에서 공부시켰던 것이다.

이처럼 근근이 생계를 이어가고 있는데 밀양에 있는 할아버지의 처갓집에서 소식을 전해왔다. 장인 박 노인이 세상을 뜨면서 남긴 유언에, 땅 일부분을 꼭 맏딸 선이에게 주라고 부탁했다는 것이다. 곤경에 처한 할머니는 먼 길도 마다하고 고향으로 돌아가서 그 땅을 처분하여 돈을 마련해 돌아왔다. 그 돈은 얼마 되지 않았으나 가마솥 뚜껑도 열지 못할 정도로 막다른 골목에 처해 있던 우리 가족을 살렸다.

우리는 처음에 영고탑에 거주해 있었다가 1929년에 집을 동경성 유상툰으로 옮겼다. 영고탑이 너무도 복잡하고 위험했기 때문이다. 공산당 진영과 민족진영 간의 싸움에, 밀정들까지 섞여 있어 힘들었던 것이다.

9.18사변 후에 철수 삼촌(할아버지의 큰아들)이 공산당이 조직한 영안현 항일유격대에 참가했다가 심한 동상을 입고 담가에 들려 집으로 왔다. 이 일이 동북군벌에게 발각되면 온 집안이 화를 면할 수 없었으므로 할아버지는 온 집 식구를 이끌고 그날 밤으로 하얼빈 부근의 빈현으로 떠났다. 치료비가 없어 할아버지는 큰아들을 데리고 대종교 제3대 교주이자 독립운동가이신 밀양 출신 윤세복의 아들인 윤필한이 꾸린 병원에 가서 아들의 동상을 치료받았다. 윤세복은 1919년 2월에

발표된 〈대한독립선언서〉의 서명자로 참여한 분이다. 그는 만주의 환인현, 무송현, 밀산, 영안현 동경성 등에 학교를 설립하고 조선인 2세에게 항일 민족교육을 시켰으며 흥업단, 독립단, 대한국민당 등 항일 독립운동단체 활동에도 적극 참여했다.

후에 일본군이 빈현을 진격하여 폭격을 퍼붓게 되자 빈현 남쪽에 있는 태평교라는 농촌으로 피난을 가야 했다. 그런데 거기는 또 설상가상으로 마적들의 행패가 너무 심해서 도저히 살 수가 없었다. 하여 온 집 식구가 걸어서 관문취자關門嘴子라는 곳을 거쳐서 하얼빈으로 이사했다. 하얼빈 난민 수용소에서 얼마간 머물다가 나중에는 하얼빈 가까이에 있는 아성현으로 옮겼다.

아성현에 정착한 후 불행과 비극이 연속되는 생활이 이어졌다. 할아버지는 신체가 허약할 대로 허약해지고 병은 점점 심해져 일할 수가 없었다. 젊을 적 폐병을 치료받으러 절간에 갔다가 조금 배운 한의술로 아성에서 겨우 풀칠할 정도였다. 간판도 없이 한약방을 운영하면서 동네 주민들이 감기, 급체 등으로 찾아오면 무료로 약 처방을 해주고 주민들은 약값 대신으로 어쩌다 가끔 감자, 옥수수, 토끼 등을 주기도 했다.

독립군 친구들이 매일 집에 찾아와서 밤늦게까지 회의를 하면서 식사도 같이 하곤 했는데 생활은 날로 어려웠고 식구들은 사흘이 멀다하게 굶었다. 고모(아버지의 여동생 화숙)가 병들었는데 약 한 첩 못 써보고 죽었다. 할아버지는 명색이 한의사였지만 약 살 돈이 없어 가족을 치료하지 못하고 보낼 수밖에 없었다.

1936년에는 할머니 박선이가 출산 중에 대출혈이 생겨 후유증으로 돌아가셨다. 할머니가 없는 우리 집은 기둥이 끊어진 것과 마찬가지였다. 할아버지는 하늘이 내려앉는 불행과 막막함을 느꼈다. 사십도 되지 않는 부인이 이렇게 훌쩍 떠나가 버릴 줄은 생각도 못한 일이었다. 독립운동에 투신한 후 근 20년간 할아버지는 광복을 위해 자신과 가정마저 잊었고 부모와 처자를 돌보지 못하고 살아왔다. 싸늘하게 식어가는 부인을 끌어안고 돌부처처럼 멍하니 앉아만 있던 할아버지는 금방 태어난 아들을 아성현에 있는 중국인 철로경찰에게 주었다고 한다.

엎친 데 덮친 격으로 불행은 여기서 끝나지 않았다. 몇 년 후, 총명하기로 소문이 자자했고 중국에서 낳았다고 '철중'이라 이름을 지은 아들이 그만 병이 들었고 제때에 치료를 받지 못해 하늘나라로 가고 말았다.

가난과 질병이 잠시도 떠나지 않는 생활고는 끝이 없었다. 1930년대 말쯤 고향에서 할아버지의 부모님이 차례로 돌아가셨다는 비보가 전해오자 할아버지는 고향으로 돌아가지 못하고 북향 제례를 올리면서 비통함을 금치 못했다고 한다.

홍범도 장군의 이야기

할아버지가 독립군 동지들에게 들려준 홍범도 장군에 대한 일화가 있다. 할아버지도 이 이야기를 러시아령의 독립지도자인 친구 문창범에게서 들었다고 한다. 아버지는 그때 옆에서 들은 이 이야기를 또 우리들에게 전해 주었다.

독립군이 이동하여 소련으로 간 후 1920년대 초에 레닌은 홍범도 장군을 접견했다. 독립군 지도자들 중에 레닌을 만나본 유일한 사람이 홍범도 장군인 셈이다. 홍 장군이 유명한 봉오동, 청산리전투를 지휘한 이야기는 국내외에 널리 퍼져 있었다. 홍범도 장군이 지휘한 도문 두지봉 전투에서만 일군을 600명이나 사살했다고 한다. 절대 권총을 쓰지 않았고 장총을 잘 쏘는 포수군 출신이었다.

레닌은 그런 홍범도에게 물었다.

"조선의 독립은 무엇에 의거해야 하며 무엇이 필요합니까?"

"총이 5만 자루만 있으면 되지요." 레닌은 다시 물었다.

"그러면 이 5만 자루 총을 누가 메고 또 누구의 지휘를 받아야 합니까?"

홍범도는 더 대답하지 못했다. 필경 홍 장군은 정치가도 이론가도 아니었고 레닌과 대화를 진행할 만큼 유식하지도 않은, 포수 출신 독립군 장군이었다.

이때 홍 장군의 저고리 호주머니에서 자그마한 목책이 비스듬히 보였다. 레닌이 홍 장군에게 다가와 얼굴에 웃음을 지으면서 그 책을 꺼내 자세히 살펴보았다. 책 둘레는 기름때로 얼룩지고 더러워져서 까무잡잡하였다. 레닌이 "이 책은 무슨 책인가요?" 라고 물으니 홍범도는 아무렇지도 않은 듯 "그냥 치부책이외다"라고 답했다. 그저 간단한 돈 내역을 적어두던 장부책이었다.

그때 옆에 있던 조선인 통역관은 그대로 통역하기 딱해서 레닌한테 "그건 전투일기장입니다"라고 말했다. 그러자 레닌은 아주 감동을 받아 연신 그 책에다 정중히 키스를 했다고 한다. 생사를 무릅쓰고 조국독립을 위해 싸워온 조선 독립군 지휘자에 대한 경의와 감사를 표시한 것이었다.

레닌은 홍범도 장군에게 소련 최고대우증을 발급해 주었다. 이 대우증만 있으면 소련의 모든 교통 도구를 무료로 탈 수 있었다. 레닌은 홍범도 장군을 소련에서 학습도 하고 관광도 하라고 만류했다. 후에 홍 장군은 중앙아시아 카자흐스탄 크즐오르다에서 돌아가셨다.

2부

김명

평생토록 민족혼을 지킨 아버지

咏水仙

清水寒沙水仙开
芳芳馥仙馨闘老意
自润翁笔何许的
毅然浩气乐晓川

何于

1981年2.20

7장

할아버지의 뒤를 이어 항일투쟁에 투신하다

할아버지는 아들 김명에게 지도 보는 법을 가르쳤고 밤에 기름이 없어 불을 못 켤 때는 어둠 속에서 조선, 중국 그리고 유럽 역사를 들려주었다. 제1차 세계대전이 어떻게 일어났으며, 조선이 어떻게 나라를 빼앗겼는지, 조선왕조는 어떻게 몰락했는지, 중국의 군벌은 어떤 세력이고 중국의 신해혁명은 어떻게 일어났으며, 중국공산당과 국민당의 관계는 어떠한지 등을 학교에 가지 못하는 둘째 아들에게 열심히 가르쳤다.

아버지와 아들의 숙명

김명(본명은 김철준. 1945년 조선의용군 입대 당시 이상조가 지어준 '김명'이란 이름을 주로 사용했다)은 1917년 7월 27일 경상남도 밀양군 밀양읍 내이동 847번지에서 아버지 김대지와 어머니 박선이 사이에서 둘째 아들로 태어났다. 1926년 겨울 중국 북만으로 가기 전까지 아버지는 할아버지의 얼굴을 알지 못했다고 한다. 고향에 할아버지의 사진이 한 장도 없었기 때문이었다.

비록 어려운 생활이었지만 막내로 자라면서 자애로운 어머니의 사랑을 듬뿍 받았고 어머니의 훈육 속에 일찍이 한문 공부를 시작하여 한문에 조예가 깊다는 칭찬이 자자했다. 외증조부님은 어린 아버지에게 항상 할아버지를 높이 치하하면서 "너의 아버지는 나라를 위해 일하는 사람이다. 지금은 너희들을 돌보지 못하지만 그는 이 나라를 구할 것이다"라는 말을 자주 하면서 절대 원망하지 말라고 당부하곤 했다.

의열단 단원으로 유명한 의열사인 고인덕의 가족도 내이동에 살고 있었는데 고인덕도 1918년 만주로 망명했고 1919년 초 할아버지가 상해임시정부로 갈 때 할아버지의 비서격으로 같이 갔으며, 두 분은 상해와 길림 사이로 함께 왕래하면서 의열단 창단 활동을 했다. 고인덕이 1920년 겨울 상해에서 폭탄을 휴대하고 고향에 돌아와 최수봉에게 폭약과 폭탄제조기를 전달하여 최수봉의 밀양경찰서 투척사건이 일어났다. 그때 우리 할머니와 두터운 친분이 있는 고인덕의 부인 이수복이 할아버지의 소식을 전해 주어 할머니도 할아버지의 소식을 알게 되었다.

이수복 씨는 남편 없이 세 아이를 키우고 시부모까지 모시며 어려운 살림을 하는 할머니를 여러 모로 도와주었다. 1920년 봄, 제1차 밀양 폭탄 사건 때 곽재기, 이성우, 윤치형, 황상규 등 의열단원들이 체포되었을 때에도 이수복은 당시 재판기록과 이번에 발각된 폭탄들은 상해에 있는 할아버지의 방에서 제조되었다는 소식을 신문에서 보고 할머니에게 전해주었다. 아버지는 고인덕과 이수복 부부는 모두 지식인이었으며 부인은 작가로 기억하셨다.

밀양에는 시도 때도 없이 일제 경찰들이 집에 들이닥쳐 수색을 했고 온 가족은 항상 일본 밀정의 감시를 받았다. 반일투쟁을 하는 할아버지는 집이 있어도 집에서 지낼 수 없었고, 아버지는 나라 잃고 허리도 펴지 못하며 비참하게 살았던 조선사람들의 비극을 어린 시절부터 피부로 느끼며 자랐다.

1926년 겨울 어머니박선이를 따라 무작정 아버지김대지를 찾으러 북만으로 갔을 때에야 아버지는 망국노의 설움을 직접 겪게 되었다. 집안은 언제나 얼음창고 같아 잠을 잘 수 없어 고통스러웠다. 추운 겨울날 굶주린 배를 끌어안고 벌벌 떨면서 지냈는데, 방안에 있는 모든 것이 얼어 있을 정도였다. 사흘이 멀다하게 끼니를 잇지 못한 아버지는 그래서인지 평생 음식 낭비하는 것을 제일 못마땅해했다. 생활이 여유로울 때에도 음식 낭비만은 절대 허락하지 않았다. 음식투정을 하는 자식들에게 "너희들이 나흘만 굶어보면 알 거다"며 입버릇처럼 말하면서 그때마다 만주 생활을 들려주었다.

아버지는 어린 시절, 망국노의 생활에 대해 이렇게 회고했다.

> 연변에 오기 전 나는 줄곧 북만의 한족지구(중국사람들이 모여 사는 지구)에서 살아왔다. 어릴 때 한족학교에 다녔는데 한족 아이들은 나를 괴롭히면서 "너는 망국노다, 너는 꼬리빵즈다(조선사람을 비하하는 욕. '꼬리'는 고려를 지칭)"라고 욕했다. 그때 어린 나는 속으로 나는 왜 우리나라에서 학교 다닐 수 없을까? 왜 우리는 망국노가 되어 중국에서 떠돌아다니고 있을까? '조선이 독립하면 우리도 나라를 세울 수 있을 텐데'라는 생각을 하게 되었다. 그때 나는 일제에게 나라를 빼앗겼다는 것을 가슴 아프게 알게 되었다.

아버지는 어린 나이에 밭일을 하시는 어머니박선이를 대신해 중국에서 태어난 동생들을 돌보는 일을 도맡아 했다. 영안현에서 아버지는 1928년부터 1931년 봄까지 3년간 초등학교를 다녔고, 중학교는

1931년 5월부터 9.18사변 때까지 4개월을 다닌 게 전부였다.

9.18사건 후 아성현에 정착하면서 연속되는 불행과 비극 속에서 아버지는 학교 다닐 기회를 영영 잃고 말았다. 어려운 가정생활을 유지하기 위해 아버지는 1933년부터 어린 나이에 아성현 해구 풍가툰에서 품팔이를 하면서 남의 집 농사일을 도와야 했다. 1934년부터 1936년에 어머님이 돌아가실 때까지는 아성현 황구 수전농장에서 소작농사를 하면서 가정생활을 유지했다. 아성에서 아버지는 사랑하는 어머니(나의 할머니 박선이)를 산후풍으로 영영 잃었고 자신이 직접 업어 키운 두 동생마저 돈이 없어 치료를 받지 못해 결국 보내야만 했다.

1941년 파언현 동성툰으로 이사가기 전까지 아버지는 아성현에서 소작농사와 품팔이를 하면서 2살도 안 되는 동생철우을 누님과 같이 키우는 한편 허약한 아버지를 돌보는 일까지 맡았다. 할아버지의 헌신적인 독립투쟁으로 감당해야 했던 가족들의 고생과 아픔은 아버지의 뇌리에 지워지지 않았고 아버지는 그런 삶을 자신의 숙명처럼 받아들였다.

고난 속에서도 아버지를 꿋꿋하게 버티게 한 것은 무엇이었을까? 그것은 만주에 와서 직접 보고 들은 할아버지를 비롯한 많은 독립투사들의 투쟁정신과 그들의 멈출 줄 모르는 독립활동이었다. 학교 다닐 기회는 잃었지만 아버지는 할아버지로부터 세상을 보는 눈을 얻게 되었고 조선의 독립을 천직으로 알고 살아가는 항일혁명가인 할아버지의 민족혼을 가슴속에 차근차근 채워 넣었다. 성품이 유순하고 말수가 적고 책을 보기 좋아하던 아버지는 어릴 때부터 할아버지김대지의 언행을 항상 눈여겨 보았고 저녁이면 비밀리에 찾아오는 독립투사들의 말씀에 귀를 기울이며 그들이 의논하는 내용을 어떡하든 알아듣고

자 애썼다.

영고탑에서 살 때는 한봉근 아저씨의 의열단 이야기를 듣기 좋아했다. 어릴 때 고향에서 많이 들어왔던 신비하고 비장한 의열단 이야기를 직접 의열투사에게서 들으니 그야말로 감회가 새로웠을 것이다. 밀양은 의열단의 고향이기도 했다. 의열단 창단 멤버 대다수가 밀양 출신이었다. 항간에서 의열단의 부단장이라고까지 불리던 한봉근도 밀양 사람이었고 그의 동생 한봉인도 의열단의 결성 멤버였다.

할아버지는 아들 김명에게 지도 보는 법을 가르쳤고 밤에 기름이 없어 불을 못 켤 때는 어둠 속에서 조선, 중국 그리고 유럽 역사를 들려주었다. 제1차 세계대전이 어떻게 일어났으며, 조선이 어떻게 나라를 빼앗겼는지, 조선왕조는 어떻게 몰락했는지, 중국의 군벌은 어떤 세력이고 중국의 신해혁명(신해년인 1911년에 일어난 중국의 민주주의 혁명으로 쑨원을 대총통으로 하는 중화민국이 탄생했음—편집주)은 어떻게 일어났으며, 중국공산당과 국민당의 관계는 어떠한지 등을 학교에 가지 못하는 둘째 아들에게 열심히 가르쳤다. 큰아들 철수는 외갓집의 도움으로 서울에서 중앙고보라는 좋은 학교를 나왔다. 하지만 어릴 때부터 학교 공부를 포기하고 집안 살림을 책임지며 듬직하게 버텨주는 둘째 아들 철준을 할아버지는 항상 측은하게 생각하였고 하나라도 더 가르쳐 주려고 애썼다.

할아버지는 아들김명의 한문 실력이 탄탄한 것을 보고 놀라면서 한문 고전서적들을 얻어다 주면서 읽게 했다. 그런 덕에 아버지는 연변조선족자치주 고위급 간부 중에서도 한문 실력이 으뜸이라는 소문이 났다. 1950년대 초, 아버지가 중공자치주위원회 상무위원회 비서장이 된 것도 주덕해가 아버지의 높은 한문 실력과 글재주를 알아보았기 때문이라고 한다.

할아버지와 함께 만주에서 십여 년 살아오면서 아버지는 어느새 할아버지가 평생토록 갈망하면서 고집해 온 조선독립을 자신의 인생 목표로 삼았다. 더불어 할아버지가 가고 있는 험난한 반일투쟁의 길을 자신도 가야 한다고 숙명처럼 생각했다.

전설처럼 나타난 조선의 혁명투사

1941년 겨울, 아버지는 할아버지의 슬하를 떠나 홀로 흑룡강성 파언현 서집가 동성구로 이주했다. 그 당시 동성구에는 세 개의 자연촌으로 된 180여 세대의 조선인들이 살고 있었다. 이곳은 나라 잃고 일본개척단에 땅을 빼앗긴 조선사람들이 집단적으로 이주해 와서 1936년 봄부터 황무지를 일구고 개척한 마을이었는데 보통 동성농장이라 불렀다. 인근에는 중국인 주민이 200여 세대나 살고 있었다.

위만주국이 세워진 후 북만의 조선사람들의 망국노 생활은 더 어렵고 참담해졌다. 아버지를 비롯한 많은 동성구의 조선인들은 시골에 박혀 세상물정 모르고 있었기에 갈수록 앞길이 막막하게만 여겨졌다. 그러던 중에 1943년 봄에 일어난 일을 아버지는 몇 번이나 자식들에게 들려주었다.

1943년 침략전쟁이 수세에 몰려 막다른 골목에 이르자 일제는 최후의 발악을 하기 시작했다. 그들은 만주에서 강제 출하(양곡), 강제 징용(군용 말), 강제 부역, 강제 수탈(각종 세금)을 일삼았고 특히 조한 두 민족 인민에 대한 정치적 탄압에 혈안이 되어 있었다. 그들의 앞잡

이인 위만 관리, 한간漢奸, 특무, 헌병, 경찰은 아무 때나 달려들어 사람을 붙잡아가고 온갖 악행을 서슴지 않았다. 전혀 희망이 보이지 않는 여명 전의 암흑기였다. 바로 이때에 뜻밖의 소문이 온 동네에 퍼졌다.

1943년 3월 말경, 아버지의 이웃에 사는 김한률(김석주라고도 함. 당시 30살가량 되었다)의 집에 어릴 때 행방불명이 되었다던 친동생 김한규가 불시에 나타났다. 들리는 말에 의하면 그의 어머니가 한두 살이었던 한규를 업고 어디론지 자취를 감춘 후 25~26년이 지났다고 했다. 그 동안 김한률은 어머니와 동생을 항시 그리며 애타게 찾았다. 그래서 〈만선일보〉에 사람 찾는 광고도 냈지만 종무소식이었다. 그런데 지금 그 동생이 찾아온 것이었다. 이것은 실로 희한한 일이어서 김한률은 어려운 가정형편에도 술상을 차리고 동네 어른들과 청년들을 청하여 눈물겨운 기쁨을 나누었다.

여태껏 장사꾼으로 떠돌아 다녔다는 김한규는 26~27살 되어 보이는 청년이었는데 얼굴이 번듯하고 준수하게 생겼고 아주 점잖아 보였다. 그날부터 아버지와 동네 청년들은 조석으로 그를 만났다.

당시 동성구에는 개척 초기부터 농민강습회란 야학조직이 있었다. 농한기가 되면 문맹퇴치로부터 시작하여 조선어문국어, 산수를 가르쳤고 일본어도 가르쳤으며 때론 역사도 이야기해 주었다. 김한규는 차츰 야학에도 참가하여 세상 돌아가는 이야기를 했는데 사람들은 모두 그의 식견에 탄복했다. 그는 일본어나 중국어에도 능통했다.

자석에 끌리듯 자연스럽게 그와 만나면서 아버지와 몇몇 동네 청년들은 그가 장사꾼이 아니라 노련한 반일혁명투사라는 것을 바로 알아차렸다. 그러면 김한률의 친동생이라고 하는 이 김한규는 도대체 누구란 말인가? 후에 알게 된 사실이지만 그는 김한률의 동생 김한규가 아니었다. 그는 중국공산당과 조선반일독립동맹의 특별 파견을 받고 진동남(태항산) 근거지를 떠나 동북으로 지하공작을 온 공산당원 김택명이상조이었다. 그가 김한률의 동생으로 가장한 것이었다.

이렇게 아버지가 사는 마을에 조선혁명투사가 전설처럼 나타났다. 이 기이한 사건으로 인해 살벌한 만주땅에 조선독립동맹의 씨앗이 뿌리를 내릴 수 있었다. 김택명은 며칠이 안 되어 동네의 기본상황을 손금 보듯 파악했다. 그는 틈만 있으면 청년들을 만나 혁명에 관한 많은 이야기를 들려주었다. 광주 무장봉기 때부터 조선 혁명가들의 용감한 투쟁, 주은래 동지의 지도하에 성립된 조선의용대와(그 후 조선의용군으로 개칭함) 조선독립동맹의 투쟁과 발전 과정 등을 생동하게 이야기해 주었다. 김택명은 아버지가 의열단을 세운 상해임정요인 김대지의 아들임을 안 후 조선의용대가 의열단에 기초하여 세워졌음을 조용히 알려 주었다. 그는 조선독립동맹의 강령에 대해서도 여러 면으로 설명해 주었다. 김택명은 그렇게 아버지의 눈과 귀를 열어주었고 마음속에 새로운 희망과 투지를 심었다. 하여 아버지는 반만反滿항일과 조선 해방을 위해 한 몸 바칠 결의를 마음속 깊이 다졌다.

1943년 4월 말 조경형은 조선독립동맹에 첫 번째로 가입했다. 그런 다음 김택명과 조경형은 믿음직한 동지들을 점 찍고 엄격한 고찰과 교육을 거쳐 10여 명의 동지들을 맹원으로 받아들여 1943년 5월 5일에 '조선독립동맹 제12지부'를 결성했다. 아버지는 그해 7월에 조선독립동맹에 가입했고 지부의 선전위원이 되었다. 이렇게 조선독립동맹은 만주에 세워졌고 장차 결성될 조선의용군 제3지대의 기본 모태가 되었다. 이때부터 아버지는 조선독립동맹 맹원으로 반일투쟁에 투신했고 후에는 조선의용군 지휘관이 되었다.

조선독립동맹은 반일지하조직이어서 12지부의 성립을 공공연하게 선포할 수 없었고 별도로 매 성원에게 알려야 했다. 사실상 지부위원支部委員 외에 맹원들은 상대방이 같은 소속임을 모르고 지냈다. 김택명은 장사꾼으로 가장하고 이따금씩 외지로 다녔다. 광복이 되어서야 똑똑히 안 사실이었지만 그는 북만 여러 곳에 다니며 독립동맹조직을 발전시키고 그들의 사업을 지도한 혁명가였다. 김택명은 또 그 동안의 사업 상황을 북경시 서직문외 교장호동 12호에 설치한 중국공산당 북평지하연락소를 통해 조선독립동맹총부에 보고했다.

동맹지부의 활동에 든 비용은 모두 맹원들이 부담했다. 빈곤한 생활 중에서도 아버지는 1943년 7월부터 근 1년 반 동안 160위안을 자발적으로 납부했다. 아버지는 동지들과 비밀리에 조선독립동맹강령, 선전 요점, 조직 원칙, 소독 전쟁과 국제정세 등 문건 자료를 찍어냈고 또 모택동의 일부 저작의 요지 등을 등사하여 맹원들에게 배포했다. 매번 100부가량 찍어 대부분은 김택명의 지시에 따라 다른 지방의 비밀 연락처에 어김없이 보내주었다.

일제의 무단통치가 철통 같았던 북만에서 조선독립동맹의 활동은 철저한 비밀 속에서 진행되었고 맹원들은 결사의 정신으로 조직을 지켜야 했다. 어릴 때부터 할아버지에게서 의열단의 철저한 비밀결사 활동을 귀가 닳도록 들어온 아버지는 동맹의 선전위원 신분으로 동지들에게 항상 주위 사람들의 각성 정도를 헤아려 가면서 처신하고 어느 때 어디에서나 자신과 조직이 탄로되지 않도록 극도로 주의하라고 당부했다. 기회만 있으면 옛날 조선의 의열단원들이 목숨을 바쳐 조직의 기밀을 수호하던 이야기를 들려주기도 했다. 하여 맹원들은 등사한 문건자료의 보관, 학습, 전달 등에 각별한 주의를 기울였다. 어떤 맹원들은 필요 시 자결할 약까지 준비했다. 그들은 맹원과 비밀 연락원을 통하여 지정된 외지 사람에게 등사본을 보냈고 그들의 훈련을 받은 학생들의 책가방에 넣어 보내기도 했다. 비밀편지 같은 것은 얇은 종이에 써서 노끈으로 비벼 꼬아 잡지책 같은 것을 몇 책 합쳐 꿰매어 보냈다. 근 2년 동안 동맹지부가 등사, 배포한 문건 자료가 적지 않았지만 광복이 될 때까지 새어나간 것은 한 건도 없었다.

1944년 봄, 아버지와 조경형은 김택명의 합법적 신분을 더욱 고착시키기 위해 구장(지금의 촌장) 선거 때 전 구장 조정룡을 밀어내고 김택명을 올려놓았다. 이것은 자신의 안전과 사업에 유리할 것이라는 점을 감안한 김택명의 요구이기도 했다. 그러나 적들과 접촉하는 기회가 많아지므로 그의 신분이 쉽게 폭로될 우려도 있었다. 하여 김택명은 비록 구장이긴 했지만 표면에 나타나는 일을 될수록 적게 했다. 회의에는 부구장(성이 량씨인 한족)을 보냈고 일상적인 사무(예를 들어 호구, 배급, 출생, 사망, 이사 등에 관한 일)는 아버지에게 맡겨 처리했다. 아버지는 동네의 배급원이었지만 사실상 구장의 사무장 역할을 한 셈이다.

당시 일제는 만주에서 조선사람은 2등 국민이고 한족은 3등 국민이라는 말로 악랄한 민족이간 정책을 펼침으로써 식민지 통치를 유지하려 했다. 그 악독한 영향으로 하여 조선인과 한족 두 민족 간의 기시, 마찰, 분규가 심화되었다. 그러므로 대중을 각성시키고 단결시키는 것이 급선무였다.

중국어에 능통한 아버지는 한족 대중 속에 들어가, 조선인과 한족 두 민족은 다 같은 망국노의 처지이고 서로 대립할 이유가 없으며 서로 형제처럼 의좋게 살아야 한다는 도리, 두 민족 인민이 굳게 단합해야만 위만관리가 업신여기지 못한다는 도리를 거듭 선전했다. 동시에 한족들의 실제적 곤란을 돌보아 주었다. 한족들은 대부분이 문맹이어서 출생 신고나 호구신청서 한 장도 자기 손으로 쓸 수 없었다. 아버지는 그들의 호구신청서, 사망신고, 출생신고, 심지어 가족편지 등도 대필해 주었다. 한족들은 글을 쓸 일이 생기면 으레 아버지를 믿고 찾아왔다.

조선독립동맹 제12지부는 이처럼 대중 속에 튼튼히 뿌리를 박기 시작했다. 당시 그 무시무시한 세상에서, 흉악한 원수의 눈앞에서 중국공산당이 이끄는 반일혁명 조직이 창건되고 활동하게 된 것은 기적이 아닐 수 없었다. 이렇게 조직이 만들어졌을 뿐만 아니라 많은 고난을 통해 부단히 발전해 갔다. 8.15광복을 맞을 때 동성농장에만 30여 명의 맹원이 있었고 지부의 전투력은 더욱 강력해졌다. 이 밖에도 동성농장 남쪽 30리 떨어져 있는 남성농장을 비롯한 부근의 일부 지방에도 동맹의 분지부가 생길 정도였다.

적정에 대한 요해와 탐지 역시 동맹지부의 주요 관심사였다. 1944년 초 동맹지부에서는 조경형과 아버지를 조선에 파견하여 특별 과업을 수행하게 했다. 그 과업은 첫째는 일본군의 동태를 살피는 것이고, 둘째는 조선인민의 생활 형편과 사상을 파악하는 것이었다.

조경형은 청진, 함흥, 흥남 등지로 떠나갔고 아버지는 부산, 대구, 밀양 등지로 정찰임무를 수행하러 갔다. 밀양은 그의 고향이어서 친척들도 거기에 있었다. 아버지는 부산에서 일제가 부산항을 통하여 군대를 부단히 전선으로 이동시키고 있는 정경과 조선인민들의 사상 등을 요해했다. 돌아온 후 아버지는 조선에서 보고 들은 것을 여실히 김택명에게 보고했다.

동맹지부가 성립된 이래 약 1년 반 동안 동맹의 반일활동은 비교적 순조로웠다. 하지만 만주에서의 반일지하활동은 시시각각 위험을 각오해야 하는 일이었다. 예상치 않은 것은 아니었지만 아버지와 동지들은 조심하라는 경고를 받았다. 1944년 8~9월경 김택명이 파언현 경무과의 주시를 받기 시작했다는 정보를 입수한 것이다. 김택명이 재빨리 피신하자 마자 특무들이 동네에 몰려와서 김한률의 집을 수색도 하고 김택명과 접촉한 사람들을 찾아내어 김택명의 정황을 조사했다. 그러나 동맹지부가 엄밀한 방비책을 취했기 때문에 적들은 김택명의 정체를 알아내지 못했고 또 조직도 탄로되지 않았다.

그 후 아버지와 조경형은 김택명의 통지를 받고 지정된 날짜, 지정된 장소에 가서 그와 개별적으로 만났다. 하얼빈 시내 도리공원(지금의 조린공원)에서였다. 그는 주로 하얼빈에서 활동했고 하얼빈 시 도리구 한 골목에 있는 작은 조선인 여인숙에 기숙하고 있었다. 그리고 승덕承德, 당시 열하성에 있는 비밀연락소를 통하여 동맹총부와 연계를 맺고 있었다.

광복을 눈앞에 둔 어느 날 아버지는 김택명의 지시를 받고 그가 써준 초고에 따라 선전삐라를 찍어냈다. 원래 김택명은 삐라를 찍어 살포하는 것을 반대했다. 삐라 살포는 곧 자기 폭로와도 같은데 공개적으로 무장투쟁을 하는 경우 외에는 삐라를 내서는 안 된다고 입버릇처럼 말했다. 그래서 동맹지부의 활동에서 삐라 사용은 엄격히 금지되었다. 그러나 이제는 삐라를 찍어내도록 지시한 것이다. 그것은 소련 군대의 대거진격, 일제의 최후멸망이 곧 눈앞에 닥쳐왔다는 것이 분명해졌기 때문이었다.

삐라의 내용은 일제의 야만적 침략죄행을 폭로, 규탄하고 반일투쟁의 최후 승리를 위해 각 민족인민이 단결하여 일어날 것을 호소한 것이었다. 그리고 한간, 특무, 경찰, 악질지주를 때려 엎자는 내용도 있었다. 삐라의 글은 모두 간결했다.

아버지는 김택명의 분부대로 삐라를 한중 두 가지 문자로 등사했다. 농장사무실의 등사판과 등사기를 이용했는데 모든 사람들이 잠든 야밤에 혼자서 번역하고 혼자서 쓰고 찍었다. 그런 다음 비밀 연락원을 통하여 파언, 수화, 주하상지, 하얼빈 등 지정된 곳과 집에 보냈다. 삐라를 거리에 살포하거나 공공장소에 붙인 것이 아니라 농민, 노동자, 교사, 상인들 집의 문틈에 끼워 넣었다.

그때의 삐라 한 장을 베껴놓은 것이 지금 흑룡강성 파언현 당안관에 보존되어 있다. 그 번역문은 다음과 같다.

> 천백만의 생명을 잔혹하게 학살하며 전쟁을 일삼는 흉악한 마귀 일본제국주의는 지금 붕괴되어 가고 있다.
> 때는 왔다! 그 독사의 유린을 당하고 있는 민족들은 다 같이 궐기하라! 광명은 우리의 앞길을 비춰주고 있다.
> 피압박민족은 단결하자!
> 제국주의를 철저히 타도하자!
> 중국은 중화민족의 중국이다!
> 조선민족해방 만세!
>
> —조선반일독립동맹 제12지부

삐라를 발견한 적들은 그 출처를 사출해 내려고 한동안 미친 듯이 날뛰었지만 결국 자신들의 멸망을 막지 못했다.

드디어 광복을 맞게 되었다. 1945년 8월 20일에 김택명을 위수로 하는 조선독립동맹 북만특별위원회가 결성되었다. 이 특위의 지도 밑에 아버지와 조경형 두 사람은 건군 사업에 착수했다. 조경형은 오상, 아성, 주하 등 각 지방을 다니면서 군대를 모집했다. 그때 아버지는 동성구에서 공작대를 조직하여 동흥, 목란, 파언 등 일대에서 적지 않은 청년들을 동원하여 참군시켰고, 후에는 동북인민자위군의 이름으로 한 개 중대를 편성하여 합북(하얼빈 북부) 군구에 배속시켰다. 그리고 자신도 부지도원으로 활약했다.

1945년 9월 25일, 하얼빈 시 보안총대 조선독립대대가 창건되었는데 김택명이 대대장 겸 정치위원이 되었다. 창건 초기 대대 전원이 600여 명이었지만 11월 말 조선의용군 제3지대로 편성되기 전에는 1,000명을 넘었다.

이상조(김택명)와의 인연

우연한 만남으로 맺어진 인연은 사람들의 인생을 바꾸고 그렇게 바뀐 사람들의 인생은 또한 역사를 바꾼다. 이상조김택명와의 만남은 아버지의 인생을 깡그리 바꾸어 놓았다. 어쩌면 그것이 독립투사의 아들로 태어난 아버지의 숙명일지도 모른다. 하여 1943년 봄 파언현 동성툰에서 조선독립동맹에서 파견한 이상조를 만났을 때 불씨를 만난 마른 장작개비처럼 확하고 항일 투지를 불태울 수 있었다.

이상조를 만난 후 3개월 뒤에 아버지는 조선독립동맹에 가맹하여 선전위원으로 활약했고 그때부터 자신이 독립운동가 김대지의 아들로서 마땅히 가야 할 올바른 길에 들어섰다고 생각하면서 조선의 독립과 해방을 위해 일생을 바칠 각오를 했다.

우리 민족 역사에서 간과할 수 없는 만주의 조선반일동맹과 조선의용군 제3지대의 창건과 활동에 참여하고 그 뒤에 있은 이상조와 아버지의 기구한 운명, 6 · 25전쟁 속에서의 이상조와 민족정풍(1942년 중국공산당의 당내 투쟁을 효과적으로 전개하기 위하여 모택동이 주창한 당원 활동 쇄신운동—편집주) 속에서 아버지의 기이한 경력들이 민족사의 한 페이지를 채웠으리라 믿는다.

그들의 인연은 앞에서 보았듯이 1943년 초 이상조가 중국공산당의 근거지 태항산에서 조선독립동맹의 파견을 받고 만주로 와서 조선반일독립동맹 제12지부를 창건할 때부터 시작됐다. 이상조는 아버지를 혁명의 길로 이끌어준 등대 같은 사람이자 아버지한테서 뿌리 깊은 민족혼이 잠재해 있음을 알아본 사람이었다.

1946년 6월 제3지대 지대장 이상조, 참모장 김연, 정치처 주임 이근산 등 지도자들이 상급의 지시에 따라 의용군 조선족 간부 일부를 인솔하여 북조선으로 나갔다. 그때는 전쟁 중이라 모든 일이 신속하게 벌어졌다. 조선의용군 제3지대 하얼빈북부 군분구 직속영에 속해서 전투임무를 수행하던 아버지는 당장 이상조를 따라 갈 수는 없는 상황이었다. 이상조는 북조선으로 떠나면서 기회가 있으면 꼭 뒤따라오라고 아버지에게 분부했다.

아버지는 조만간 그렇게 되리라고 굳게 믿었다. 그가 중국 혁명에 참가하게 된 것도 조선의 광복과 해방을 위함이 아닌가? 대부분의 조선의용군 전사들은 중국 혁명이 성공해야 조선 혁명도 성공할 것이라고 믿었다.

1946년 봄, 동북에 들어온 팔로군, 신사군과 동북항일연군은 동북민주연군으로 재편성되었고 조선의용군 제3지대도 동북민주연군 송강군구 독립 8단으로 재편성되었다. 1947년부터 1949년 2월까지 아버지는 동북민주연군 조선주재 대표부에 파견되어 일했다.

그때는 중화인민공화국이 성립되기 전이어서 조선과의 외교관계가 없었기에 두 나라 간의 교류 활동은 동북민주연군 조선주재 대표부에서 맡았다. 주로 군사물자 교류 사업이었다. 조선에서 일하는 동안에 아버지는 이상조와 여러 번 만났고 그의 의견에 따르려고 했다. 실제로 그는 중화인민공화국이 성립된 1949년까지 세 번이나 조선으로 돌아가겠다고 상급에 신청했지만 허가를 받지 못했다.

1949년 중국에 돌아와 동북인민정부에서 민족과 과장으로 일하고 있던 아버지는 1950년 초가을쯤 심양에서 옛 상급이었던 이상조와 재회했다. 그때 이상조는 북한의 상업부장(그 뒤에는 북한 조선인민군 총참모부 중장이 되었음)으로 북경에 무역대표로 와 있었다. 그때 두 사람은 오랜만에 회포를 나누었다.

이상조에 대한 아버지의 추억을 되짚어 보면 이러하다.

> 이상조는 박헌영 동지의 통역사로서 모택동 주석과 주덕 장군을 만나 중국 공산당과 정부에 조선 전쟁에 대한 군사적 도움을 요청했으며, 그 당시 동북국정부 주석이었던 고강도 만나 회담을 통해 중국은 조선을 도와주기 위해 조선에 지원군을 파견하기로 결정했다는 사실을 전했다.

아버지는 박헌영이 박용만(북경에서 할아버지와 함께 독립운동을 했다)의 조카로서 1920년대 북경과 상해 등지에서 독립운동을 했다는 것을 할아버지에게 들어서 잘 알고 있었다. 아버지는 박헌영이 중국말을 잘할 텐데 왜 통역이 필요했을까 의아하게 생각했다. 후에 아버지는 1950년 가을까지 평양에 남아 있었던 옛 조선주재 대표부 동료들을 북경에서 만나면서 북쪽이 먼저 6 · 25전쟁을 일으켰다는 사실도 알게 되었다.

나는 아직도 기억하고 있다. 어릴 때 가끔 6 · 25전쟁에 대해 아버지한테 물어본 적이 있는데 당시 흔히 알려진 대로 "미제가 남조선과 결탁하여 기습적으로 전쟁을 일으켜 조선이 분단국가가 되었다"고 말하면 아버지는 늘 어물어물하면서 말꼬리를 흐리곤 했다. "너는 아직 어리니 그런 일은 더 말하지 마라" 하면서 화제를 바꾸었다. 문화혁명이 끝날 무렵 내가 어른이 되어 아버지를 도와 검토서를 집필할 때에야 아버지는 자신의 인생 역사를 남김없이 알려 주었다.

1951년 아버지는 여름에 정전담판 회담이 개성에서 열렸고 북조선 인민군 총참모장 남일이 수석대표로 회담에 참가했으며, 이 담판에 인민군 중장이 된 이상조도 북한측 대표로 나왔다는 소식을 들었다. 또한 1953년 7월 정전이 조인될 때에도 이상조가 참가했으며 전쟁이 끝난 후에 이상조가 소련 주재 북조선 대사로 임명되어 바로 모스크바로 갔다고 한다.

1956년에 아버지는 북한에서 '8월 종파사건'으로 김일성이 북조선으로 간 옛 조선의용군의 당정 군 간부들을 대거 숙청했다는 끔찍한 소식을 전해 들었다. 심지어 연안延安에서 파견한 전 조선의용군 거물급 지도자들도 화를 면치 못했다고 한다. 그리고 아버지의 많은 조선의용군 전우들과, 1949년 여름부터 1950년 봄 사이 중국에서 북조선에 파견한 몇 만 명의 조선 군인들이 6 · 25전쟁 때 선봉대로 뽑혀 전쟁에서 희생되었다는 슬픈 소식을 들었다. 북조선으로 간 조선의용군 전사들은 모두 중국의 해방전쟁을 통해 치열한 실전 경험을 갖춘 훌륭한 군인들이었다. 아버지는 이 참담한 현실에서 이상조를 걱정하지 않을 수 없었다. 하여 1957년에 이상조가 소련에 정치적 망명을 신청했다는 소식을 듣고도 놀라지 않았다. 그 후 중국과 소련과의 관계도 악화되어 이상조의 소식은 더 이상 들을 수 없었다.

1989년 전후에 한국에 다녀온 조선의용군 출신 작가 김학철은 아버지에게 이상조의 안부 인사를 전해 주었다. 서울에서 이상조를 만났는데, 1987년에 출판된 아버지와 조경형(광복 전 조선독립동맹 제12지부의 지부서기였고 광복 후 조선의용군 제3지대 정치처 조직과장이었음)이 쓴 회고록 《조선반일독립동맹 제12지부》를 보았다면서 꼭 한 번 한국에서 만날 수 있으면 좋겠다고 재삼 부탁했다는 것이다. 아버지는 이 말을 듣고 흥분한 나머지 며칠이나 잠을 이루지 못했다. 하지만

1945년 조선의용군 제3지대 지대장이었던 시절의 이상조의 모습

당시 한국 방문은 지금처럼 쉬운 일이 아니었다. 이상조의 진심어린 바람은 아쉽게도 실현되지 못했다. 조선의 독립과 해방을 위해 평생을 분투해 온 두 혁명가는 끝내 살아생전에 다시 만나지 못했다. 아버지는 중국에서 1991년 12월에 세상을 떠났고, 이상조는 1996년 8월에 구소련에서 숨을 거두었다.

1990년 여름, 나는 서울에 있었다. 우연히 신문에서 이상조 선생이 한국에 오셨다는 보도를 보고 신문사에 전화를 걸어 이상조의 연락처를 문의했다. 하지만 도움을 주기는커녕 왜 만나려고 하는지 따지며 먼저 안기부에 연락하라고 경계심을 보였다. 그제야 잘못하면 내가 그 분을 위험에 빠뜨릴 수도 있겠다는 생각이 들었다. 북한에서 두 눈 뻘겋게 이상조를 죽이려 벼르고 있을 텐데 하는 걱정이 앞서서 그분을 만나려 했던 마음을 접고 연길에 계신 아버지한테 국제전화를 걸었다. 지금도 그때 들려오던 아버지의 무거운 한숨소리가 귀에 울린다.

조선으로 갔던 이상조나 못 가고 중국에 남은 아버지나 모두 민족분단 역사의 비운에서 벗어나지 못했고, 정치 이념의 소용돌이 속에서 고달프고 힘든 인생 여정을 걸었다. 이들은 정녕 자신들의 의지대로 결정하고 살아왔을까? 그분들이 젊은 시절 조선의용군에 참가하여 정열과 목숨을 바쳐 얻으려 했던 것들이 각자 인생의 진정한 목적이었을까?

조선에 가지도 못하고 중국의 국내 해방전쟁에까지 참가한 아버지는 중국공산당 조직에서 '부르조아 민족주의자'로 판정을 받은 할아버지가 친부였다는 이유만으로, 또한 굴함 없이 조선민족 정신을 고집한 탓에 중국에서 정치 투쟁이 생길 때마다 '민족주의자'로 낙인이 찍혀 온갖 투쟁과 비판을 받았다. 물론 매번 몇 년 후에는 그런 누명을 벗기자는 소란이 일어나 간신히 연명할 수 있었지만, 아버지야말로 현대사의 비극을 누구보다 더 몸소 겪었던 분이었다. 아버지는 평생을 정직하고 솔직하게 살아왔다. 아버지는 마음속에 간직하고 지켜왔던 민족의 정기를 더 소중하게 여겼다.

주덕해와의 운명적인 만남

조선의용군 제3지대는 중국에 거주했던 조선인민들의 항일 혁명투쟁의 역사적 산물이다. 때문에 조선의용군 제3지대의 창립과정을 말하자면 먼저 화북지구에서 생겨나 발전한 조선의용군을 말하지 않을 수 없고 그 전신인 조선의용대를 언급하고 넘어가야 한다.

7.7사변(1937년 7월 7일 일본의 중국 대륙 침략으로 시작된 중일전쟁)이 일어난 후 중국인민 앞에는 항일 무장투쟁이라는 임무가 주어졌다. 이때 많은 조선족 혁명가들은 격앙된 심정으로 항일 싸움터로 나가고자 했다. 이런 정황에서 주은래는 조선족 혁명자들에게 단합하여 국제 반파쇼 투쟁을 벌여야 하고 그 무장대오를 위해 조선의용대를 조직할 것을 건의했다. 이 건의에 따라 조선민족혁명당, 조선청년전위동맹, 청년민족해방동맹 등 단체들과 부분적 무정부주의자들이 연합하여 조선민족전선연맹이란 반파쇼 연맹을 결성했다.

1938년 10월 10일에 중국 무한武漢의 천주교회관에서 조선의용대가 창립되었다. 의용대가 창립될 때는 120여 명이었으나 얼마 안 있어 300여 명으로 늘었다. 의용대의 총대장에는 조선민족혁명당 총서기인 김원봉이 담임했다. 이렇게 조선독립연맹은 자기의 군대를 가지게 되었다. 조선의용대가 창설된 후 많은 조선혁명가들이 연안으로 갔다.

조선의용대는 2중 성격과 2중 임무를 지닌 부대이다. 조선의용대는 중국에 사는 조선인의 조합이며, 중국을 침략한 일본 제국주의자들과 맞서 싸우는 국제주의 성격을 가진 부대인 동시에 중화민족의 완전한 해방과 조선의 독립을 위해 싸우는 부대였다.

1941년 1월 10일 산서성山西省 좌권현左權縣에서 화북의 조선청년연합회 창립대회가 열렸다. 이 대회에서 조선의용대를 조선의용군으로 개칭할 것을 결정했다. 일찍이 강서성江西省 서금에서 개최된 중화소비에트공화국 대표대회에 참가했고 팔로군 포병사령원으로 사업해 온 조선족 혁명가 무정武亭 장군이 조선의용군 사령원으로 임명되었고 정치위원에 박일우, 참모장에 박효삼이 임명되었다.

1942년 7월 11일, 전체 조선인을 동원하여 민족해방 사업을 더욱 힘 있게 전개하기 위해 조선청년연합회를 해산하고 조선인민의 반일 민족통일전선조직인 '조선독립동맹'을 창건했다. 때마침 연안을 거쳐 태항산으로 온 김두봉을 조선독립동맹의 주석으로 추대했다.

이 독립동맹은 의용군 내부와 화북 각지에 분맹을 두었다. 독립동맹은 많은 간부들을 각지에 파견하여 화북과 동북에 거주하는 조선인을 단결시키고 조직하여 항전에 참가시키는 사업을 추진했다. 또 일본군 병사들을 대상으로 정치 사업을 벌여 적군의 군심을 동요시켰으며 일본군 포로병들에게 세심하게 당의 정치 주장을 선전했다. 팔로군 총사령인 주덕은 중국공산당 제7차 대표대회에서 특별히 이 일을 언급하면서 "우리는 조선독립동맹에 감사를 드린다. 숭고한 국제주의 정신으로 사업한 그들은 이면에서 우리에게 아주 거대한 값진 도움을 주었다"고 말했다.

소련이 대일 선전포고를 내리고 동북으로 진출하자 그들의 대일 작전에 합류하기 위해 주덕 총사령은 8월 11일에 조선의용군에게 동북 진출 명령을 내렸다. "중국 및 조선 경내로 진군하여 작전하는 소련군에 배합하고 조선인민을 해방하기 위해 나는 지금 화북 현지에서 대일 작전을 하고 있는 조선의용군 사령원 무정, 부사령원 박효삼, 박일우에게 즉각 소속부대를 통솔하여 팔로군 및 원 동북군 부대와 함께 동북으로 진격하여 일제와 괴뢰군을 소멸함과 아울러 동북의 조선인민을 조직하여 조선을 해방하는 임무를 완수할 것을 명령한다."

일본이 항복했다는 소식이 연안에 전해지자 그곳에 있던 조선의용군 군인들은 "조선독립 만세"를 외쳤다. 일제가 패망했으니 이젠 조국으로 돌아간다고 기뻐했다. 1945년 9월 2일 조선의용군은 연안을 떠나 동북으로 향하는 길에 올랐다.

그때 주덕해는 조선의용군 사령부 공급처 처장이었다. 그들은 주야로 행군하여 두 달 후인 11월에 심양에 도착했다. 하지만 이들은 조선으로 향한 길이 막혀 있을 줄은 꿈에도 생각하지 못했다. 1945년 5월 독일이 패망한 후 소련, 미국, 영국의 수뇌자들은 포츠담에 모여 극동 문제를 협상했는데 소련이 대일 작전에 참가할 것과 미소 양군이 조선반도의 38선을 한계선으로 정하자고 정했으며 그 외의 무장부대는 들어가지 못한다고 결정해 버렸다.

예상치 못한 돌발 사건이 생기자 1945년 11월 초 조선독립동맹의 마지막 회의가 중국 심양에서 열렸다. 이 회의에서 정치 단체인 조선독립동맹의 귀국을 결정하고 무장단체인 조선의용군은 중국에 남아 있으면서 부대를 확충하고 조선 진출을 대기하라는 결정을 내렸다.

그리고 11월 10일 심양에서 열린 조선의용군 전체군인대회에서 무정 총사령은 전군을 3개 지대로(제1지대, 제3지대, 제5지대) 편성한다고 선포했다. 결정에 따라 제1지대는 남만으로, 제3지대는 북만으로, 제5지대는 동만으로 진출하여 활동하기로 했다. 무정은 연설에서 항일전쟁 승리 후의 정세를 분석하고 나서 소수의 노혁명가만 조선에 돌아가고 그 외는 남만, 동만과 북만의 조선인 집거지구에 가서 조선 인민들과 함께 힘을 확대하며 튼튼한 동북 근거지를 건립할 것을 요구했다.

이때로부터 조선의용군 소속이었던 장교들과 군인들의 운명이 바뀌기 시작했다. 무정, 김두봉 등 독립동맹 간부들과 의용군 사령부 일부 인원들이 먼저 조선으로 들어갔고 주덕해, 이상조, 박일우, 방호산 등은 잠시 중국에 남아 조선의용군 각 지대를 이끌고 계속 동북에서 싸웠다. 그 뒤에 선후로 박일우, 이상조, 방호산 등이 조선으로 나갔고 남만 제1지대와 연변의 제5지대의 무장부대도 계속 조선으로 나갔다. 그러니 결과적으로 주덕해가 이끈 북만의 조선의용군 제3지대만 중국에 남게 된 것이다.

조선독립동맹은 사실상 그때 심양에서 해체를 선언한 셈이다. 1946년 중국에 남게 된 조선의용군 지휘관과 전사들은 대부분 중국 공산당에 가입하기 시작했다. 심양에서 열린 이 조선의용군 전체군인대회에서 제3지대 지대장에 김택명(이상조, 그때 그는 이미 하얼빈에 있었음)을, 정치위원에 주덕해를 임명했다. 남만에 1,000여 명의 조선의용군이 남아 있고 동만에 1,000여 명의 조선의용군을 파견한 것과는 달리 북만의 제3지대에는 19명만 파견했다. 이 19명은 모두 연안 조선혁명군정학교에서 온 사람들이었다. 이상조가 이미 기반을 잡았기에 조선의용군에서 주덕해를 비롯한 19명의 성원만 북만에 파견한 것이다.

《주덕해의 일생》이란 책의 제6장("제3지대")에서는 당시 상황을 이렇게 기술했다.

> 8.15이후 파언현에서 지하공작을 해오던 김택명은 조경형, 김명 등 동지들을 데리고 하얼빈에 이르렀다. 하얼빈에 들어온 후 그는 원래부터 하얼빈에서 지하공작을 해오던 정경호와 함께 8월 20일에 조선독립동맹 북만특별위원회를 세웠다……. 그 후부터 조선독립동맹 북만특위에서는 하얼빈을 중심으로 오상, 아성, 주하, 연수, 파언, 목란, 동흥, 통하, 수화 등 조선사람들이 보다 집중된 현들에 조선독립동맹 분맹과 건국청년회지부를 세우고…….

이 조선독립동맹 북만특위의 지도 밑에 아버지 그리고 조경형, 김용진, 현정민 등 간부들이 여러 현에 파견되어 조선족 청년들을 참군하도록 적극 동원했다. 조경형은 오상, 아성, 주하 등 각 지방을 다니면서 군대를 모집했다. 그때 아버지는 동성구에서 공작대를 조직하여 동흥, 목란, 파언 등 일대에서 적지 않은 청년들을 동원하여 참군시켰고 후에는 동북인민자위군의 이름으로 한 개 중대를 편성하여 하얼빈 북부 군분구에 배속시켰다. 아버지도 1945년 12월에 중국공산당에 입당하고 부지도원으로 활약했다. 아버지가 그때 건군 사업을 진행한 파언현 동성툰 한 곳만 해도 한꺼번에 150여 명 청년들이 입대했다.

1945년 8월 22일부터 며칠 사이에 300여 명이나 모여 왔고 9월

25일에는 600여 명의 조선인 전사들로 구성된 하얼빈 보안총대 조선독립대대가 건립되었다. 중공 빈강성공작위원회의 책임자인 리조린李兆麟 장군은 명령을 내려 무기와 탄약 두 차를 그들에게 내주게 했다. 이상조가 건립한 이 하얼빈 보안총대 조선독립대대는 제3지대의 기본대오가 되었다. 자원해서 참군하는 조선인 청년들이 계속 늘어나 11월 중순에는 대원이 1,000여 명이나 되었다.

1939년 연안에 간 주덕해는 1942년에 '조선독립연맹 연안 분맹'의 주임이 되었다. 연안에서 주덕해는 항일군정대학 제5기생이었던 이상조를 만났다. 주덕해는 제3지대를 재편성할 임무를 맡았고 조선독립동맹 북만 공작위원회 주임이 되었다. 1945년 11월 25일, 빈현의 배극도裴克圖, 강 이름 양주소釀酒所 자리에서 열린 전체 조선군인대회에서 정치위원 주덕해가 하얼빈 보안총대 조선독립대대를 조선의용군 제3지대로 재편성한다는 것을 선포했다. 지대장은 이상조가 맡았고 주덕해는 정치위원이 되었다. 이리하여 그 당시 중국사람들에게 '조선팔로군'으로 불린 신형의 무장부대인 조선의용군 제3지대가 북만에서 창립되었다.

제3지대는 흑룡강 각지에서 가는 곳마다 조선인의 열렬한 환영을 받았으며 수많은 청년들이 적극 참군했다. 제3지대는 3개 대대, 6개 중대로 재편성했고 주덕해의 인솔하에 형제부대와 배합하여 빈현, 목란, 동하, 동흥 등지에서 국민당의 이화동, 사문동 부대를 격파했다. 그 후 방정, 연수, 상지 일대에서 계속 토비土匪를 숙청하고 지방정권을 건립했으며 공고한 후방 근거지를 만들었다. 주덕해는 부대에 대한 정치사상 사업을 강화했으며 부대의 정돈과 훈련을 억세게 밀고 나갔다.

이동하가 쓴 《중국조선족독립운동사》의 16장에는 주덕해에 관한 아래와 같은 기술이 있다.

> 부대(제3지대)의 한 동지는 주덕해를 감명 깊게 회상하고 있다. "나는 1945년 겨울 흑룡강성 송화강북 안에 자리 잡은 목란현에서, 통하를 함락하는 싸움터에서 처음으로 주덕해 동지를 만나게 되었다. 눈송이가 흩날리는 어느 날이었다. 연안에서 온 젊은 지대 정위가 우리에게 연설을 했다. 그는 실제로부터 출발하여 전사들에게 소박하고 간단명료한 말로 힘 있는 전투 동원을 했는데 정말 단번에 자기의 마음을 우리에게 다 꺼내주는 듯했다. 그때로부터 나는 줄곧 우리 당에 이처럼 훌륭한 민족 간부가 있다는 사실에 자부심을 가졌다."

이 글에 나오는 '한 동지'는 바로 아버지를 말한다. 평생 주덕해를 믿고 따랐으며 수차례의 역경 속에서도 주덕해를 보호하고 지키면서 주덕해의 두터운 신임을 받아온 아버지는 간부 대표로서 1978년 6월 23일에 성대하게 열린 주덕해 동지 명예회복대회에서 주덕해와의 첫 만남을 위에서와 같이 회고했던 것이다.

1946년 4월 28일 소련 홍군이 하얼빈에서 철수할 때 제3지대는 동북민주연군 송강군구의 지시에 의해 하얼빈에 진주하여 송강군구의 직속부대가 되었다. 주덕해는 제3지대를 이끌고 국민당 보안대를 소멸하고 사회질서를 정돈, 유지했다. 1946년 6월 지대장 이상조, 참모장 김연, 정치처 주임 이근산 등 지도자들이 조선으로 나갔고 역사적 사명을 다한 조선독립동맹은 중국공산당이 직접 지도하는 민주연맹

1978년 6월 20일, 중공연변주위에서는 연변노동자문화궁에서 주덕해의 누명을 벗기는 시정대회를 성대하게 열고 주덕해의 명예를 회복시켰다. 이 대회에서 김명은 간부 대표로 발언을 했다.

으로 개칭되었다. 그해 7월에 부대를 동북민주연군 송강군구 독립 8단으로 고치고 하얼빈 시내의 경비 임무를 수행했다.

1945년 9월부터 아버지는 하얼빈 독립동맹 북만특위에서 공작대원으로 일했고 1945년 10월과 11월 두 달 동안에는 동북인민자위군 서집중대西集中隊의 패장으로 군직을 맡았다. 부대가 조선의용군 제3지대로 편성된 후인 1945년 12월부터 1946년 5월까지는 하얼빈 북부 군분구 직속영의 부지도원으로 전투임무를 수행했다. 그 뒤 두 달간 조선의용군 제3지대 교도대에서 간부양성 훈련을 받고 제3지대 정치처에서 간사로 일하다 1947년 1월부터 6월까지 제3지대 7단 정치처 참모가 되었다. 1947년 7월에 평양으로 조선주재 동북민주연군 대표부에 비서로 파견되기 전까지 아버지는 제3지대에서 목란, 동흥, 통하, 방정, 연수, 상지 등 현성을 해방하는 전투에 참가했고 소련군이 철수한 뒤 하얼빈에 진주하여 하얼빈 수위임무를 수행했다.

평양으로 파견되다

1946년 봄, 동북에 들어온 팔로군, 신사군과 동북항일연군은 동북민주연군으로 재편성되었다. 그때 한반도의 남쪽과 북쪽에 각기 정권이 들어섰다.

1947년 7월부터 1949년 2월까지 아버지는 동북민주연군 조선주재 대표부에 파견되어 비서로 일하게 되었다. 그때는 중화인민공화국이 성립되기 전이어서 조선과의 외교관계가 없기에 두 나라 간의 교류활동을 동북민주연군 조선주재 대표부에서 맡아 했다. 주로 군사물자 교류 사업이었다.

그 당시 중공동북국 부서기이고 동북군구 부정위이었던 이부춘李富春이 대표부 주임이었다. 이부춘은 1919년 프랑스에서 유학하고 1922년 중국공산당에 가입한 유명한 혁명가였다. 1931년에 중공강서성위 서기로 있었고 1934년 홍군의 대장정 때에는 홍군 총정치부 부주임이었으며 연안에 도착한 후에는 섬감녕성위 서기가 된 인물이다. 항일전쟁 시기 중공중앙 비서장, 조직부 부부장을 지냈고 건국 후에는 국무원 부총리 등 요직에 있었다.

평양에서 일하는 동안에 아버지는 조선의용군 옛 전우들과 수장들을 만날 수 있었고 특히 이상조와 여러 번 만났다. 1945년 말에 연안에서 부인 정설송丁雪松과 함께 조선에 온 유명한 음악가 정율성鄭律成도 만났다.

당시 조선의 유명한 지도자 중의 한 사람인 김책金策은 1930년 흑룡강성 영안현에서 공산당 지하활동을 할 때 아버지의 초등학교 담임선생이었다. 아버지가 유명한 독립투사의 아들임을 알고 김책은 아버지에게 각별한 관심을 가졌다고 한다. 아버지는 조선에서 선생님 김책과 반갑게 상봉했으며 김책은 아버지더러 꼭 조선에 남으라고 권고했다. 아버지는 회상기에서 조선주재 대표부 시절의(1947년~1949년 초) 상황을 이렇게 기술하고 있다.

> 그 당시 조선에는 임시위원회가 있었는데 통제가 아주 엄격했다. 평양 사람들은 중국사람들을 우호적으로 대하지 않았다. 그들은 중국사람들을 동지라고 부르지도 않아서 나의 반감을 자아냈다. 당시 중국 군인들은 헐망한 복장을 입고 있었고 많은 중국군 부상병들이 조선을 경유하여 중국으로 가는 일도 빈번했다. 조선의 나쁜 자들이 도처에서 중국사람들과 맞서라고 사람들을 선동하던 때였다.
>
> 당시 조선정부는 아주 관료적이었다. 중국은 그때 국내 전쟁으로 아주 긴박한 전시 상태에 처해 있었으나 군사물자 조달문제에 대한 조선정부의 태도는 태만하고 쩍하면 늑장을 부리곤 했다. 조선의 이런 실정에 나는 정말 실망을 느꼈고 조선에 돌아가는 일에 회의를 느꼈다.

아버지는 그때 당시 자신이 처리하고 담당했던 업무에 대해서는 한 번도 언급하지 않았다. 가끔 그때 생긴 일화들을 간간히 이야기해 줄 뿐이었다. 한 번은 중국 측 연락원이 귀국하기 전 김일성을 만나러 갔는데 아버지가 통역으로 동행했다. 회동에서 김일성은 중국 연락원더러 조선에 돌아올 때 소련산 보드카 300병을 가져오라고 요구했다. 그런데 건국 전인 그때 중국은 상황이 어려운 전쟁 시기여서 연락원이 겨우 30병만 가져와서 난감했던 일도 있었다고 한다.

주덕해의 부름을 받고 1949년 2월 중국에 돌아온 아버지는 조선주재 대표부에서 일한 경험을 살려 동북인민정부(동북행정위원회) 민정부 소속인 전근처戰勤處에서 두 달 동안 중조 변경에 가서 전쟁물자 조달 문제를 해결했고 가끔 조선에 직접 가서 일처리를 했다.

중국에 돌아온 지 한 달밖에 안 되는 1949년 3월 말 동북행정위원회 민족처 처장이던 주덕해는 연변조선족자치구 건립을 위해 민족사무처에 있던 절대다수의 조선인 간부들을 거느리고 연변으로 떠나갔다. 주덕해가 떠난 후 한 달 뒤에 아버지는 주덕해의 분부대로 동북인민정부 민정부 소속인 민족처로 부서를 옮겼다. 주덕해가 연변으로 떠난 후, 동북국에서의 조선인 제반 사무를 맡아 하게 된 것이다.

1949년 5월에 아버지는 동북인민정부 민족처 민족과 부과장이 되었고 석 달 뒤인 1949년 8월부터 민족과 과장으로 임명받고 1951년 5월 연변으로 가기 전까지 직무수행을 했다. 그 당시 민족처의 중요한 사업과제는 당의 민족정책을 관철하며 민족간부를 양성하고 민족경제 및 민족문화 교육사업을 발전시키며 청년들을 동원하여 참군시키고 대중을 조직하여 전선을 지원하고 후방을 건설하는 일 등이었다.

1949년 10월 중화인민공화국이 창건되면서 동북행정위원회는 심양으로 옮겨졌고 후에는 보통 동북인민정부로 불렸다. 동북인민정부 민족과 과장으로 있을 때 아버지는 동북 각처에 있는 조선인 부락으로 자주 찾아가서 민족정책을 선전했고 국가관 교육도 진행했다.

8장

조선사람들의 자치를 위해

중화인민공화국이 성립된 후 내가 중국시민임은 승인했지만 '중국사람'이라 부르는 것은 어쩐지 부담스러웠고 습관이 되지 않았다. 중국 국적을 가졌지만 나는 중국사람이 아니다. 나는 조선사람이다.

지방민족주의자로 낙인찍힌 아버지

1949년 3월 주덕해가 연변으로 떠난 후 동북인민정부 민족처에 남아 사무를 계속 수행하고 있었던 아버지는 그 후 주덕해가 연변에서 보낸 지시대로 연변조선족자치구 건립 준비사업에 관한 구체적인 사무들을 챙기기 시작했다. 동북인민정부 및 중앙정부와 연락하고 그들의 동조와 지지를 얻어내면서 행정적 협조를 청하는 구체적인 일들을 다루면서 주덕해를 도우며 바쁜 시절을 보냈다.

1951년 5월 아버지는 연변에 오라는 주덕해의 부름을 받았다. 그때 아버지에게는 북경의 중앙민족사무위원회에 가서 일할 기회가 있었다. 하지만 주덕해가 연변으로 오라고 권고하자 아버지는 두말없이 따랐다. 그는 동북인민정부의 비준을 받고 한달음에 연변으로 달려갔다. 비록 그에게 연변은 한 번도 가보지 못한 낯선 고장이었지만 조선사람들의 자치정부를 세우는 일을 하게 된 아버지는 새로운 사명감을 찾았고 보람을 느꼈다. 몇 년 후에는 조선으로 가지 않은 것을 천만다행이라고 생각하게 되었고 중국에 남아 조선민족을 위해 일하는 것을 자신의 숙명으로 여기게 되었다.

할아버지가 이루지 못한 조선 독립의 꿈을 이루려고 항일 투쟁에 뛰어든 아버지는 광복을 맞이하고 독립의 기쁨을 누릴 사이도 없이 국민당 군대와 싸워야 했다. 중국혁명이 성공해야 조선도 해방될 수 있다고 믿고 앞으로 줄기차게 달렸다. 조선의용군으로 북만에서 싸울 때 그는 빨리 저 두만강을 넘어 고국산천으로 돌아가서 동포들을 해방시켜야겠다는 일념밖에 없었다. 조선으로 가려고 세 번 신청했지만 모두 허가를 받지 못했다. 게다가 조선에 간 선생님 김책이 전쟁이 터진 다음해에 돌아가셨고 옛 상급이었던 이상조가 소련에서 망명 신청을 하고 조선으로 돌아가지 않아 아버지는 아예 조선으로 갈 생각을 깨끗하게 지울 수밖에 없었다.

1930년대에 중국에서 독립운동을 했고 해방 후 중국 북경의 민족출판사에서 근무했던 김파 선생은 1988년 11월 한국 무장독립운동에 관한 국제학술대회에서 이렇게 얘기했다.

"(조선의용군은) 전쟁이 끝난 후에도 중국해방전쟁에 참가했고 승리를 얻은 후에 그 피의 대가로 우리가 받은 것이 연변조선족자치주였다고 생각해야 한다. 누가 우리에게 선사해준 것이 아니다. 항일전쟁에서 우리 조선족 청년들이 많은 피를 흘렸기 때문에 그 대가로 받은 것이 연변조선족자치주다."

나는 김파 선생의 이 말씀이 일리가 있다고 생각한다. 지금도 어떤 사람들은 중국조선족들이 누리는 권리를 그냥 선물처럼 여긴다. 중국의 소수민족 정책의 좋은 면을 부정하는 것은 아니다. 최소한 중화인민공화국을 세운 제1대 지도자들인 모택동, 주덕, 주은래 등은 조선 사람들의 항일 업적을 아주 높게 평가했다. 조선인 천재 음악가 정율성의 노래는 중국의 수천수만의 젊은이들을 모택동의 혁명 성지 연안으로 모이게 했다. 정율성은 중국 3대 음악가의 한 사람으로 추앙받는 인민작곡가이며, 그가 작곡한 유명한 혁명가요인 〈연안송가〉의 힘차고 웅장하며 마음을 울리는 운율은 많은 사람들을 연안으로 끌어들였다.

팔로군은 중국공산당의 주력부대였고 오늘날 중국 인민해방군의 모태다. 정율성이 지은 〈팔로군 행진곡〉은 나중에 〈중국 인민해방군

조선의용군 출신 혁명가 주덕해. 1911년 러시아 원동 연해주에서 출생. 1929년 9월 만주의 용정일대에서 혁명에 참가했다. 1937년에 모스크바 노동대학에서 공부하고 1939년 연안으로 가서 팔로군 359려 지도원에 임명되었으며 1943년에는 연안조선혁명군정학교 총무처 처장으로 부임했다. 1945년에 하얼빈에 와서 조선의용군 제3지대 정치위원으로 임명되어 연변조선족자치구를 설립하는 데 지대한 공헌을 했다. 하지만 문화혁명 기간에 박해를 받아 1972년 7월 3일 무한에서 별세했다.

행진곡〉으로 이름을 바꾸게 되고 1988년 등소평의 명령으로 〈중국 인민해방군 군가〉로 정식 지정되었다. 연안에서 중국공산당을 이끌던 모택동도 정율성의 노래를 좋아해 자주 흥얼거렸다고 한다. 1949년 북경 천안문에서 모택동이 신중국 건국을 선포하고 의장대를 사열査閱할 때도 정율성이 작곡한 이 〈중국 인민해방군 군가〉가 천안문 광장 곳곳에 울려 퍼졌다.

그리고 많은 조선족 혁명투사들이 중국의 항일전쟁과 해방전쟁에서 희생된 것도 잘 알고 있었다. 중국의 소수민족들 중에 혁명열사가 가장 많은 민족이 바로 조선족이었다. 동북 항일전쟁과 중국 해방전쟁을 치르는 과정에 희생된 연변지구의 혁명열사는 14,756명인데 그 중 조선족이 93.8%를 차지한다. 1982년의 자치주 민정국의 통계자료를 보면 길림성 전체 열사 총수의 41%에 해당된다.

또한 조선족들이 영원히 잊어서는 안 되는 사람이 한 분 있다. 바로 조선족의 큰 별이자 혁명가인 주덕해다. 조선의용군 제3지대 정위였던 그는 조선족 동포들의 권리를 찾아 주었고 연변조선족자치주를 세운 사람이다.

길림성위에서 열린 민족사업회의에서 주덕해는 중국에서만 가능한 '민족자치 구역 실현'이란 민족 생존의 청사진을 펼쳐 보이면서 가치를 인정받게 되었다. 주덕해의 구역 자치안은 주보중周保中 성장省長(도지사급임—편집주)의 지지를 이끌어 냈으며 동북국위원회와 중공중앙도 이 의견에 깊은 관심을 보였다. 이 회의 후 동북국위원회는 길림성위의 요구에 따라 2월에 주덕해를 연변으로 보냈다.

동북의 조선족은 역사적으로 동만, 남만, 북만 3개 지역에 집중 분포되었으므로 상대적으로 굳건한 집단 공동체를 형성할 수 있었다. 더욱이 동만 4개 현(연변에 속한 연길, 화룡, 왕청, 훈춘)에는 전 동북 조선인의 70~80%나 되는 조선족이 거주했으며 화룡현 도문강 연안지방에는 조선족이 만주족의 8배 이상 되었다. 자연적으로 형성된 이러한 집단 공동체로 인해 자기 민족의 고유한 언어, 문자, 풍속, 습관을 보존할 수 있었으며 그중에서도 연변은 동북조선족의 정치, 경제, 문화교육의 중심지구로 인정받고 있었다. 이는 조선족이 연변에서 민족 구역자치를 실시할 수 있는 기본 조건이 되었다. 1952년 연변자치구가 성립될 당시 연변조선족 인구는 529,801명이었고 이는 연변 총인구의 62%를 차지했다.

1951년 9월 말 아버지는 최채 등 간부들과 함께 주덕해를 모시고 북경에 가서 건국 2주년 경축 활동에 참가했다. 주덕해는 전국정치협상회의에서 "연변은 조선민족자치구를 건립할 수 있는 주관적이고 객관적인 조건이 다 구비되었습니다. 때문에 중앙정부에서 우리의 요구를 허락하여 줄 것을 바랍니다" 하고 요구했다. 회의에서 흔쾌한 대답을 들은 주덕해는 북경에서 돌아오자 연변조선족자치구 준비위원회를 건립하고 자치구 창립준비를 서둘렀다.

1952년 8월 9일 '중화인민공화국 구역자치 실시강요'가 공포된 후 8월 29일에 길림성 연변조선족자치구 제1차 인민대표대회가 소집되었다. 충분한 논의와 협상을 거쳐 연변조선족자치구를 정식으로 성립했다. 주덕해는 이 회의에서 연변조선족자치구 주석으로 뽑혔다.

1956년 12월 8일 중공길림성위는 중공연변지방위원회를 중공연변자치주위원회로 개칭하기로 결정했다. 1956년 12월 20일부터 27일까지 연변조선족자치주 제1기 인민대표대회 제3차 회의가 연길에서 열렸고 중화인민공화국 헌법의 규정에 따라 연변자치구 인민정부를

'연변조선족자치주 인민정부'로 개칭하게 되었음을 공포하고 주덕해를 주장으로 선거하고 최채(조선의용군 출신), 전인영(연안 간부, 한족)이 부주장으로 당선되었다.

하지만 이러한 명칭의 변화로 전례 없는 혼란이 나타나기 시작했다. 자치구가 자치주로 격하된 데 대한 이유부터 살펴보자면, 1955년 4월에 제정된 중화인민공화국의 헌법 제53조에는 민족자치 지방은 자치구, 자치주, 자치현으로 나뉜다고 규정되어 있는데 자치구는 직접 중앙정부의 영도를 받고 자치주는 성보다 작고 현보다 큰 바 이는 성의 직접적인 지휘를 받는 민족 자치지방이라는 것이다. 그러니 길림성의 지휘를 받고 있는 연변 조선민족 자치지방을 '자치구'라 부를 수 없고 '자치주'라 개칭하는 것이 합당하다고 주장했다.

자치 구역을 왜 하필 길림성의 관할을 받는 자치주로 작게 제한했을까? 연변은 지역적으로 길림성 동남부에 위치해 있는데 동으로는 소련 연해주 하싼과 잇닿아 있고 남으로는 두만강을 사이에 두고 함경북도를 마주하고 있으며, 서쪽으로는 길림성 교하, 화전, 무송 등 현과 접해 있으며, 북으로는 흑룡강성의 동녕, 영안, 해림, 오상 등의 현들과 붙어 있다. 이런 지리적 조건으로 볼 때, 서쪽과 북쪽에 인접해 있는 현들은 모두 조선족들이 밀집해 있는 지역들이다. 이 지역을 조선족 자치 구역에 귀속시켰더라면 연변조선족자치구는 자치주로 격하되지 않았을 텐데 말이다.

1956년 말에 자치구가 자치주로 격하된 후부터 많은 연변의 조선족 간부들은 연변을 확대하려는 건의를 줄기차게 해왔다. 1957년 여름 자치주위 회의에서 당시 중공연변주위 상무위원이자 중공연변주위 상무위원회 비서장이었던 아버지는 영안현, 장백현 등 조선족이 집거해 있는 인접 현을 자치주에 귀속시키자는 의견을 제기했다. 그러나 그 일은 그해 말부터 일어난 민족정풍으로 타격을 받았고 이런 구상과 의견은 '독립왕국'을 만들려 했다는 혐의가 덧씌워져 지방민족주의 분자로 낙인찍히는 구실이 되고 말았다.

조선족 자치정부에서 중임을 맡다

건국 초기에 연변의 농공업 생산이 아직 완전히 복구되지 않았기에 인민들의 생산과 생활에 필요한 물자공급이 아주 어려웠다. 게다가 시장의 물가는 안정되지 못하고 날마다 올라가는 추세였다. 주덕해는 이런 국면을 돌려세우기 위해 도시와 농촌의 무역 시장과 개인 상인들의 합법적 경영을 고무 지지하는 한편 국영상업망과 공급판매합작사, 소비합작사 등 집체소유 상업을 발전시키는 데 힘을 쏟았다.

유통분야에서 국영상업의 유력한 보조 역할을 한 것은 광대한 농촌에 건립된 공급판매합작사였다. 공급판매합작사는 도시와 농촌 간의 상업을 소통하는 역할과, 농촌의 수공업 생산 및 신용사업을 독려했고 임업 생산도 조직해 주었다. 공급판매합작사는 국영상업, 국영식량상업, 국영공업, 대외무역, 그리고 농업기계 공급업의 발전에 좋은 기초를 닦아 주었다.

연변의 공급판매합작사는 1946년 가을에 우선 왕청현과 연길현의 구와 촌에서 부분적으로 시작되었다. 약 2년간의 시험단계를 거쳐 1949년 8월에 와서는 연변 각 현의 구와 촌에 무려 309개의 공급판매합작사가 건립되었다. 연변의 5개 현에서는 모두 현급 공급판매연합사를 건립하고 기층의 공급판매합작사를 지도했다. 당시 공급판매 합작사는 연변경제를 복구 발전시키고 농업과 부업 생산을 지원하며 농민의 생활난을 풀어주고 사회복리사업을 꾸리고 전쟁을 원호하는 등 여러 면에서 중요한 역할을 했다. 자치주급에서 공급합작사의 발전을 지도하기 위해 주덕해는 연변에 자치구 공급판매합작총사 설립을 계획하고 아버지를 동북국에서 불러온 것이었다.

아버지는 1978년 6월 23일 주덕해의 명예회복대회에서 한 연설에서 그때의 상황을 이렇게 회고했다.

> 주덕해 동지는 군중과 긴밀히 연계하고 군중의 질고에 관심을 갖고 군중의 의견을 귀담아 들으면서 우리에게 훌륭한 본보기를 보여 주었다. 일찍 1951년, 자치주 공급판매합작사가 성립될 때 그는 나에게 직접 '반드시 재정사업을 잘하여 생산을 힘써 발전시킴으로써 인민들의 생활을 위해 복무해야 한다"고 일러주었다. 또 각 민족의 특수 수요에도 주의를 기울여 공급 사업을 잘해야 한다고 구체적으로 일러주었다. 이를테면 한족 안노인들이 신는 종발신이나 골무와 같은 사소한 생활용품들까지도 소홀히 해서는 안 된다고 했었다.

주덕해의 지시에 따라 아버지는 친히 상해, 소주 등지에 가서 물품들의 가공 생산을 주문했고 조선족들에게 필요한 생활용품들인 조선족 음식그릇, 장판에 펴는 돗자리, 비단, 꽃천 등을 구입해 왔다. 그리고 민족지구의 해산물 수요를 만족시키기 위해 변경무역 담판을 통해서 중국의 편직물로 조선의 해산품을 바꾸어 왔다.

아버지는 1954년 4월까지 연변지구 공급판매합작총사의 주임으로 지내다가 1954년 5월부터는 연변조선족자치구 재정경제사업부 부장으로 임명되었다. 아버지는 1956년 6월 중앙당간부학교에 가기 전까지 2년 동안 이곳에서 연변의 재정, 무역 등 경제 분야의 지도자로 활약했다.

1956년 12월 8일 아버지는 중공연변자치주위 상무위원회 비서장으로 임명되어 1959년 3월까지 비서장 직무를 수행했다.

1959년 11월 15일에는 중공연변조선족자치주 제1차 대표대회가 열렸다. 주덕해, 요흔, 전인영 등 8명의 상임위원회가 결성되었는데 조선족 상무위원은 3명으로 줄었다. 1958년 말에 아버지는 민족주의 분자라는 억울한 낙인이 찍혀서 상임위원회에서 제명되고 주덕해, 요흔, 전인영을 비롯한 26명 자치주위원회 위원 중의 한 사람으로 남게 된다. 그래도 당적과 공직을 박탈당하지 않은 것을 다행이라고 생각해야 했던 시절이었다.

아버지는 1980년 2월에 소집된 자치주 제7기 인민대표대회 제2차 회의에서 31명으로 구성된 제7기 인민대표대회 상임위원회의 부주임이 되었다. 그때는 조남기가 주임이었다. 조남기는 후에 중국인민정치협상회의 부주석이 되고 중국 정계의 조선족 최고급간부이자 중국인민해방군의 첫 조선족 상장으로까지 올라갔다.

9장

모든 것은 민족정풍으로부터 시작되었다

정풍운동이 노린 것은 무엇이었을까? 사상이 깨끗하게 정화되고 풍기를 정돈한다는 구실로 일어난 정풍에서 우리 민족이 잃은 것은 무엇일까? 정풍에서 우리가 털어버린 소위 먼지란 무엇이며 우리의 머리를 정화시키면서 씻어 버린 것은 또 무엇일까? 우리는 스스로도 다 느끼지 못할 정도로 많을 것을 내려놓아야만 했다. 우리의 정체성도 덮으려고 애썼다. 조선족만 가지고 있는 특유한 것들도 차차 잃어버리게 되었다. 그것이 민족정풍으로 인한 참담한 결과였다.

민족정풍이란 운동을 처음 알게 된 것은 1971년 1월이었다. 학교에서 역사 시간에 배웠던 것은 중국에 1957년부터 반우파 투쟁이 있었다는 것뿐이었지 같은 시기에 지방민족주의를 비판한 운동이 있었다는 사실은 전혀 몰랐다. 1970년 말에 화룡현 혁명위원회에서는 길림성위와 연변자치주위의 지시대로 아버지를 '해방'시킨다고 하면서 아버지를 석방시켜 3주간 말미를 주면서 소위 '검토자료'를 쓰라고 했다. 그때 나는 아버지와 함께 화룡 시내에 있는 큰언니 집에 잠시 머무르고 있었다.

그런데 일주일이나 지나도 아버지는 종이에 한 글자도 쓰지 못하고 멍하니 앉아 있기만 했다. 오랜 수감생활에 바깥세상을 보지 못한 탓인지 아버지의 머리는 마치 고장 난 시계와 같았다. 도대체 어디에 멈추어 있는 것인지 알 수가 없었다. 중국에서 해방받는다는 것은 다시 자유를 얻는 것이고 명예회복을 받아 관직에 복귀한다는 뜻이었다. 검토 자료를 잘 써야 해방을 받을 수 있다는 점은 아버지도 잘 알고 계셨다. 그런데 1966년 겨울부터 만 4년간 자유를 잃고 고문을 당하며 갇혀 있던 아버지는 자신이 무엇을 잘못했는지, 도대체 무엇을 검토해야 하는지 도저히 모르겠다고 하면서 무표정한 얼굴로 담배만 피웠다.

어쩔 수 없이 나는 아버지에게 이런 제안을 했다. 아버지께서 자신의 인생 역사와 생각의 흐름을 말씀하시면 내가 종합해서 당시 혁명 시기에 맞게 검토서를 써 보겠다고. 다른 대안이 없었던 아버지는 자신의 지난 세월들을 당시 18살도 안 된 나에게 조용히 말씀하셨다.

"모든 것이 민족정풍으로부터 시작되었다. 지금 와 보면 문화혁명도 그때의 연속이야." 그러고서 또 "우리 조선족은 그때부터 옷이 홀랑 벗겨진 벌거숭이 같이 되었지"라고 하시면서 쓸쓸히 웃으셨다.

민족정풍에서 우리 민족이 잃은 것

정말 그랬다. 민족정풍 때 조선족은 이미 방어선을 잃었다. 우리 민족은 그 후로 정치적 타격에 취약해졌다. 조선족이 간도에서 1910년대부터 쌓아온 불멸의 항일 업적과 수천수만의 선열들이 목숨 바쳐 일구어 온 지위는 흔들리기 시작했고 '지방민족주의'라는 이름으로 진행된 극좌 운동으로부터 우리는 자신을 지킬 수 없어 극도로 불안해했다. 심지어 중공의 성장급 고위 간부였던 연안 출신인 주덕해도 자신이 민족정풍에서 살아남을 수 없음을 예감하고 시골에 가서 농사지을 준비까지 가족에게 시켰으니 당시의 살벌한 분위기를 어느 정도

가늠할 수 있을 것이다. 그때 북경에는 주덕해가 연변을 '독립왕국'으로 만들려 했다느니, 위에서는 그를 이미 지방민족주의 분자로 판정을 냈다느니 하는 소문이 자자했다. 주덕해는 문화혁명 중 억울하게 숨을 거둘 때까지도 이 문제에 대한 공정한 판결을 받지 못했다.

민족정풍을 거치면서 사상이 '정화'되고 나서 조선족 간부들은 전전긍긍하며 혹시 지방민족주의라는 선을 넘을까 봐 두려워하면서 일했다. 1950년대 자치주가 세워질 때의 그 설레는 마음은 된서리를 맞았고 이젠 그 '자치'라는 명칭에 더는 감격하지 않았다. 아버지는 중국 소수민족자치의 냉혹한 현실을 실감하면서 자신이 얼마나 단순하고 유치했는가를 뼈저리게 실감했다. '민족구역자치'는 허상이었음을 그때에야 비로소 알았다고 한다.

1952년 연변자치구를 준비하고 있을 무렵 연변의 각급 인민정부 간부들 중에는 조선족이 72.9%를 차지했고 각 부처의 주요 책임자는 모두 조선족 간부였다. 그러나 민족정풍과 문화대혁명을 지나면서 많은 조선족 간부들이 배척 및 타격을 받았고 그로 인해 민족 간부의 비례가 현저하게 내려갔다. 1971년 연변당위원회를 재조직할 때에 전주의 8개 현, 시의 정 · 부서기 26명 가운데 조선족 간부는 7명으로 줄어 단지 27%에 불과했으며 그나마 주 당위와 각 현, 시의 제1책임자들 중에는 조선족 간부가 한 명도 없었다. 물론 그때는 극좌가 극에 달했던 문화혁명 시기였다.

정풍운동이 노린 것은 무엇이었을까? 사상이 깨끗하게 정화되고 풍기를 정돈한다는 구실로 일으킨 극좌운동에서 우리 민족이 잃은 것은 무엇일까? 정풍에서 우리가 털어버린, 소위 먼지란 무엇이며 우리의 머리를 정화시키면서 씻어 버린 것은 또 무엇일까? 우리 민족은 스스로도 다 헤아리지 못할 정도로 많은 것을 내려놓아야만 했다. 우리의 정체성도 덮으려고 애썼다. 조선족에게만 있던 것들도 차차 잃어버리게 되었다. 그것이 민족정풍으로 인한 참담한 결과였다.

지금 중국정부의 문헌에는 당시의 민족정풍에 대해 이렇게 서술하고 있다. "반우경 투쟁 후에 연변에서는 민족정풍운동이 일어났는데, 소수민족 간부들 중에 존재하는 문제를 과장하여 엄중히 보았고 심지어 정확한 관점과 의견까지 착오로 비판하여 소수민족 간부들의 적극성을 타격했다." 또 어떤 문헌들에는 "민족정풍으로 인해 일부 조선족 간부의 사상과 감정에 금이 갔다"고 분석했다. 그뿐일까? 우리가 잃은 것은 그보다 훨씬 더 많다.

우리는 몸과 마음에 지니고 있었던 조선족의 민족 특성과 민족정신을 잃었다. 민족정풍 당시 신문이나 방송에서 우리 민족을 거침없이 비하한 여러 단어들을 접하면서 조선사람들은 민족적 자부심과 자존심을 잃었으며, 민족 정서는 마치 서리 맞은 화초 마냥 비관적으로 변했다. 마치 한차례 폭풍이 쓸고 지나간 어수선한 곡식밭과 같았다.

거기에 또 연이어 극좌적인 운동이 계속 진행되었고 몇 년 지나지 않아 문화대혁명의 피바람을 맞으며 조선족은 또다시 박해를 받았다. 이번에는 더 도를 넘어 '조선특무조선간첩'라는 무시무시한 죄명이 함부로 씌워졌다. 민족정풍에서 조선족을 무자비하게 '민족주의 분자'라고 비판했던 바탕이 있었기에 훗날 문화대혁명 때 조선족을 제멋대로 조선특무로 몰아갈 수 있었다. 민족정풍이 만들어 놓은 극좌 성향의 바람이 문화혁명 때 더 강해진 것뿐이었다.

조선족자치구가 성립될 1950년대 초 조선족은 중국 국적을 가졌고 당당하게 자신들의 고향인 연변에서 진정한 주인으로 살아가기 시작했다. 그리고 항일투쟁과 해방전쟁에서 혁혁한 공을 세운 우수한 조선족 공산당 간부들이 자치구에서 지도자의 위치에 섰다. 하지만 민족정풍의 타격을 받고 나서 가장 뚜렷하게 변한 것은 조선족이 더는 떳떳하지 못하게 된 것이었다. 민족정풍 전에는 조선족이 집거해 있는 연변에서 중국말을 몰라도 아무런 불편 없이 살았다. 그런데 민족정풍 후부터는 연변에서도 중국말이 공식 언어가 되어 조선족 간부들은 당당했던 모습을 잃고 난생 해보지 못한 중국말을 짧은 시간에 죽어라고 배워야 했다. 서투른 중국말로 더듬거리며 일을 해야 하는, 보기에도 구차한 모습이었다. 남의 집 처마 밑이니 머리 숙여 살라고 톡톡히 깨우쳐준 셈이랄까.

민족정풍이 아버지에게 씌운 오명과 타격은 일생에 지워지지 않는 낙인이 되었고 다시 일어서기 힘든 좌절로 남았다. 그토록 헌신했던 조선족 자치는 허망한 꿈처럼 멀어져 갔다. 민족정풍 후 그는 실각되어 오랫동안 자치주급 지도자의 정치무대를 떠나야 했고 이직휴양離職休養 할 때까지 다시는 민족정풍 전의 직위로 복귀하지 못했다.

스스로 정풍의 과녁이 되다

1958년 이른 봄부터 폭풍 전의 으스스한 공기가 위로부터 흘러내려 왔다. 당시 중공연변자치주위 상무위원회 비서장이라는 민감한 지위에 있던 아버지는 위로부터 주덕해를 타격하고 축출하려는 세력이 있음을 감지했다. 중앙민족사무위원회와 길림성위의 몇몇 간부들이 심상치 않게 움직이면서 아래위로 연락하고 자료 수집을 하는 낌새를 알아챈 것이다. 그리고 그런 움직임의 중심에는 일부 조선족 고급 간부들도 있었다.

몇 년 전인 1952년 초 겨울에 아버지는 주덕해의 지시를 받고 조용히 연변과 인접한 흑룡강성의 조선족 집결 거주지 몇 개 현과 장백현의 조선족 거주 상황 및 사회경제면의 실상을 조사하러 갔었다. 아버지의 이번 출장은 그분이 세상을 뜨실 때까지 주덕해와 아버지 두 사람만 알고 있었다.

1956년 말에 자치구가 자치주로 격하되고 명칭이 바뀐 뒤부터 연변의 많은 조선족 간부들은 연변의 확대 계획을 줄기차게 건의해 왔다. 당시 많은 조선족 간부들이 왕청, 훈춘과 잇대어 있는 흑룡강성 조선족 집거지인 영안, 동경성 등지를 자치주에 포함시키자는 의견을 많이 제시했고 심지어 목단강까지 연변에 포함시키자는 건의도 제출했다.

성정부의 지도자들은 돈화, 교하 두 현을 연변에 귀속시키는 데 동의했으며 장백현은 연변과 인접되었으나 교통이 불편하다는 이유로 연변에 귀속시키지 않기로 했다. 그런데 그것마저 민족정풍의 타격을 받게 되니 조선족이 다소 집결해 있는 교하현은 빼고 조선족 인구가 5.28%밖에 안 되지만 총인구가 45만 명이나 되는 돈화현을 1958년 10월에 연변조선족자치주에 귀속시켜 연변에서 제일 큰 현이 되었다. 그러자 연변의 한족인구 비례가 단번에 커져서 조선족은 절반도 안 되는 상황이 되었다.

역사상 연변의 통치기구는 사실 지금보다 더 큰 지역을 관장했다. 1914년 연길도이공서延吉道伊公署는 연길, 훈춘, 왕청, 화룡, 돈화(이상의 현들은 지금 연변자치주에 속해 있다), 그 외에도 액목, 영안, 동녕 등의 현도 통치했다.

연변자치구가 성립된 다음해인 1953년 7월 연변조선족자치구 정부는 전 구에서 인구조사를 실시했다. 당시 총인구가 76.4만 명이었고 그중 조선족이 53.8만 명이었다. 조선족이 총인구의 70.4%에 달했다. 하지만 1964년 7월 제2차 인구조사를 진행했을 때는 전 주 인구가 131.4만 명인데 그중 조선족 인구는 62.3만 명이었다. 조선족이 총인구의 47.4%였다. 인구는 늘었으나 조선족 비중은 확연하게 줄었다.

1957년 여름 자치주위 회의에서 당시 중공연변주위 상무위원이고 주당위 상무위원회 비서장이었던 아버지는 연변은 인구가 60~70만 명밖에 안 되어 중국의 다른 큰 현보다도 작다면서 자치주를 영안현 등 인접 현까지 확대하자는 의견을 간곡하게 제기했다. 그리고 같은 해 어느 날, 당시 교통, 공업 등 부문 지도자들을 사무실에 불러다 회의를 열고 연변 지역이 너무 작고 인구도 적어서 금후 공업생산 발전에 한계가 있기에 그들에게 영안, 동녕, 장백 등의 현을 연변에 귀속시키자는 의견을 제기하라고 건의했다.

이 일을 빌미로 민족정풍이 시작될 무렵 일부 사람들이 주덕해에게 '독립왕국'을 세우려 했다는 죄명을 씌워 넘어뜨리려고 음모를 꾸미는 것을 알아채고 아버지는 스스로 그 화살을 막으려고 결심을 내렸다.

주덕해를 넘어뜨리려고 호시탐탐하던 자들은 어떻게 하던지 아버지에게 압력을 가하여 투쟁의 불길을 주덕해에게 돌리려고 애썼으나 고집 세고 우직한 아버지는 그들의 뜻대로 움직이지 않고 자신이 진정 원한 것이 자치주 지역 확대였다고 우기면서 본인 의지대로 주당위 상무위원회 비서장이란 권한 범위 내에서 일했음을 회의에서 재삼 공개로 밝혔다. 그는 이 문제에서 주덕해와의 선을 철저히 그어놓았다. 하여 민족정풍을 이끌고 가던 자들도 그 일로 주덕해에게 억지로 혐의를 씌울 수가 없었다.

민족지역 확대라는 문제는 지방민족주의를 치는 죄목들 중에서 으뜸으로 꼽는 가장 심각한 문제였다. 하여 아버지는 아주 쉽게 민족정풍의 과녁이 되었다. 아버지는 주위의 정풍확대회의에서도 지명 비판을 받았다. 그때 조선족 간부들의 대부분은 좋은 출신 성분을 가지고 있었다. 유독 아버지만이 '부르주아 민족주의 분자'로 분류되는 부친을 두고 있어 쉽게 목표가 되었고 거기다 조선의용군 출신이란 배경도 민족주의자란 색채를 더욱 짙게 했다.

연안에 있을 때 조선의용군은 조선혁명가의 신분으로 활동했고 광복 후의 조선의용군 제3지대도 동북에서 역시 한동안은 외국인 부대였다. 조선사람들도 그렇게 생각했었다. 거기다 아버지는 회의나 검토서를 쓸 때도 자신은 "자산계급 민족주의자인 아버지 김대지를 존경하고 그분이 돌아가시면서 남긴 유언인 '우리는 망국노다'라는 말씀을 잊지 않고 살았기에 민족심이 강하다"고 승인했으니 정풍에서 비판을 받은 것은 우연히 아니었다. 아버지는 회의에서 또 여러 차례나 "연변에 도대체 무슨 지방민족주의 문제가 있는가?" "그만큼 검사하고 변론까지 했는데 또 무슨 할 말이 남아서 2년씩 끌고 가는가?" 라고 하면서 정풍운동에서 절대 보여서는 안 될 정서를 공공연히 드러냈다고 한다.

지금 와서 생각해 보면 아버지는 일부러 그렇게 했던 것 같다. 당시 위험한 처지에 있었던 주덕해는 두뇌가 명석한 아버지가 왜 이렇게 민족정풍에서 빠져나오지 못할 구석으로 몰려 지명 비판까지 받는지 잘 알고 있었다. 그리고 아버지가 스스로 과녁이 되어 누구를 지키려

했는지도 잘 알았다. 주덕해는 그 후에도 충직한 부하인 아버지를 무척 가슴 아프게 생각했다.

반우파 투쟁과 민족정풍은 아버지가 중국혁명에 참가한 이래 처음 겪는 중국공산당 내의 정치 투쟁이어서 자신을 방어할 경험과 능력을 전혀 갖추지 못한 실정이었다. 어제는 동지와 부하였던 사람들이 갑자기 돌변해 적이 되는 상황을 전혀 예상하지 못했던 것이다. 그는 공산당 내에 몇 십 년간 존재해 온 치열한 당내 투쟁에 대한 역사적 이해가 깊지 못했다. 비록 중앙당학교에 가서 공부하고 졸업장까지 받았지만 이론적으로 알고 있는 당내 투쟁과 현실에서 겪어야 하는 투쟁은 너무도 달랐다.

1954년 중국공산당 중앙동북국 서기였고 동북인민정부 주석 겸 동북군구 사령원이었으며 중앙인민정부 부주석이었던 고강高岡이 당과 국가 권력을 찬탈하려 한 음모죄로 비판받고 당에서 축출당한 사건은 그에게 큰 충격을 주었다.

동북국의 주석이었던 고강은 아버지가 동북국에서 일할 때 그의 최고 상급이었다. 정말 존경스러운 지도자였고 훌륭한 인격을 가진 걸출한 혁명가였다. 조선족 간부들에게 관심을 갖고 아껴준 넓은 아량을 가진 분이었다. 무엇보다도 그가 동북 근거지를 세우고 중국의 해방에 큰 공헌을 한 사람임은 누구도 부인하지 못했다. 1930년대, 고강과 유지단劉志丹이 세운 섬감녕陝甘寧 근거지가 있었기에 중국 홍군이 장정 후 섬감녕에 있는 연안에서 발을 붙일 수 있었다. 그런데 이런 그도 하루아침에 '독립왕국'을 세우려 한 반당 분자로 몰리다니……. 아버지는 이해할 수가 없었다.

중국공산당의 정치에 너무도 익숙하지 못했던 아버지는 하루아침에 정치운동의 희생자가 되었고 그의 정치인생도 그때부터 연변의 운명과 비슷하게 중국 정치의 소용돌이 속에서 파란만장한 그림을 펼치게 되었다. 아버지의 비운은 이때로부터 시작되었다.

아버지에게 찾아온 비운

이글을 쓰기 위해 1950년대 신문들을 뒤적이다가 나는 중국의 민족정풍이 언제 어떻게 시작되었는가에 대한 실마리를 어느 정도 잡을 수 있었다.

당시 중앙민족사무위원회 부주임이었던 양정인楊靜仁이 1958년 4월 30일 자로 〈인민일보〉에 발표한 사설과 같은 해 6월 27일 자로 〈인민일보〉가 발표한 "중공 신강新疆위구르자치구 당위 확대회의에서 지방민족주의 분자를 철저히 타격"이란 보도는 이 운동이 어떻게 시작되었는지를 단적으로 보여 주었다. 예나 지금이나 신강위구르는 참으로 민감한 곳인가 보다.

나는 신문을 보면서 신장에서 축출당한 사람들은 후에 어떻게 되었을까? 명예회복을 받았을까? 그 사람들 중에 정말 지방민족주의 분자가 있었을까 하는 궁금증이 생겼다. 중국의 정치운동에서는 억울하게 누명을 쓰고 축출되었다가 후에는 명예회복을 받는 것이 보통 수순이었으니 말이다. 더욱이 민족정풍은 반우파 투쟁이 극에 달했을 때 생긴 운동이어서 억울한 누명을 썼을 확률이 더 높았다. 연변만 보더라도 당시 486명의 소위 민족주의 분자를 잡았는데 후에 보니 그중에 진짜 민족주의 분자는 단 한 명도 없었으니 신강위구르라고 어찌 다를까?

아무튼 민족정풍은 이렇게 신강위구르가 발단이 된 것 같다. 신강위구르에서 민족주의자들을 처리했다는 결론을 보도한 글이 나오기 두 달 전인 1958년 4월 30일에 발표된 양정인의 사설("지방민족주의를 비판한다")은 전국에서 민족정풍을 시작한다는 선전포고가 된 셈이다. 양정인은 사설에서 이번 민족정풍을 등소평이 지시했다고 전했다. 발단의 첫 근원지를 보여 준 것이다.

양정인의 사설에는 지방민족주의의 주요 표현을 조목조목 다섯 가지 면으로 나누어 열거했다. 그중 세 번째는 이러하다.

> 민족 구역 자치 문제에 있어서 역사 발전과 현실 조건을 돌보지 않고 무원칙하게 자치 지방의 구역을 확대할 것과 자치 지방의 행정적 지위를 높일 것을 요구한다.

이 조목을 보고 나는 왜 일부 사람들이 연변의 자치지방 구역 확대 구상을 문제 삼아 대어를 낚았다고 좋아했는지 알게 되었다. 이것이 주덕해의 큰 죄목감이라고 생각했던 것이 틀림없다.

연변에서의 정풍운동은 1958년 4월 17일, 자치주 직속기관 당원간부대회에서 어느 조선족 주위 부서기가 주위를 대표하여 "지방민족주의를 반대하고 민족단결을 강화하자"는 동원보고를 한 후부터 본격적으로 시작되었다.

양정인의 사설이 발표되기 전에 위로부터 정부 문건이 이미 하달되었던 것이다. 위의 동원보고의 주 내용이 양정인의 사설 내용과 완전히 일치했기 때문이다. 많은 부분은 토씨 하나 고치지 않았다. 양정인의 사설을 그대로 복사하여 연변지구에 억지로 적용한 것이다. 설사 신강에 그런 문제가 있었다 하더라도 중국의 모든 소수민족을 똑같이 취급한 것도 어이없는데 거기다 한술 더 뜬 것은, 연변의 일부 사람들이 마치 물 만난 고기처럼 위에서 억지로 만들어 놓은 틀에 연변의 조선족 간부들을 몰아넣고 험악한 분위기를 조성하여 지방민족주의와 싸우려고 사람들을 내모는 기세였다.

연변지구에서 지방민족주의를 선동한다고 혐의를 받은 표현 가운데 처음으로 내세우는 것이 바로 양정인의 사설에서 세 번째 항목으로 열거한 조목이었다. 그리고 거기에 "예컨대 자치주를 자치구로 고치자는 것이다"라는 친절한 해석까지 달았다. 그만큼 자치지역 확대를 지방민족주의의 가장 심각한 문제라고 민감하게 보는 윗선들의 의도가 그대로 반영된 것이기도 했다. 그러니 연변의 자치구 성립 때부터 자치지역을 조그맣게 제한한 것은 중앙의 의도적인 결정이었다고 추측할 수도 있었다. 조선과 인접해 있는 연변이 커지는 것이 부담스러웠을 것이다. 예나 지금이나 연변이 외교적으로나 정치적으로 민감한 곳이기 때문이 아니겠는가?

또 한 가지 눈에 띄는 것은 양정인의 사설에 있는 다음 표현이었다. "사회 개혁 문제에서 제 것만 제 것이라 하면서 민족의 낙후한 면모를 그대로 보존하려고 시도한다." 이 조목을 엉뚱하게 확대 해석하여 민족 언어의 순결을 지키는 것이 민족의 낙후한 것을 보존하는 것이라고 보았다.

그 외에 양정인 사설에 없는 한 가지를 더 보태 '조국관'을 문제 삼았다.

> 여섯째, 조국문제에 있어서 〈다조국론〉을 조작하여 민족분리주의를 고취하고 있다는 것이다. 그 구체적 표현으로는 '민족조국', '제1조국', '법률조국', '무산계급조국', '혈통조국' 등을 들었다.

〈연변일보〉 총편과 사장을 역임했던 오태호는 문화혁명 후 연변의 민족정풍에 대해 그가 저술한 "민족정풍운동 가운데서 생긴 역사의 오해"라는 글에서 아래와 같이 분석했다.

> 이상 여섯 가지 지방민족주의 표현을 보면 연변의 조선족 간부와 지식인들은 마치 당장 당의 영도를 벗어나서 사회주의를 반대하며 민족 분열주의로 나아갈 것 같은 그런 상태다. 그러나 사실은 그렇지 않았다. 일제통치 시기로부터 중국의 조선민족은 한족과 기타 여러 민족 인민들과 운명을 같이 해왔다. 광복 후 조선민족은 공산당의 영도하에 토지를 분배받고 인민 해방전쟁에 참가하여 희생적으로 싸워 왔고 수많은 혁명열사가 나왔다. 그런데 이런 역사적 사실은 완전히 무시하고 이른바 지방민족주의 여섯 가지 표현을 나열해 놓은 것은 사실상 조선민족의 죄명을 엮어 놓은 것과 같은 것이다.
>
> 우리 조선민족에게 지방민족주의적인 사상 경향이 있는가? 그때나 지금이나 그런 경향이 일부 사람들에게 있었다는 것은 승인할 수 있다. 그렇다고 개별적 사람들의 문제 혹은 인식상의 문제를 보편성 있고 엄중성과 반동성이 있다고 한 것은 납득할 수 없는 것이다.
>
> 황차 구역자치 범위를 확대하자는 의견이나 민족지구의 특수성

을 강조하는 것은 사업상의 정당한 의견이고 민족어문의 순결화를 주장하는 것은 전적으로 옳은 의견이었음에도 불구하고 그 시비곡직을 가리지 않고 일률로 지방민족주의란 죄명을 씌운 것은 너무 지나친 처사라 아니할 수 없다. ……

연변지구에서 지방민족주의를 반대하는 정풍운동은 적지 않은 당원간부와 지식인을 사지에 몰아넣었다. 어떤 사람은 상술한 여섯 가지 지방민족주의 표현이 있었기 때문에 변론의 대상으로 그 기관단체 혹은 그 학교 내에서 지명 비판을 받았으며 어떤 사람은 마침내 '지방민족주의 분자'란 감투를 쓰고 우파 분자와 똑같은 역경 속에서 거칠고 고달픈 인생을 살지 않으면 안 되었다. 민족어문 사업에서는 더구나 비극적인 현상이 나타났다. '공작', '안배' 같은 흔히 쓰던 한자어는 더 말할 것 없고 "신사술어新詞術語는 한어 어휘를 차용해야 한다"는 원칙에 따라 정돈개선을 '정가이整改'로, 쟁명만발을 '따밍따팡大鳴大放'으로 기탄없이 직접 음차했다. 당시 일부 사람들은 아무런 거리낌과 부끄러움도 없이 이와 같은 음차를 주장했고 또 그렇게 썼던 것이다.

연변자치주 민족정풍 동원보고에는 또 다음과 같은 경고 내용도 있어 당시의 무시무시한 분위기를 여실히 보여 준다.

여기에서 반드시 엄정하게 지적해야 할 것은 지금까지도 지방민족주의를 반대하는 이 불가결의 중요한 조치를 의심하거나 반대하는 사람이 있다는 것이다. 그들은 자기의 그릇된 논점에 발붙일 자리를 찾기 위해 지방민족주의를 반대하는 조치에 대하여 가는 곳마다 '회의론'을 산포했다. 이런 사람들은 운동에 대하여 엄중한 우경 사상을 품고 있거나 딴 심보를 가지고 있다.

이처럼 연변의 민족정풍은 시작 전부터 정풍에서 단죄할 죄명을 다 만들어 놓고 타격의 화살을 쏘기 시작했다.

1958년 5월 23일부터 1959년 6월까지 1년 동안 〈연변일보〉에 실린 당시 민족정풍에 관한 몇 십 편의 큰 사건 보도만 보더라도 연변 민족정풍의 흐름을 알 수 있다. 민족정풍은 2년이 넘은 뒤까지 정말 끈질기게 물고 늘어진 싸움이었다. 다 잡을 때까지 해보자는 심산으로 펼쳐진 정치 숙청전이었다.

민족정풍의 악영향은 아래의 일화에서도 나타난다. 1963년 북조선의 최용건 위원장이 중국으로 방문을 왔는데 중앙국무원판공실에서 주덕해에게 장춘에 와서 주은래 총리와 최용건 위원장을 배동하라고 긴급 통지했다. 이 만남에서 최용건 위원장은 연변의 조선말은 20~30%는 이해할 수 없다고 했다.

지금도 연변조선족은 우리말 구사 시 중국어를 발음 그대로 많이 섞어 쓴다. 민족정풍 후에 생긴 사회 풍조다. 매일 만나서 하는 인사말도 보통 "쌍발출근 했습니까?", "싸발퇴근 했습니까?" 하는 식이다.

아예 조선족끼리도 중국말을 하는 것을 더 편하게 생각한다. 조선족자치주가 성립된 지 60년밖에 안 되었는데 조선족의 특색은 이렇게 퇴색해 가고 있다. 40년 뒤 성립 100년이 될 때쯤에는 어떻게 될까? 아마 그때가 되면 이 글을 읽을 수 있는 조선족이 많지 않을 것이라는 우려도 생긴다.

당시 자치주 통일전선부 부부장이었던 남홍열은 2013년 여름에 나에게 이렇게 민족정풍의 진상을 알려 주었다. "민족정풍은 주덕해를 넘어뜨리려고 시작한 것이다. 누군가 성위에 가서 주덕해를 고발했다. 하지만 연변의 조선족 간부들은 그렇게 호락호락 넘어가지 않았다. 아무리 파보아도 주덕해를 잡을 것이 없으니 성에서 성장 오덕吳德이 와서 총결 보고를 하고 부랴부랴 수습하고 끝을 맺었다." 후에 연길 현위 서기, 연변농학원 당위 서기, 자치주 인민대표대회 상무위원회 부주임 등 중책을 맡았던 남홍열의 말씀이 맞았다. 많은 자료들이 이를 입증하고 있다.

최국철이 쓴 《주덕해 평전》에 보면 길림성위 서기 겸 성장이었던 오덕은 주덕해에게 지방민족주의의 죄를 씌우는 자료를 보고 대뜸 화를 냈다고 한다. 마침 장춘에 온 등소평에게 오덕은 이런 식으로 자기의 견해를 말했다는 기록이 있다.

남홍열 씨(왼쪽)와 아버지는 모두 문화혁명에서 구사일생으로 살아남았다.

'주덕해는 1927년에 혁명에 참가했고 동북으로부터 소련에 가서 학습했으며 그 후에 또 연안에 가서 사업을 했다. 소수민족 가운데 그와 같은 간부가 몇이나 되는가? 몽골에는 우란부(일찍 1925년에 모스크바 중산대학에서 공부한 몽고족 중에서 제일 유명한 공산당 고위 간부)가 있다면 조선족에게는 주덕해가 있다.'

오덕은 또한 등소평에게 "주덕해는 믿을 만한 동지다. 그에게 제기된 문제들 중 적지 않은 것은 일부 사람들의 선입견에서 온 것이다. 그는 조선과의 관계를 각별히 주의하며 사업에서도 신중하다. 이 문건은 성과 국가 민족사무위원회의 몇 사람이 성위를 통과하지 않고 비밀리에 작성하여 중앙에 올려 보낸 것이다"라고 말했다. 성위 서기가 이렇게 이야기하는지라 등소평은 회보를 듣고 나서 성위에서 자체로 처리하라고 했다. 오덕은 특별히 연변에 와서 주덕해를 찾아 담화를 했고 처장 이상 간부회의를 소집하여 연변의 사업을 충분하게 긍정했다. 주덕해는 이렇게 한 차례의 정치적인 공격과 모함에서 가까스로 벗어나게 되었다.

민족정풍이 있은 뒤로부터 많은 조선족들은 당의 민족정책에 대해 반신반의하게 되었다. 그리고 많은 사람들이 '자치'라는 단어를 그냥 빛 좋은 개살구로 보기 시작했다.

민족정풍이란 광풍은 이렇게 한바탕 불고 나서 역사 속으로 들어가 버렸다. 그런데 그런 바람이 다시 불지 않는다는 보장은 어느 누구도 할 수 없다. 폭풍이 형성될 수 있는 조건은 아직도 중국 땅에 많이 남아 있기 때문이다.

"나는 조선사람이다"

1950년대 초, 삼십대 중반에 동북국에서 연변으로 파견되어 올 때에 아버지는 이미 중국공산당의 고위 간부였다. 당시 연변에 있던 조선족 간부들 중에서 고위급 간부는 몇 명 되지 않았다. 민족정풍 중인 1958년 그가 연길 현위현위원회 부서기로 실각되어 갔을 때 연변의 현위 서기들 중에는 그가 유일한 고위급 간부였다.

용정에 연길 현위 제2서기로 임명되어 가자 업무도 제대로 주지 않고 시시한 일을 떠맡겨 아버지는 많은 괴로움을 당했다. 아버지는 용정으로 내려갔지만 주에서 진두지휘를 하던 그 조선족 간부는 심심하면 내려와 아버지를 비판하고 압박했으니, 당시 연길 현위 제1서기는 아버지가 아무리 자신보다 급이 높아도 좌천되어 온 이상 그를 존중할 리가 없었다. 그리하여 두 사람 사이가 서먹서먹한 것은 자연스러운 일인데 그것을 이용하여 민족정풍 회의에서 아버지를 마음이 옹색한 개인주의자라고 공격하며 죄명을 하나 더 첨가했다.

나는 언니네 집에 보관해 두었던 책무더기 속에서 1960년 8월에 현위 회의에서 민족정풍에 관해 아버지가 쓴 검토 자료들을 찾아내 보고 또 당시 실상을 아버지께 물어보았다. 나는 다시 한번 아버지가 당시 처했던 황당하고 비참한 상황에 놀랐다. 아버지는 현위 제2서기로서 민족정풍에 관한 상급의 지시를 전달하면서도 또 다음날 회의에서는 자아 반성 검토를 해야 했고, 다음 수순으로는 자기 부하들인 국장들에게서 사정없이 혹독한 비판을 받는 어처구니없이 난감한 처지에 있었다. 정말 잔혹하다는 생각이 들었다.

아버지는 1960년 말까지 이런 세월을 보내야 했다. 지긋지긋한 민족정풍의 비판은 그때까지 지속되었다. 1960년 여름에 아버지는 민족주의자로 현위상무위원회에서 비판받다가 억울하고 울화가 치밀어 혈압이 오른 나머지 쓰러져서 병원에 실려간 적도 있었다. 그때 그는 막 40대에 들어선 젊은 나이였다.

그런데 아버지의 검토문을 읽으면서 나도 모르게 피식 웃음이 나왔다. 그런 와중에도 아버지는 꿋꿋하게 자신의 생각을 숨기지 않고 토로했던 것이다. 팽덕회彭德懷(중공정부 수립 후에 요직을 맡았고 인민지원군 총사령으로서 한국전쟁에 참가했음—편집주)를 비판한 여산회의廬山會議 때부터 정직성이 심히 손상되었던 당시 중국에서 솔직하게 말한다는 것은 파멸을 초래하는 것이었다. 하지만 아버지는 그 누구보다 솔직했다. 보고 느낀 바를 있는 그대로 솔직하게 말하면서 평생을 살아왔다.

아버지는 자신의 민족정풍 검토서에서 이렇게 썼다. "우리 연변지구는 서장西藏, 티베트의 반란과는 다르다고 생각한다. 연변에는 엄중한 민족주의 문제가 없다. 그리고 이번 정풍에서 나에게는 큰 문제가 없다고 생각한다." 그리고 또 대담하게 이런 질문도 했다. "중국공산당이 집권하기 전(1949년 건국 전)의 조선사람들을 중국의 소수민족이라고 볼 수 있겠는가?"

용정에서 아버지가 비판을 받은 것은 아래와 같았다.

- 조국문제에서 정확한 인식이 없고 자신의 조국관을 확실하게 밝히지 않은 것.
- 우파 분자 배극과의 관계에 대해 입을 열지 않는 것.
- 조선민족의 특색을 강조하고 한족이 낙후하다고 생각했음.

■ 1959년 겨울 대약진을 비방하고 우경 사상右傾思想이 엄중함.

위의 몇 가지에 대해 아버지는 검토서를 썼다. 하지만 배극에 대해서는 한 마디 언급도 하지 않는 배짱을 보였다. 배극은 아버지와 같이 1956년부터 자치주 상무위원이 되고 주위 선전부 부장, 연변대학 당위 서기, 연변대학 부교장 등의 직을 역임했던 우수한 간부였다. 조선족 간부들 중에 보기 드문 지식인이었다. 그는 1942년부터 일본 와세다 대학에서 공부하고 1945년에 지하활동에 참가했으며 길림군정학교, 중국군의대학에서도 요직을 담임했던 간부였다. 그런데 민족정풍 때인 1958년 10월에 '반당 집단 두목'이라는 누명을 쓰고 당적과 공직을 박탈당했는데 돌아가시기 1년 전인 1980년 2월, 22년 만에 명예회복을 받았다. 문화혁명 후 1970년대 연길로 돌아온 후 아버지는 주말이면 가끔 조용히 배극을 찾아가 만나곤 했다. 그때 배극은 아직 우파의 혐의를 벗지 못했을 때였다.

아버지의 검토 자료를 보면 그가 1950년대에 조선을 방문한 적이 있는데 "조선에 가보니 고향에 돌아온 느낌이 들었다. 조선의 산과 강물, 그리고 집들에 대해 중국의 것보다 더 친근감을 느꼈다"고 썼다. "아버지, 그런 감정이 드는 것이 뭐가 잘못인가요?"라고 물었더니, 그저 솔직한 자신의 감정을 털어놓은 것인데 그 조선족 주위 정풍지도자가 옆에서 "연변은 이렇게 아름다운데 왜 친근감이 안 생기냐?"고 야비하게 따지며 트집을 잡아 문제가 되었다고 했다. 동족끼리 참 보기 흉한 모습이었다. 마치 자신은 조선사람이 아닌 철두철미한 중국사람이나 된 듯이 자신의 동족을 함부로 밟아 뭉개는 그 모습이 몇 년 뒤 문화혁명에서 또다시 나타났다.

아버지는 검토서에 또 다음과 같이 썼다.

혁명에 참가하던 초기부터 나는 조선으로 가기 위해 준비를 했다. 그때 혁명에 참가한 많은 조선사람들이 조선에 가기를 원했다. 나도 그랬다. 그것은 조선이 나의 고향이기 때문이다. 나는 조선사람이기에 조선에 가는 것은 마땅한 것이라고 보았다. 당시 나는 중국혁명과 조선혁명은 갈라놓을 수 없다고 생각했다.
전쟁 시절 당과 군대의 한족 수장들은 우리 조선족 간부들에게 중국에서 마음 놓고 일하라고 격려해 주었다. 나는 국민당이 소멸되지 않으면 조선도 독립될 수 없다고 믿었다.
중국에서 시민권을 받은 후 나는 조선에 있을 때는 조선시민권을 가지고, 중국에서 살면 중국시민권을 가지듯 만약 조직에서 비준하면 조선에 갈 수 있다고 생각했다.
중화인민공화국이 성립된 후 내가 중국시민임은 승인했지만 '중국사람'이라 부르는 것은 어쩐지 부담스러웠고 습관이 되지 않았다. 중국 국적을 가졌지만 나는 중국사람이 아니다. 나는 조선사람이다.
1950년 6 · 25전쟁이 발발하니 조선으로 가려고 지원했었다. 조직에서 허락하지 않아 기분이 언짢아졌다. 다른 나라였다면 내가 신청했겠는가? 조선이니까 신청한 것이다. 바로 나에게 민족편견이 있었기 때문이다.
조선에 거주하는 화교들은 조선의 시민이 되지 않았는데 중국에 거주하는 조선족은 꼭 중국 시민이 되어야 하는가?
〈8녀 투강〉(8명의 동북 항일연군 여전사들이 일제와의 전투 중 포로가 되지 않으려고 강물에 뛰어들어 자결한 실화에 근거하여 각색된 영화)에 보면 그 8명 중에 조선족 여전사들도 여러 명 있는데 왜 그녀들을 중화의 딸이라 하는가? 중국공산당이 집권하기 전의 조선 사람들을 중국의 소수민족이라고 볼 수 있는가?

나는 검토서를 보면서 아버지의 용기에 또 한 번 탄복했다. 아버지의 정직한 품성과 대바른 성미가 잘 드러나는 문장이다. 머리 숙여 고분고분하면서 검토해도 고비를 넘기기 힘든 마당에 할 말을 꼭 당당하게 하는 아버지는 시비곡절도 가리지 않고 조선족들을 지방민족주의로 몰고 가는 사악한 바람에 거슬러 대항하고 싶었던 것 같다. 당시 중국을 조국으로 삼으라고 강요받는 것이 조선족 혁명가들에게는 왜 그리 힘든 것인지도 역사적으로 잘 짚고 넘어갔다. 왜냐하면 그것이 역사의 진실이었기 때문이다.

지금의 중국은 어떤 정치운동 시기도 아니고 그래도 비교적 민주적인 분위기임에도 불구하고 조선족들은 입을 다문 채 살고 있다. 고구려를 중국의 소수민족 정권이라 하든지 말든지 별로 상관하지 않는다. 아무리 중국 국적을 가진 사람들이지만 그렇다고 천여 년 전의 고구려와 발해의 조선사람들까지도 중화민족의 일부분이라고 우기는 역사적 오류를 보면서도 침묵을 지키는 것은 비겁한 것이다.

아버지는 건국 전 조선사람들에게까지 중화의 딸들이라고 하는 데 격분했다. 중국을 조국이라 인정하는 것이 뭐가 그리 어렵냐고 할 사람도 있을 것이다. 그리고 60여 년 전 조선족의 민족관과 지금의 조국관은 많이 달라진 것도 사실이다. 지금의 조선족은 한족문화에 많이 동화되어 있다. 중국을 조국이라고 생각하는 사람들도 더러 있다. 중국의 많은 마르크스 레닌주의 이론가들과 중국의 민족 문제 전문가들이 심오하고 장황한 이론으로 그 정당성을 펼칠 수 있겠지만, 아버지, 특히 그 시대를 살아온 조선사람들이 가슴에 품고 있는 조국 한반도는 깊은 뿌리를 내린 거목이었다.

아버지가 "중국 국적을 가졌지만 나는 중국사람이 아니다. 나는 조선사람이다"라고 한 말은 자신의 민족 특성을 강조한 것이었다. 국적과 조국이 다름을 밝힌 것이다. 마치 미국에서 미국 국적을 가졌어도 자신의 출생지 혹은 고국은 다르다고 한 것과 같다고 보면 된다. '중국계 미국인'은 자랑스럽게 중국을 조국이나 고국이라 하는데 '한국계 중국인'인 조선족은 한국을 '고국'이나 '조국'으로 간주하면 왜 안 되는가? 사실 영어에서는 '고국'이나 '조국'이나 같은 단어를 쓴다.

중국 조선족의 조국에 대한 자료 수집을 해보니 1946년 12월 당시 길림성 성장이었던 주보중은 길림성위에서 한 연설에서 동북 조선족의 역사와 현 상황을 분석하면서 조선족은 역사가 길며 '조국이 있는' 민족이며 유구한 혁명 전통을 갖고 있는 민족임을 밝혔으며 동북 조선족은 중국시민으로서 기타 소수민족에 비하여 높은 수준의 농업 노동과 기예를 가지고 있어 문화수준이 높으며 진보된 민족이라고 했다. 민족정풍이 있기 10년 전까지도 중국공산당은 조선족을 높이 평가했음을 알 수 있다.

여기서 유의해야 하는 것은 조선족이 '조국이 있는' 민족이라고 한 점이다. 1948년에 중공연변지위서기였던 유준수劉俊秀라는 중국인이 1985년에 쓴 회고록 《조선족 인민들 속에서》에는 이렇게 나와 있다. "우리는 그들의 조국이 조선이라는 것을 승인하는 동시에 그들을 중국 소수민족의 하나로 보았으며 중국의 정식 시민으로 인정했다. 한 마디로 말하면 그들이 두 가지 국적을 갖는 것을 승인했다." 이는 중국에 살고 있는 55개 소수민족 가운데서 오직 동북의 조선족만이 갖는 특성이라고 볼 수 있다.

이중 국적을 가졌던 조선족들이 민족정풍에서 조국관 문제로 혼란이 생긴 것은 어쩌면 당연한 일이다. 특히 중국혁명에 직접 가입한 동시에 조선혁명의 완성을 염두에 두어야 하는 2중 사명을 지녔던 아버지와 같은 조선족 혁명가들에게 있었던 조국관 문제도 역사적 산물인데, 하루아침에 그들의 머리를 정화하려고 덤벼들면서 반동적인 것이라고 갑자기 비판하니 얼마나 당황스럽고 곤혹스러웠을까?

1962년 3월 16일에 중공연변주위에서 "반우파 투쟁과 정풍 중에서 잘못 비판하고 잘못 처리된 안건에 대해 심사하여 가릴 사안에 관한 의견"이란 문건을 발표했다. 이 문건에는 "…… 2년 남짓한 동안 진행된 '지방민족주의'를 반대하는 투쟁은 연변의 모든 사업에 막대한 손실과 나쁜 영향을 주었다"고 하면서 아버지를 잘못 비판한 것에 대해 견별 처리하는 차원에서 그를 화룡 현위 제1서기로 임명했다.

민족정풍을 이끌던 세력들이 그대로 위에서 진을 치고 있었으니 원상회복하는 것은 자신들을 완전히 부정하는 것이 되기에 아버지를 제대로 회복시켜 주지 않은 것이다. 그때까지도 연변에는 좌경이 판을 쳤다. 그런 사조가 문화혁명까지 계속되어 주덕해와 아버지 같은 조선족 혁명가들은 끝내 추락하고 말았다.

조선사람끼리 싸우는 정쟁은 예로부터 살벌했다. 수천 년의 봉건사회는 물론 근백 년의 역사 속에서도 흔히 볼 수 있는 일이다. 나라 잃고 외족에게 지배를 받고 있을 때도 우리는 단합하지 못했다. 할아버지의 인생 역사의 발자취를 더듬으면서 나는 우리 독립역사 속 곳곳에 남아 있는 조선사람들의 파벌과 불신 그리고 동족상잔의 그림을 보면서 뼈아픈 슬픔을 느꼈다. 더 나가서 일제침략기에 조선인 일본밀정이 유난히 많았던 현상은 세계적으로도 그 유래를 찾아볼 수 없다.

중국에 살고 있는 조선족에게는 소수민족 정책에 의해 정치적으로 사회무대에 진출할 기회가 주어졌지만 그 기회는 슬프게도 조선족끼리의 경쟁에 의해 더욱 살벌해졌다. 더 노골적으로 말하자면 중국사람 즉 한족들에게 잘 보여야 하면서도 같은 동족 성원들을 비하하고 공격해야 올라갈 길이 있다고 여겼다.

지금 생존해 있는 몇 명의 조선족 간부들은 당시를 회고하면서 이런 진실을 말해 주었다.

"민족정풍 때 세 부류의 조선족 고급 간부들이 있었지요. 첫째 부류는 김명 서기처럼 정직하고 민족 이익을 위해 솔직하게 말하는 사람들이고, 둘째는 앞장서서 다른 조선족 간부들을 잡는 사람들이었는데 그 사람들은 오히려 일을 더 복잡하게 만들었고 연변에 재난을 가져왔습니다. 세 번째 부류는 관망하며 눈치를 보는 사람들이었는데 철저히 명철보신하면서 입을 다물고 기회를 지켜보는 자들이었죠. 이로 인해 첫째 부류의 사람들은 밀려났고, 둘째 부류가 상승하는 기회를 타고 세 번째도 동반 상승하여 그 후에는 승승장구했지요."

이것이 바로 연변 조선족의 역사 속 진실이다. 문화혁명 기간 직접 때리고 고문한 반란파들 중에는 조선족들이 더 많았다. 이는 물론 중국의 정세와도 연관이 있지만 연변 조선족의 극좌적 경향과 치열한 지위 의식과도 연관이 있다고 생각한다. 자신이 '조선특무'로 의심받을까 두려워 동족들에게 누명을 씌운 사례는 셀 수 없이 많다.

이런 고질적인 문제를 그냥 묵과한다면 우리 민족에게는 또 언젠가 수난의 시기가 올 것이다. 역사의 교훈을 잊는 민족에게는 똑같은 비극이 되풀이된다.

10장

발해의 옛 고을 화룡 현위 서기로 부임하다

철창 속에 갇혀 있으면서도 아버지는 나에게 "시골에서 모내기는 다 했더냐?"고 물으셨다. "농사일은 제철을 놓치면 큰일인데…" 하면서 걱정을 하기에 어린 내가 하도 기가 막혀서 아버지를 빤히 쳐다보았다.

누가 뭐래도 조선사람

민족정풍 때 무자비한 비판을 받은 것은 엄청난 굴욕이 아닐 수 없었다. 아버지는 그 굴욕의 시간을 잘 이겨 냈다. 비록 좌천되어 현위 서기로 가게 되었으나 아버지는 남다른 감회와 애착을 가지고 화룡에 부임했다.

그 첫 번째 이유로는 화룡이 옛 발해국의 고을이었기 때문이다. 할아버지는 1926년 영고탑에서 발해의 수도인 영안에 대한 책《발해의 옛 도시 영안성》을 쓸 때 발해의 경성들에 대해 조사한 적이 있었다. 그리고 아들에게 청산리전투 이야기를 하면서 청산리가 속해 있는 화룡이 바로 발해의 중경中京(발해 때 있던 다섯 개의 도읍지 가운데 하나)이었던 서고성이 있는 곳이라고 설명해 주었다.

발해국은 698년 북옥저의 후예인 대조영이 세운 나라인데 처음에는 진국이라 했고 713년에 발해국이라 이름을 고쳤다. 수도를 지금 연변에 있는 돈화시에 두었다. 옛 발해국의 중경인 현덕부는 지금의 화룡현 서성의 서고성에 자리 잡았고 그곳을 일명 북고성이라고도 한다. 화룡에는 투도평원 서북쪽에 위치한 이 서고성 외에도 동성향 홍성촌에 위치한 동고성이라는 평원성도 있다. 그 외에도 양목정자산성, 팔가자산성, 송월산성 등 유명한 산성山城들이 많았다.

유서 깊은 옛 고을이기에 발해 유적들도 많았다. 발해 제3대 문왕의 넷째 딸인 정효공주묘도 바로 화룡현 용수향 용해촌에 있다. 1964년에는 중국과 조선이 중조연합 고고考古 발굴대를 만들고 화룡의 팔가자八家子진 북쪽에 있는 큰 발해묘군을 발굴하여 발해인 무덤 3개를 찾아 낸 적도 있었다.

아버지는 우리 조상들이 세웠던 나라에서 중경의 제일 큰 지방관으로 임명된 것에 긍지를 느꼈고 그렇게 화룡에 대한 애착이 생겼던 것이다. 특히 중경이 위치했던 서고성 일대에 지금도 우리 조선족들이 살면서 벼농사를 짓고 있다는 사실에 더더욱 감격해했다. 고전문헌을 많이 본 아버지는 발해 옛 고을 서고성 일대는 발해국 때부터 벼농사를 한 곡창지대임을 알고 있었다. 발해의 그 유명한 '로주의 벼'가 바로 이 지대에서 생산된 농작물이었다. 역사 기록에는 발해로부터 대외로 통하는 주요 교통로가 다섯 갈래 있었는데 그중 네 갈래가 중경서고성을 경유하기에 중경이라 이름 지었다고 한다.

두 번째 이유는 화룡이 독립사상 유명한 청산리전투가 벌어진 백운평 전적지가 있는 곳이었기 때문이다. 백운평은 화룡현 부흥향 서남 청산리에서 약 10킬로미터 되는 산골에 위치하고 있다. 어려서부터 독립투사들이 자랑스럽게 들려주던 그 청산리전투의 유적지로 부임한 아버지는 감개무량했다. 1920년대 독립군을 배양한 서간도 신흥무관학교 출신 학생들이 지방에 내려가 초등학교 교사로 근무하거나 직접 학교를 설립하고 이주 조선인 자녀들을 위한 민족교육을 담당하기도 했는데 이들이 운영한 학교 중에는 화룡의 '신흥소학교'도 포함되어 있었다. 나는 1960년대 초에 화룡시내에 있는 그 초등학교를 다녔다.

화룡은 또한 조선족 항일유격 근거지가 있는 곳이기도 했다. 그 유명한 어랑촌 항일유격 유적지가 바로 화룡현 와룡향 어랑촌에 있다. 1935년에 화룡현 제일 항일유격 근거지가 여기에 세워졌던 것이다. 이곳은 1961년에 연변자치주의 중점문화유물 보호지역으로 지정되었다. 1963년 화룡으로 임명되어 온 아버지는 먼저 이곳을 방문하여

1963년에 화룡으로 온 뒤 가장 먼저 화룡현 와룡향 어랑촌 〈13용사 기념비〉를 찾은 아버지

〈어랑촌 13용사 항일열사비〉를 찾아 선열들의 희생을 애도했다.

농촌 시찰을 떠나 몇 주씩 있다가 돌아올 때면 아버지는 가끔 북고성, 남고성, 동고성 일대에서 발해의 옛 집터와 담터에서 주은 연꽃무늬가 있는 깨진 기와 박새 조각이랑 문자가 새겨진 기와 조각이나 돌 조각들을 집으로 가져왔다. 마치 보물 다루듯 하면서 확대경을 들고 자세히 살피기도 하고 장춘에서 사온 책들과 비교해 보면서 자주 감탄하셨다.

아버지는 영락없는 조선사람이었다. 겉으로는 중국 국적을 가진 중국조선족이지만 뿌리는 조상들의 역사 속에 깊이 내리고 있었다.

아버지는 차라리 농사꾼이기를 원했다

아버지는 새 힘을 얻어 날개 치며 올라가는 독수리 같이 의욕 넘치게 일했다. 화룡은 역사적으로 개발이 늦어 공업이 발달하지 못했기에 경제가 낙후한 농업현이었다. 농업은 당시 화룡 경제의 토대였다. 화룡의 실정에서 농업은 화룡의 모든 것의 성패를 결정하는 가장 큰 일이었다.

중국의 농업은 토지개혁을 거치면서 해방 후 정치운동의 충격 속에서 거의 제자리걸음이었다. 화룡의 농업실정 역시 극좌 편향이어서 좋지 않은 상황이었다. 당시 화룡은 자급자족을 유지하기도 힘들었고 어떤 생산대村에서는 정부가 매도한 식량을 사먹어야 할 정도였다. 수확고가 1958년의 74만 톤에서 1962년에는 53만 톤으로 25.2% 줄어든 가혹한 현실에서 아버지는 농촌에 내려가 조사 연구에 몰두했고 농업생산을 진두지휘했다.

사실 아버지는 현당위현의 당위원회 서기어서 당 사업에만 집중하고 조직을 이끌면 되었고 현위 부서기들과 현장들이 농업생산 실무를 담당해야 했지만 아버지는 자신의 주요 업무를 농업에 두었고 농업의 전 분야를 중점적으로 파고들었다. 이리하여 화룡 사람들은 아버지를 '농업 서기'라고 불렀다. 여태까지 부임해 온 현위 서기들과는 전혀 다른 아버지를 모두 의아해할 정도였다. 현위 기관에는 한 달에 일주일도 채 오지 않고 계속 모든 향鄕을 두루 찾아다니며 농촌 사업을 지도했다. 현위 기관 간부들에게는 사무실에만 앉아 큰소리치지 말고 농촌에 내려가 농민들과 현장 간부들의 목소리에 귀를 기울이고 대책을 세우라고 지시했다. 아버지는 사무실에 머무는 시간이 별로 없었고 대부분의 근무 시간에 농민들한테 달려가 농사 지도를 했다.

당시 화룡현 농업국장이었던 최홍근崔弘根은 화룡의 농업생산에 큰 공헌을 했고 화룡 농업을 위해 헌신한 훌륭한 간부였다. 최 국장은 새벽마다 일어나 도보로 현성 부근에 있는 춘화촌에 가서 논밭 상황을 살폈다. 농촌 실정을 제시간에 알고 싶어서였다. 그것도 거의 매일을 그렇게 했다. 화룡에서 아버지와 가장 긴 시간 함께 일한 간부이기도 했다. 아버지는 항상 최 국장과 함께 화룡 현 구석구석을 시찰하고 농업 제1선에서 농민들과 함께 먹고 자면서 농업생산을 지도하고 문제를 해결했다.

최 국장은 인품도 훌륭했다. 인간성이 바닥으로 드러난 문화대혁명 때 그분이 보여 주신 선량한 인간애는 내 마음에 깊이 새겨져 평생 마음으로 흠모할 정도다. 1969년 12월, 아버지는 반란파들의 사설 감옥에 갇혀 있고 어머니가 홀로 어린 우리들을 데리고 시골로 노동개조

(범죄자를 관리하는 수단으로 강제 노동을 시키는 일—편집주)를 떠나는 날 우리 짐을 실을 트럭이 집에 도착했는데 그때 차에 혼자 타고 왔던 최 국장이 짐을 차에 실어 주고 우리를 전송해 주셨다. 6년이나 살아온 동네에서는 한 사람도 머리를 내밀지 않던 시절이었다. 짐 위에 앉아 트럭을 타고 화룡을 떠나는 순간, 그 쓸쓸한 그림 속에 인자하신 최 국장이 홀로 손을 흔들며 서 계시는 모습이 내 눈에 들어왔다. 세상을 삐딱하고 냉혹한 눈으로 보던 나에게 최 국장은 이 세상에도 좋은 사람들이 있다는 것을 몸소 가르쳐 주었다. 우리를 간간이 도와주던 노동자 농민들과는 달리 그는 화룡에서 가장 핵심적인 농업국을 담당하는 국장이었다. 운동의 과녁이 되고 있는 간부가 공공의 적이 된 가족을 도와주는 것은 실로 위험천만한 일이었다. 성경에서 '선한 사마리아 사람' 이야기가 나오면 나는 항상 최 국장을 떠올린다.

아버지는 농민 출신이었다. 어릴 때 어머니를 일찍 여의고 아버지는 독립운동을 했기에 15살부터 중학교를 중퇴하고 날품을 팔며 농사일을 해서 식구들의 생계를 유지했다. 참군하기 전까지 근 10년간 남의 땅에서 소작 농사를 지었기에 농사일을 잘 알았다. 농민들과 농사 얘기를 할라치면 막힘이 없었다. 하여 농민들의 고충도 바로 알아차렸다. 따라서 아버지에게는 '농민들의 친구'라는 별명이 붙었다.

〈연변일보〉 화룡현 주재 기자이었던 홍춘식은 문화대혁명이 일어나기 전까지 몇 년 간 아버지의 수행기자였는데 아버지는 당조직 인사결정 외의 모든 회의에 홍 기자를 참석시켰다. 지금 와서 생각해도 김명 서기는 참 민주적이고 현명하신 분이었다고 하면서 아버지에 대해 이런 이야기를 들려주었다.

아버지는 밤중에 날씨가 급하게 변하기만 해도 자리를 차고 일어나 농촌 현장에 뛰어갔다. 한번은 한창 모를 키우는데 기상일기가 나빠졌다. 이 일을 가슴 아프게 생각한 아버지는 현위 간부들을 동원해서 각 생산대와 집마다 내려가 논에 물을 깊이 대면 모가 얼지 않는다고 선전하게 하여 피해를 줄인 적도 있었다.

아버지는 1962년 9월에 중앙에서 발표한 〈농업 60조〉(1961년 3월 22일 중국공산당 중앙사업회의에서 통과된 〈농촌인민공사 사업조례 초안〉—편집주)에 따라 생산대 내부를 작은 조로 나누어 개인의 생산 건수를 계산하는 근무 평정을 실시했고 식량 분배도 180킬로그램만 기본으로 정해 나누어 주고 그 나머지는 근무 수량에 따라 나누는 제도를 실시하게 하여 평균주의를 없애고 농민들의 적극성을 자극했다.

아버지는 과학기술을 동원해 농사짓는 일을 시작했다. 농민이자 벼 전문가인 최죽송을 찾아가서 수전종자 개량 방법과 새발모를 하는 방법을 배워온 뒤 전 현에 보급하도록 했다.

1962년 서리가 일찍 내려 '원자 2호' 벼종자를 심은 곳에서 벼농사를 다 망친 적이 있었다. 그때 농민들은 '원자탄'이 터졌다고 분통을 터뜨렸다. 하여 1963년에 다른 곳에서는 모두 '원자 2호'를 포기했을 때 유독 용수향 명신촌에서만 어느 벼종자 재배 기술자의 지도하에 '원자 2호'를 심어 큰 성과를 거두었다.

아버지는 주농업과학연구소 벼재배 전문가들을 방문하여 그들의 의견을 청취하고, 현과 향의 농업기술 보급소에서 기술자들의 의견과 농민들의 생각을 듣고 나서 원자 2호를 포기하지 말자는 결론을 내렸다. 그리고 용원촌에 내려가 직접 농민들을 설득하여 1964년에 원자 2호를 대량으로 심게 했는데 그해에 풍작을 이루었다. 원래는 헥타르당 8~9천 근밖에 생산이 안 되는데 그해에는 1만 2천 근이나 되는 풍작이었다.

용원촌의 경험에 근거하여 아버지는 1964년부터 1965년까지 전 평강벌에 원자 2호를 보급하여 대풍년을 이루어 냈다. 1964년부터 연변 사람들은 서성령 기슭으로부터 비암산에 이르는 이 60리 평강벌을 '만근벌'이라 불렀다.

1965년 전 현의 농업 총산치는 1957년보다 32.5% 증가했고 징구량徵購糧(징은 농업세 징수이고, 구량은 국가가 농민한테서 양식을 매입하는 것을 말함)을 초과 완수했으며 농민들도 식량을 넉넉히 나누어 가질 수 있었다. 중앙에서는 화룡현의 사업 성공을 축하하는 의미로 체코식 지프차 한 대를 보내 주었다.

아버지는 당시 산량이 낮았던 밭농사에도 관심을 기울이고 용하향에 콩 시험전을 만들게 했으며 1965년 8월에 두만강 지역에서 밭농

1964년 어느 농민의 집에서 열린 농업사업 회의. 왼쪽에서 두 번째가 아버지.

사를 하던 숭선공사에서 풍작을 거둔 담배를 서리가 내리기 전에 몽땅 쪄낼 방법을 농민들과 함께 연구하면서 찾아내기도 했다.

화룡현의 농촌과학 실험활동은 1964년 중국과학협회에서 개최한 전국 과학실험경험교류회에서도 소개되었다. 아버지는 어느 특정 지역에서 얻은 경험이나 성과를 전역에 확대시키는 식으로 농업생산을 지도했다.

한번은 명신 7생산대가 논이 많은데 일손이 적어서 모내기가 늦어졌다. 마침 그 마을에 갔던 아버지는 직접 농민들과 생산대 간부들을 모아 놓고 노동력을 적절히 나누었다. 모내기 잘하는 사람은 모내기에 보내고 마을의 모든 사람들이 자신에게 적합한 일을 찾아 할 수 있게 하여 제시간에 모내기를 끝낼 수 있었다.

문화대혁명이 한창 진행되던 1966년에도 아버지는 회의를 소집하여 농업생산을 지도했다. 1966년 5월 18일, 6월 27일, 7월 17일, 7월 20일, 7월 30일, 8월 19일, 9월 8일 그리고 홍위병에 사무실을 점령당하던 10월 4일과 6일에도 추수에 관한 농업회의를 친히 소집하고 간부들에게 임무를 배분했다. 마지막으로 아버지의 사무실에서 소집한 회의는 1966년 11월 23일에 열렸다. 이 회의를 끝으로 아버지는 그렇게 애착을 가지고 지도했던 화룡현의 농업 지도를 더는 맡을 수 없게 되었다. 그토록 가슴아파했던 가난한 화룡 농민들을 돌볼 수 없게 된 것이다.

철창 속에 갇혀 있던 1967년 6월에도 아버지는 나에게 시골에서 모내기를 다 했더냐고 물으면서, 농사일은 제철을 놓치면 큰일인데 하면서 걱정을 하기에 어린 내가 하도 기가 막혀서 아버지를 빤히 쳐다보기도 했다.

문화대혁명 때는 아버지가 실시했던 농업정책을 모두 수정주의, 자본주의라고 비판하며 전부 없애 버렸다. 이로 인해 농민들은 적극적으로 농사일에 달려들지 않았다. 하여 화룡현의 농업생산은 하강세를 탔고 1968년, 1969년까지 연속으로 내려가서 1969년 전 현 농업 총생산액은 아버지가 지도하던 1965년보다 12.1% 떨어졌고 쌀과 콩의 생산량은 1965년에 비해 35.5% 내려갔다.

11장

절대 잊어서는 안 될 문명의 반란

중국은 지금이 당나라 때의 태평성세라고 자부하지만 중국에 그런 시대만 있었던 것은 아니다. 중국 역사에서 문화대혁명 같은 것이 되풀이 되지 않는다는 보장은 어디에도 없다. 또다시 그럴 듯한 수식어를 붙인 혁명이 일어날 수도 있다.

12살 소녀가 노트에 기록한 진실

문화대혁명 때에는 어른이고 학생이고 '역사의 수레바퀴'라는 말을 많이 썼다. 그때에 왜 유난히 이 말을 많이 썼을까 아무리 생각해 보아도 알 수가 없다. 하지만 한 가지 분명한 사실은 그때 역사의 수레바퀴는 확실히 뒷걸음질쳤다는 점이다.

문화대혁명은 인류 역사에 유례가 없을 정도로 문명을 짓밟고 인간의 존엄을 땅바닥에 떨어뜨린 반인간적 · 반문명의 대동란이었으며, 근 10년간 지속된 암흑의 시기였다. 역사의 수레바퀴가 얼마나 뒷걸음질했는지 사학자들은 아마 잘 알 것이다.

이 운동을 일으킨 모택동의 동기가 무엇이었든 그때 중국은 정부기관이 마비되었고, 공안, 검찰, 법원이 밀려났으며, 반란파들이 사방에서 들끓고 불법 행위가 판을 치는 무정부 · 무법의 시대였다. 군인들이 있었지만 마음대로 사람을 잡아가고 때려죽이는 사악한 행위는 통제되지 않았다. 사람을 아무 이유 없이 잡고 죽이는 것이 '대혁명'인 것은 틀림없지만 거기에 왜 '문화'라는 수식어를 사용했을까? 모택동은 아마 총과 포를 쓰지 않는 '혁명'이 될 거라고 예상했던 것 같다.

하지만 아이러니하게도 '문화' 대혁명은 무력으로 사람들을 제압했고 총으로 사람들을 죽였다. 연변이란 이 작은 지방에서만 많은 사람들이 사살되었다. 소름끼치는 1967년 8.2와 8.4사건(1967년 8월 2일과 8월 4일에 연길시의 〈노혁회〉 계통과 〈홍색〉 계통 두 파벌단체 간에 격렬한 충돌이 발생한 사건—편집주)에만 오십여 명이 총탄에 희생되었고 백삼십여 명이 불구가 되거나 부상을 입었다. 이게 어찌 '문화'란 말인가?

문화대혁명 기간 연변에서는 3,000여 명이 목숨을 잃었고 5,000여 명이 큰 부상을 당하거나 불구자가 되었으며, 직접 끌려나와 투쟁鬪爭(이 용어는 문화혁명 중에 폭로, 규탄을 받는다는 뜻으로 쓰였으며, 정신적 유린과 타격뿐만 아니라 신체적으로 매를 맞고 고문을 당한다는 의미이다)을 받은 사람들이 2만여 명이었고 직접 연루된 사람들이 10여만 명이었으며 간접적으로 연루된 사람까지 따지면 몇 십만 명에 달했다. 인구가 170여만 명 밖에 안 되는 연변에서 네 명 중 한 명이 피해를 당한 것이다. 이처럼 참담한 상황은 아마 전 중국에서도 찾아보기 어려울 것이다.

1970년대 말 북경에서 대학을 다닐 때 모택동이 생전에 거주했던 중남해를 동창들과 함께 방문한 적이 있었다. 모택동이 살던 집은 북경의 여느 고대 건축물과 흡사했다. 이곳저곳을 참관하던 중 내가 놀란 것은 모택동의 어두컴컴한 서재를 보았을 때였다. 고전 서적들, 중국의 옛날 역사, 특히 봉건 왕조들의 역사들을 다룬 책들로 꽉 차 있었다. 얼핏 보기에도 모두 그런 책들이었다.

옛날 중국의 궁정 정변과 음모를 많이 연구한 모택동은 역사에서 교훈을 배워 자신의 권력을 지키려고 이 운동을 벌였는지도 모르겠다. 하지만 문화대혁명은 수억 명의 중국사람들에게 큰 재앙을 가져왔고 또 모택동 자신에게도 큰 수치였음은 누구도 부인하지 못할 것이다.

모택동은 다른 중국의 지도자들과는 다르게 순수한 중국산이었다. 그는 단 한 번 소련을 방문한 것 외에는 외국 땅을 밟아 본 적이 없었다. 주은래, 등소평, 진의, 주덕 등 다른 지도자들은 모두 유럽에서 공부한 유학파들이었다.

모택동은 자신과 같이 중화인민공화국을 세운 건국 영웅들과 동지, 부하들에게 '자산계급 사령부를 타도하자'는 명목으로 포문을 열었다. 류소기, 진의, 하룡, 팽덕회, 도주 등 많은 장군들과 쟁쟁한 혁명 지도자들이 문화혁명 첫 2년 동안 비참하게 죽었다. 등소평은 그나마 용케 살아남은 사람 중 하나였다.

세상을 오래 산 어른들은 이게 무슨 난린가 하고 치를 떨었고 세상을 겨우 알게 된 어린이들은 매일 같이 터지는 무시무시한 사변과 사건들 속에서 혼란스러운 소년기를 보내야 했다.

나는 12살 때부터 문화대혁명을 겪은 뒤 12년이 지난 1978년 북경에서 대학 공부를 할 때, 어릴 적 쓴 일기장을 "잊지 말기 위한 기록"이란 제목으로 노트 하나에 정리해 놓았다. 생각하기조차 싫어서 잊고 싶지만 그렇게 잊히면 안 되겠기에 적어 두었다. 비록 세월이 지나도 잊어서는 안 될 사건들은 그런 식으로라도 반드시 기억해야 한다.

12년이 세 번 더 지난 지금 문화대혁명을 돌이켜 보면 모든 것이 한 폭의 희미한 낡은 그림처럼 색채도 형태도 보이지 않았다. 부랴부랴 그 낡은 노트를 찾아보았다. 다시 가슴이 뭉클하고 저도 모르게 눈물이 흘러 내렸다. 회한의 눈물이었다. 그동안 잊고 지낸 세월이 원망스러웠다. 48년 전에 그나마 일기라도 적어둔 것이 얼마나 다행인지 몰랐다.

그렇다. 잊지 않으려 애써도 지난 일들은 잊히기 마련이다. 그 사실이 왠지 안타깝기 그지없다. 역사의 흐름 속에도 그 엄청난 일들이 아예 일어나지조차 않은 것처럼 얼렁뚱땅 묻히는 것이 원통하다. 더욱이 우리 후손들이 그 암흑의 역사와 진실을 모르게 될까 봐 두렵다.

중국은 지금이 당나라 때의 태평성세라고 자부하지만 중국에 그런 시대만 있었던 것은 아니다. 중국 역사에서 문화대혁명 같은 것이 되풀이 되지 않는다는 보장은 어디에도 없다. 또다시 그럴 듯한 수식어를 붙인 혁명이 일어날 수도 있다.

법도가 사라진 무정부 상태에서 인간들은 본래 악할 뿐임을 여실히 보여 주었다. 문화대혁명은 마치 하나의 큰 무대와 같았고 가지각색의 사람들은 그 무대 위에서 아무런 가림도 포장도 없이 본래의 성품을 다 드러내 보였다. 조선족을 포함한 중국사람들은 평소의 포장과 가면을 다 벗어버리고 문화대혁명이란 무대 위에서 자신들의 본래의 모습을 적나라하게 드러낸 셈이다. 그것도 혁명이란 기치를 들고서.

문화대혁명이 끝난 후 금방 무대 위에서 내려온 그들을 다시 만났을 때 다시 점잖게 꾸민 모습을 보고 놀라움을 금치 못했다. 반란파들은 문화대혁명을 프랑스대혁명과 곧잘 동일시했다. 문화혁명을 겪은 후 대학에서 교수들이 프랑스대혁명에 대해 얘기할 때마다 나는 가슴이 오그라드는 공포를 느꼈다. 어린 소녀시절에 벌써 혁명이 얼마나 끔찍한 것인지를 뼛속 깊이 알아버렸기 때문이다.

민족정풍이 사악한 폭풍처럼 연변을 휩쓸고 지나갔다면 문화대혁명은 연변에 그야말로 피바람을 몰고 왔다. 그때 이미 철들고 예민한 사춘기 소녀였던 필자는 이제 그 시대의 산증인으로 이 글을 쓸 수 있게 되었다. 거의 50년이 지난 지금이지만 그때를 생각하면 벌써 온 몸에 소름이 돋고 악몽 속에 들어와 있는 것 같아 한동안 괴로움에서 벗어나기 힘들었다.

그때 나는 세상의 질서가 사라지고 하늘과 땅이 뒤집혔다는 그런 느낌을 온몸으로 체험했다. 지금도 눈을 감으면 그때의 그림들이 한 폭씩 지나간다. 광란하던 반란파들, 뒤죽박죽이 된 세상이 좋다고 날뛰던 건달 잡배들, 무리지어 다니며 소리치고 돌을 던지던 아이들, 팔을 쳐들고 구호를 부르던 수백 명의 학생들…….

방안 구석에 쭈그리고 앉아 밤마다 눈물과 공포로 적었던 나의 일기를 볼 때마다 내가 어떻게 그렇게 살 수 있었을까 하고 스스로 놀라기도 한다. 나의 동생 영춘이는 다 깨진 새둥지 같은 집에서 어떻게 살아남았을까 신기할 정도이다.

철창 속에 갇힌 아버지

1966년 6월 중순, 아버지가 장춘에 가서 회의에 참가하고 돌아온 후 저녁식사를 마치고 신문을 보면서 어머니와 나지막한 목소리로 이런 이야기를 하셨다.

"이번에 성에 가서 5.16 통지를 전달받았는데 이것이 문화대혁명을 진행한다는 통지라오. 성위에서 조직하여 길림대학 등 단위에 가서 참관하게 했소. 그런데 내가 무엇을 보았는지 아오? 길림대학 총장은 백발이 성성한 장정長征 간부였는데 허리를 땅에 닿게 굽히고 투쟁을 받고 있었소. 이게 무슨 일인지 모르겠구만. 늙어서 쓸모없으면 퇴직시키면 그만일 건데 왜 이렇게 하는지 모르겠어요. 장춘의 오늘이 화룡의 내일이 아니겠소?"

나는 그때 초등학교 학생이었는데 한참 학교에서 삼가촌三家村 비판('삼가촌'은 문화혁명이 만들어 낸 첫 번째 억울한 안건이다) 활동에 참가하고 있었다. 아버지의 말씀을 듣고 '문화대혁명'이란 단어에 마음이 쏠렸다. 나는 일기에 "혁명에 직접 참가할 수 있는 건 좋은 일인데 어른들은 무엇 때문에 걱정을 하는 거지?" 하고 적었다.

문화혁명이 끝날 무렵에 쓴 아버지의 '검토문'에도 위와 비슷한 이야기가 있었다.

> 9월에 또다시 성에 갔다가 장춘공업대학에서 당위 서기를 투쟁하는 모습을 보았다. 그분은 그 대학에 온 지 1년도 안 되는 소장 출신의 제대군인이었다. 당시도 낡은 군복을 입고 있었는데 고깔모자를 쓰고 땅에 무릎을 꿇고 앉아서 투쟁을 받고 있었다. 학생들이 적발하는 내용을 들어 보니 별 큰 문제도 아닌데 삼반 분자(반당, 반사회주의, 반모택동 사상)라고 했다. 나는 그때 전쟁의 포화 속에서 혁명을 한 사람들이 반혁명 분자들이면 해방 후 온실에서 자란 화초 같은 학생들은 혁명가인가? 문화혁명을 왜 이렇게 하는 건가? 당의 지도를 포기하고 군중이 자발적으로 하라고

하니 어찌된 건가 하면서 이번 운동에 대한 불만과 두려움이 마음에 가득했다.

성위에서 돌아온 나는 신문을 보고 있는 어느 국장에게 "어디 전쟁 소식은 없소? 아예 전쟁이라도 나면 우리 같은 집권파들도 살기 편해지겠는데 말이오"하고 볼멘소리를 했다.

1966년 6월 27일에 아버지는 화룡 현위 문화혁명 지도소조小組의 조장이 되어 화룡의 문화혁명을 지도하게 되었다. 그때만 해도 나는 아버지가 엄청 자랑스러워 보였다. 내 기억으로는 그때 아버지가 각 문화교육 단위에 공작대를 파견했는데 화룡고중에는 박 교장이 갔었다. 그때는 아버지가 엄청 바빴다는 기억밖에 없다. 나는 당시 문화혁명에 별로 큰 관심이 없었다.

그해 8월 18일에 북경 천안문광장에서 모택동이 전국의 홍위병 대표들을 접견했다는 소식이 전해져 나와 학급 친구들은 모두 마음이 설레었다. 일기장에 그때의 흥분을 적기도 했다. 9월 5일에는 중앙의 지시가 내려왔다.

"외지의 혁명적 교원들과 학생들을 조직하여 북경에 와서 혁명적 운동을 순례하도록 권장하는" 내용이었다. 여기에 숙박비와 교통비를 정부가 부담한다는 것도 첨부되었다. 화룡을 비롯한 전 연변의 학생들은 북경과 외지로 떠나기 시작했다. 초등학생이어서 갈 수 없게 된 나는 정말 속상했다.

9월 중순부터 화룡의 학생들이 모두 떠나겠다고 난리가 났다. 그때 아버지는 주에서 전달한 주은래 총리의 지시를 받았다. "철도운수에 어려움을 주기 때문에 여러 조로 나누어 가라"는 내용이었다.

아버지는 각 학교에 조를 나누어 가라고 지시했고 화룡의 학교들에서는 질서 있게 학생들을 북경에 보냈다. 그때까지만 해도 아버지는 권력을 행사할 수 있었다.

그런데 학생들이 북경에서 모택동의 접견을 받은 후인 8월 26일부터 팔에다 붉은 완장을 낀 홍위병들이 화룡 거리를 채우기 시작했다. 임표林彪(문화혁명이 터지자 그는 중국의 제2인자가 되었다. 1970년 강청파와의 권력 투쟁 때문에 모택동과의 관계가 나빠졌고 1971년 9월 13일에 돌연 사망했다)가 천안문에서 "네 가지를 타파하라"고 호소했기에 홍위병들은 소위 낡은 사상, 낡은 문화, 낡은 풍속, 낡은 습관을 모조리 쓸어버린다는 활동을 진행했다.

나는 아직도 똑똑하게 기억하고 있다. 어느 일요일 날 화룡의 홍위병들이 가정교회 집회를 하고 있던 십여 명의 조선족 기독교 신자들을 학교 광장으로 끌고 나와 투쟁을 했으며 그들의 집을 수색해서 찾아낸 성경책, 색깔 있는 예수의 그림, 그 외에도 악보가 적힌 책들(지금 생각하면 찬송가였음)을 사람들 앞에서 태웠다. 그리고 기독교 신자들의 머리를 남녀를 불문하고 보기도 흉측하게 마구 깎았다.

8월부터 연길에서 반란파 조직들이 생겨났고 9월부터는 주당위나 주정부가 더는 문화혁명 운동을 제어할 수 없었다. 연길에 "주덕해를 포격하자!", "주덕해를 불사르자!"는 대자보가 붙었다. 그해 10월 말부터 외지로 떠돌아다니던 학생들이 계속 연변으로 돌아와서 혁명은 폭력이라고 공공연히 떠들기 시작했다.

그해 가을, 당시 연길 현위 부서기였던 남홍열은 이웃 현이었던 화룡현으로 출장 와서 아버지를 조용히 찾아왔다. 두 분은 날벼락같이 찾아온 문화혁명에 대한 혼란스러운 마음을 서로 주고받았다.

"이게 도대체 어떻게 된 거요? 여기 상황은 지금 어떻게 돌아가고 있소이까?" 남 서기가 물었다. "나도 도저히 모르겠소. 전혀 알 수 없는 이상한 형국이요."

아버지는 어이없다는 듯이 한숨을 내쉬었다. 곧 닥쳐올 재난에 대한 불안감을 떨치지 못하고 두 분은 작별인사를 하면서 누구에게도 만났다는 얘기를 하지 말자는 약속까지도 했다.

11월이 되자 집안 분위기가 싸늘해졌다. 10월 10일부터 당중앙 부주석인 류소기와 등소평은 임표에 의해 '주자파走資派'(자본주의 길로 나가는 집권파의 준말)로 낙인찍혀 비판을 받았고 그들의 반동 노선이 아래까지 내려왔다. 당중앙 부주석이 자본주의 길로 가는 집권파니 현위 서기는 필연코 같은 무리라고 했다. 중앙에서 만들어 낸 반동 노선을 현위 서기가 충실히 집행했기 때문이라는 이유였다. 류소기劉少奇도 타도하는데 현위 서기도 당연히 타도해야 한다는 대자보가 길거리에서 보였다.

문화혁명이 시작된 그해 여름부터 아버지는 낮에는 사무실에 가서 운동에 관한 일들을 처리하고 저녁 늦게 집에 돌아오면 한밤중까지 전화통을 붙잡고 각 시골 인민공사(지금은 향이라 하는데 화룡현에는 10개의 향이 있다)에 연락하여 농업생산 정황을 알아보고 지시를 내렸다. 그런데 전 현 방방곡곡이 날로 엉망이 되어갔다. 각 공사 서기들도 붙잡혀 투쟁받기 시작한 것이다.

11월 중순부터 각 학교의 학생들이 매일 현당위와 현정부 사무실에 쳐들어와서 사무실들과 서류들을 봉하고 아버지를 에워싸고 공격했다. 아버지의 첫 죄명은 "홍위병들이 외지에 가는 것을 막았다"는 것이었다. 아버지는 홍위병으로부터 조직 당안檔案을 목숨 걸고 지키라고 현위 간부들에게 지시를 내렸다.

아버지의 다음 죄명은 "공작대를 파견하여 혁명의 불씨를 끄려 했고 군중 운동을 진압했다"는 것이다. 홍위병들의 기세는 점점 대단해졌고 현위 서기는 아예 안중에도 없었다.

얼마 후 류소기에게 '삼반' 죄목이 씌워졌고 자연스레 아버지도 '삼반 분자'가 되었다. 길가에 아버지가 삼반 분자라는 죄명이 적힌 대자보가 있어서 내가 베껴 왔었다. 그 대자보에는 이런 내용이 있었다.

> 1965년 농촌 출장에서 다녀온 김명은 현위건물벽 밖에 크게 써진 모택동 주석의 어록을 보고 "이것은 형식주의다"라고 말했다. 김명은 농촌에서 청년들이 일하기 전에 모택동의 《우공이산愚公移山》이라는 저서를 학습하는 것을 두고도 "이런 교도주의와 형식주의를 막아야 한다"고 했다.

그때부터 아버지는 화룡 영화관에서 투쟁을 받았다. 전 화룡 시내의 거리와 골목에까지 "현당위를 포격하자!", "김명을 타도하자!"라는 구호들이 붙었고 아버지는 졸지에 혁명의 적이 되었다. 아버지는 밤늦게야 집으로 돌아왔는데 어떤 때는 밤중에도 학생 반란파들에게 끌려갔다.

1967년 1월에 신문과 방송에 "상해 1월 혁명폭풍"이라는 말이 떠돌았다. 상해의 반란파들이 상해시 당위와 시정부의 권리를 전부 박탈하고서는 그것을 높이 찬양하는 일이 일어난 것이다. 그때는 전국 각지에서도 이것을 본떠서 자본주의 길로 나아가는 집권파들 손에서 정권을 빼앗으라고 방송에서도 호소하기 시작했다. 당시 나는 일기에

'이런 폭풍이 너무 무섭다'고 적었다. 아버지는 며칠만에 권력을 빼앗기고 정식으로 철창에 갇혔다.

1967년 2월 중순에 화룡의 공농학工農學 혁명반란파들이 화룡현의 당정 기관을 장악했고 3월부터는 군인들이 군사 통제를 실시하여 현당위, 현인민정부, 검찰원, 법원 등에 대한 통제를 실시했다.

당시 비록 법적 개념이 전혀 없던 어린 소녀였지만 아무런 조사도 없고 단죄할 증거도 보여 주지 않으며 상급의 비준도 없이 광복 전부터 혁명에 참가한 노간부인 아버지를 붙잡아 가두는 것이 너무도 이상하고 납득이 되지 않았다.

아버지가 철창에 갇힌 그해 1월부터 나의 모든 감각이 별안간 칼날처럼 예리해졌다. 혁명의 대상이 된 아버지와 어머니, 더욱이 철창 밖의 소식을 제대로 접할 수 없는 아버지를 대신해서 세상이 어떻게 돌아가는가를 알아야 되겠다고 결심했다.

그 당시 아주 드물게 초등학교 5학년부터 중국인 학교를 다닌 나의 한문 실력은 수준급이었다. 학교 공부라면 무조건 으뜸이었던 나는 모든 한문 대자보를 술술 읽었고 한문으로 된 〈인민일보〉와 전국 각지에서 전해온 전단지들을 마음대로 읽을 수 있었다. 그때부터 나는 아버지의 눈과 귀가 되었고 아버지를 보살피는 보호자가 되었다.

1967년 첫 두 달은 아버지가 학생들에게 끌려가 화룡고등학교에 갇혔다. 그 학교와 우리가 살던 집은 화룡 시내의 두 끝자락에 자리잡아 거리가 적어도 2~3리는 되었다. 학생반란파들은 가족들에게 아버지의 밥을 나르게 했다. 나는 그 추운 1월과 2월에 아버지께 매일 하루 세 끼를 갖다드렸다. 음식이 식을까 걱정되어 큰 광주리처럼 짠 가방 안에 솜으로 된 방석을 깔고 음식 위에 작은 솜 담요를 덮어서 날랐다.

저녁밥은 되도록 일찍 날랐다. 너무 어둡기 전에 돌아오려고 애썼으나 겨울의 낮은 짧아서 내가 집에 올 때는 항상 캄캄했다. 가로등도 별로 없는 길에서 12살밖에 안 된 나는 그 큰 가방을 들고 뛰어서 집으로 돌아왔다. 온몸이 흠뻑 젖어 있어도 힘든 줄 몰랐다. 음식을 드시지 않는 아버지가 걱정될 뿐이었다. 음식을 드시지 않으면 어떻게 허리를 굽히고 투쟁을 받겠는가 하는 근심뿐이었다. 아버지가 드시지 않으면 옆에 앉아 눈물을 흘렸다. 그걸 본 아버지는 하는 수 없이 약을 삼키듯이 몇 숟가락 드시곤 했다.

그때는 나처럼 어린 나이에 식구들의 밥을 나른 어린이들이 많았다. 나의 올케지옥자의 친정아버지는 연길현 은행 행장이었는데 문화대혁명 때 반란파들에게 붙잡혀 감금되었다. 올케의 어머니는 연길 현위 부녀연합회 주임이었는데 문화혁명 전에 전국 부녀대표대회에 참석했을 때 류소기와 함께 기념사진을 찍은 것이 죄가 되어 감금당한 것이다.

여덟 살밖에 안 되었던 올케는 연로한 할머니가 지으신 밥을 아버지와 어머니에게 날랐는데 밥을 가져가도 반란파들이 부모님 얼굴도 보지 못하게 할 뿐 아니라 밥 속에 무슨 쪽지라도 파 묻었는가 하며 밥을 파헤치는 바람에 공포에 떨어야 했다. 연로한 할머니가 외동아들인 지 행장을 만나려고 직접 찾아갔는데 면회를 허락하지 않아 헛걸음을 한 후 돌아가는 길에서 슬프게 울기도 했다.

1967년 3월에 현위 기관 간부들도 혁명에 나섰다. 그들은 각기 파벌 조직을 만들었다. 자신들의 운동 방향이 정확함을 보여 주려고 모두 다 자본주의 길로 나가는 집권파를 타도한다는 기치를 들었다. 하여 학교에 갇혀 있던 아버지와 현위 부서기 한 명, 김세균 현장 세 사람이 현당위로 끌려와 갇혔다. 현위 기관 간부 반란파들은 대낮에는 현위 구락부(현위 강당)에서 비판투쟁대회를 열고 저녁이면 아버지 등 세 명을 화룡시내 제일 큰 백화점 앞에 끌고 가 야간 비판을 했다.

1967년 4월 12일에 현위의 반란파들은 노동자 및 학생 반란파들과 연합하여 주덕해와 아버지를 타도하려는 '홍색'이라는 이름의 조직을 만들고 군사통제위원회의 지지를 받으며 "현위를 포격하자!"는 비판투쟁대회를 열어 아버지를 시작으로 현위 간부들을 투쟁했다.

이때부터는 류소기 반동 노선만이 문제가 아니었다. 이제는 정말 무서운 함정 속으로 빠지기 시작했다. 아버지를 주덕해와 한 끈으로 묶어서 몰아붙이기 시작했다. 연변의 문화혁명은 주덕해가 기준이 되었다. 주덕해와 친한 사람은 망하고 주덕해를 반대하는 사람은 살아남는 판이 되었다. 그런데 주덕해의 충실한 부하였고 주덕해의 높은 덕망을 한평생 우러러 보아온 아버지는 죽는 한이 있더라도 결코 주덕해를 배신하지 않았다. 그때부터 아버지는 문화혁명이 끝날 때까지 주덕해와 함께 깊은 나락으로 추락했다.

아버지가 납치당하다

1967년 5월까지 나는 아버지에게 하루 세끼 밥을 나를 수 있는 행운이 있었다. 그때는 동란 중이어서 학교도 문을 닫았다. 매일 시내에 있는 국영식품 상점들이 문도 열기 전에 일찍이 줄을 서서 냉동 생선과 약간의 부식품을 샀다. 그때는 모든 필수품이 모자랐고 돈이 있어도 구입하기 힘들었다. 장을 보고는 화룡백화점 앞에 세워져 있는 대자보란에서 매일 새로 나오는 대자보를 처음부터 끝까지 읽어보는 것이 나의 일과였다. 비가 오나 바람이 부나 하루도 거르지 않았다. 집에 돌아오는 길에는 대자보의 내용들을 종합하고 줄거리를 머릿속에서 정리했다.

아버지가 점심밥을 드시면 아버지 옆에 바싹 달라붙어 앉아 반찬을 떠 드리는 척하면서 아버지의 귓가에 대고 그날에 본 내용을 알려 주었다. 거기에 운동의 발전 추세까지 보태어 전했다. 중국 전체가 다 혼란에 빠졌고 붙잡혀 고생하는 사람이 수천 명이 되니까 아버지 혼자라는 생각에 억울해하지 말고 힘내시라는 것을 말하고 싶었다. 그리고 내가 본 상황 추이에 따라 전국의 형세가 어떻게 돌아간다는 것까지 알려드렸다. 아버지가 가장 관심을 두는 일은 주덕해의 처지였다. 4월 17일에 주은래 총리가 주덕해를 보호하려고 북경에 모셔갔다고 알려드리자 아버지는 길게 안도의 한숨을 내쉬면서 나의 작은 손을 꼭 잡아 주었다.

그때까지만 해도 아버지가 갇혀 있는 방은 철창은 없었고, 커다란 사무실 안에 세 명의 간부들을 같이 가두어 두고 방문 앞에 두 사람이 걸상에 앉아 지키는 정도였다. 다른 두 간부들의 가족들은 거의 스무 살 정도 되는 자식들이 밥을 날랐다. 12살밖에 안 되고 키가 아주 작았던 어린 계집애라고 반란파들은 내가 아버지 옆에 앉아 있어도 별로 신경 쓰지 않았다. 아버지는 매일 내가 오기를 기다렸다. 투쟁을 맞고 기진맥진해서 두 어깨를 늘어뜨리고 침대에 앉아 있다가도 방에 들어오는 나를 보면 입가에 얕은 웃음까지 띄우고 반가워하셨다.

그때 연변은 세 개 파로 파벌이 나뉘어 격렬하게 싸우고 있었다. 서로가 자신들이 진정한 좌파, 반란파라고 우겼다. 주덕해 문제를 둘러싼 이 조직들의 대립은 점차 날카로워졌다. 처음에는 대자보나 선전방송으로 상대방을 공격하다가 5월부터는 파벌 간에 무력충돌이 자주 일어났다. 화룡에서도 세 개 파로 갈라져 싸웠는데 그중 두 개 파는 아버지를 보호하고 한 개 파는 아버지를 타도하는 파였다.

중립을 지키던 군대들도 상급의 지시대로 좌파를 지지한다는 형식으로 문화혁명에 참가했다. 군대가 주에서부터 각 현까지 주덕해 타도파를 지지하니 화룡에서도 군사통제위원회에서 아버지 타도파를 지지하기 시작했다. 그때 각파들은 집권 세력을 수중에 넣거나 혹은 자기들이 세울 혁명위원회에 결속시키려고 안간힘을 다하고 있었다. 그때 타도파가 아버지를 현당위 청사에 감금하고 있었고 현당위 대문 앞에는 군인들이 보초를 서고 있었다.

1967년 6월의 어느 날 새벽 5시도 안 된 시간에 현위의 반란파들이 우리 집에 들이닥쳐서 아버지를 내놓으라고 윽박질렀다. 어머니는 그 자들이 아버지를 때리고 우리한테 트집 잡는 자들이라는 생각이 들자 화가 나서 큰소리로 이렇게 말했다.

"내 남편을 너희들이 감금하고 있지 않았느냐? 어찌 우리한테 와서 찾느냐!" 그러자 그자들은 큰소리로 욕지거리를 하더니 가버렸다.

우리가 부랴부랴 같이 갇혔던 다른 간부들의 집에 가서 알아보니 그 사람들도 아버지와 함께 보호파에게 납치되어 갔다는 것이었다. 그날 오전 9시쯤에 귀청이 째지듯이 요란한 고음 스피커 방송소리가 들리기에 큰길로 달려가 보니 납치되었던 세 사람 모두 트럭 위에 묶여서 조리돌림을 당하고 있었다. 억울하게 납치당한 사람들을 죄인으로 모는 기가 막힌 세상이었다.

후에 들은 일인데 그 전날 야밤 12시경에 보호파 학생들이 현당위 담벽을 타고 넘어와 집권파들이 감금된 2층 방에 들어왔다. 방문으로 나가면 군인들에게 발각될까 봐 그들은 준비한 밧줄로 한 사람씩 묶어서 창문을 통해 밖에 내려 보냈다. 그러고는 이 세 사람을 끌고서 산으로 올라갔다.

그때는 새벽이슬이 많은 시간이어서 산길을 걷다 보니 옷이 젖어 학생들은 불을 피워 옷을 말렸다. 정말 아무런 경험이 없는 풋내기들이었다고 훗날 아버지는 말했다. 불을 피워 발각되니 학생 반란파들은 걸음아 날 살려라 하고 줄행랑을 쳤다. 그러니 산속에 남겨진 세 사람은 스스로 산을 내려왔는데 그곳 지형을 잘 아는 아버지가 농촌 간부 집에 찾아가 공사에 가서 보고하라고 시켰다. 이렇게 되어 세 명은 모두 다시 잡혀온 것이었다.

영문도 모르고 납치되어 갔다가 스스로 찾아 돌아온 아버지는 현위에 돌아오자마자 보호파와 결탁하고 도망갔다는 죄명을 쓰고 또 한 차례 수난을 겪어야 했다.

아버지와 같이 잡혀갔던 누군가의 부인은 납치한 자들이 아버지를 보호하는 조직이라는 것을 안 다음, 얼씨구나 좋은 기회라고 생각하고 미친 듯이 거짓말을 했다. 그녀는 아버지가 이 사건을 미리 알고 있었고 배후에서 지휘했다고 떠벌렸다. 그 증거는 나의 어머니김연순가 남편을 보호파들과 함께 도망치게 하려고 사전에 딸을 시켜 식량권 60근과 현금 40원을 아버지에게 전했다는 것이다.

이 일로 아버지와 어머니가 한바탕 매를 맞았다. 딱딱한 책이 든 가방으로 아버지와 어머니의 머리를 내리치고 발로 허리며 배를 무차별로 차고 주먹으로 얼굴을 때렸다. 그리고 어머니에게 죄를 승인하라고 강요했다.

평소에 싹싹하고 친절하던 어머니는 버럭 화를 내면서 그 여인과 직접 대면을 하자고 죽을 힘을 다하여 요구했다. 현위 기관당위 서기였던 어머니가 무섭게 화를 내니 현위의 간부 반란파들도 하는 수 없이 그 여인을 불러와서 대면을 시켰는데 눈이 빨갛게 상기된 어머니의 성난 모습을 보고 그 여인은 말 한 마디 못하고 도망쳤다. 사실은 당시 반란파들은 그 여인이 거짓말을 하는 줄 이미 알고 있었다.

반란파들은 아버지에게 거짓 누명을 씌운 줄 뻔히 알면서도 엿새 동안 부모님을 괴롭히고 때렸다. 그러고는 자기들끼리는 "김명이 이렇게 줏대가 센 줄 몰랐다"고 혀를 내둘렀다. 밤새도록 아버지를 때리고 나서 피곤하니 아버지 지갑에 있는 돈과 식량권으로 과자를 사서 실컷 먹어 댔다.

이 납치 사건이 생긴 후 아버지한테 밥을 가져갔는데 아버지의 이불 짐이 보이지 않았다. 그래도 자꾸 물어보면 누가 될까 봐 잠자코 있었다. 그 다음날 아침밥을 들고 가니 갇혀 있던 사람들이 보이지 않아 마음이 불안했는데 조금 기다리니 그분들이 식사하러 왔다. 그런데 세 사람 모두 온몸에 먼지를 뒤집어쓰고 있었다. 내가 아버지에게 어디에서 주무시느냐고 가만히 물으니 아버지는 천정을 가리켰다. 아, 그제야 나는 알게 되었다. 그분들은 참새들처럼 현위 청사 천정 안의 작은 공간에 숨어 지냈던 것이다.

이런 생활이 20여 일 지나고 7월이 되었다. 나는 아버지가 좋아하시는 냉채와 녹두죽을 만들어 아버지를 만나러 갔다. 그런데 반란파들이 나를 들어가지 못하게 막으면서 아버지가 안에 없으니 이제는 밥을 나르지 말라고 했다. 내 아버지가 어디에 있냐고 애타게 물었는데 그들은 얼굴을 찡그리고 못 들은 척했다. 그날 나는 정말 힘이 빠져서 집으로 겨우 돌아왔다. 다리가 천근이 된다는 느낌이 어떤 것인지 그때 생생히 알게 되었다. 무슨 일이 생겼을지 몰라 우리 식구들은 가슴을 졸이면서 밤낮으로 아버지 걱정만 했다. 이 세상에 살아 있기나 한지도 모르고 지내던 한 달은 정말 길고 길었다.

그러다가 8월 초 어느 날 반란파들이 밥을 가져오라는 소식을 전해 왔다. 우리는 미친 듯이 기뻤다. 아버지가 살아 있다! 그거면 된 거지. 나에게는 힘이 솟아났다.

내가 밥을 들고 아버지께 달려갔는데 아버지를 보고 깜짝 놀랐다. 아버지는 한 달 사이에 무섭도록 많이 변해 있었다. 얼굴은 희다 못해 시퍼렇게 보일 정도로 창백했고 머리와 수염이 길어서 영화에서 본 원시인 같았다. 사실 반란파들은 집권파를 다시 다른 조직에게 빼앗길까 봐 백두산 원시수림 속에 끌고 가 장막에서 감시하며 지내게 했다. 낮에는 벌레와 뱀들이 장막 안에 마음대로 출몰하고 밤이면 늑대와 곰이 와서 공격했다고 한다. 후에 가지고 간 식량이 떨어지니 반란파들은 아버지 일행을 다시 끌고 돌아왔다는 것이다.

산에 들어갈 때 차가 통하지 않는 백두산 원시림에서 며칠 밤낮을 걸어서 갔다고 하기에 내가 산에서는 어떻게 지냈는지 물으니 아버지가 흐뭇하게 웃으면서 나지막한 목소리로 "너무 좋았단다. 여기서 투쟁 받는 것보다 훨씬 좋았다"라고 하셨다. 그리고 Y자형 나뭇가지로 만든 시루다리를 나에게 주며 "산에서 곰에게 먹히지 않고 이런 기념품까지 가지고 왔다"고 말씀하시면서 싱긋 웃었다.

괴짜

문화대혁명 때 화룡 사람들은 물론 연변 사람들 특히 연길시에 살던 이들은 아버지의 이름 석자를 모르면 간첩이었다. 민족정풍 전에 자치주 당위원회 상무위원으로 중책을 가지고 있을 때보다 더 유명해진 이유는 김명이란 사람이 연변에서 제일 완고한 주덕해의 '보황파保皇派'였기 때문이었다. 김명이란 이름만 나오면 "아, 그 끈질기게 주덕해를 보호하던 고집 센 사람을 말하는구만" 하고 말할 정도였다.

연변의 문화대혁명은 주덕해를 타도하는 것으로부터 시작되었다. 그것은 모택동의 조카인 모원신毛遠新이 모택동의 부인 강청江青의 명을 받고 하얼빈 군사공정학원 홍색반란단에 속한 몇 명의 학생들을 이끌고 1967년 1월 연변에 온 후부터였다. 강청은 원래 1930년대 말에 염문을 많이 뿌린 상해의 3류 영화배우였다. 아버지의 말을 빌면 "문화혁명 전까지만 해도 찍소리도 못하고 살던 여자가 문화혁명이 일어나자 별안간 뛰어나와 쥐락펴락하는 지도자가 되는 한심한 일이 생겼으니 정말 기막힐" 노릇이었다.

모원신은 오자마자 "연변은 반드시 크게 혼란해져야 한다", "권력을 탈취하는 것이 우리의 목적이다"라고 떠벌렸다. 1967년 1월 30일부터 5월 4일까지 "연변의 대동란을 환호한다"는 등의 글을 써서 전 연변에 살포하고 "진정한 좌파를 식별하는 표준은 주덕해를 비판투쟁하며 주덕해를 끌어내리려는 기백이 있는가 없는가에 달려 있다"고 선동했다.

그때 모원신의 권세는 실로 어마어마했다. 모두들 그를 "동북의 태상황太上皇"이라 불렀다. 모원신은 "주덕해를 타도하고 전 연변을 해방하자"는 구호를 제기했다. 그리고는 "크고 작은 '주덕해들'을 몽땅 잡아내 여지없이 투쟁해야 하며 그들이 권력을 잡고 있는 문제를 해결해야 한다"고 했다. 그렇게 하려고 그 자는 주덕해를 '반역자', '특무', '매국 역적', '지방민족주의 분자'라고 모함하고 주덕해의 영도를 받으며 사업하여 온 간부들을 '검은 졸개'라고 모욕했다.

너도나도 줄을 잘 서려고 주덕해를 타도하는 무리에 끼고자 온갖 노력을 다했다. 궁지에 처한 한 사람에게 뭇사람들이 달려들어 공격하고, 무너지는 담을 모여들어 미는 기세였다.

1967년 3월 초였다. 그날도 현정부 강당에서 아버지에 대한 투쟁대회가 열리는 날이었다. 들러리 서서 함께 비판받는 어머니가 집에 돌아오면 내가 아버지께 밥을 가져가곤 했는데 그날따라 늦도록 어머니가 집에 오시지 않았다. 걱정되어 내가 살그머니 강당에 가보았다. 강당 안은 그리 크지 않았다. 강당 제일 앞에 아버지가 가는 철사로 묶은 무거운 개패를 목에 걸고 걸상 위에 허리를 숙이고 서 있었다. 족히 4~5시간은 지났다. 아버지의 얼굴은 오랫동안 거꾸로 숙여진 탓에 벌겋게 부어 있었고 땀은 땅에 뚝뚝 떨어졌다.

어떤 사람이 아버지에게 이렇게 물었다. 그 사람 얼굴은 보이지 않았지만 목소리는 똑똑히 들렸다.

"김명, 한 가지 묻고 싶다. 주덕해는 어떤 사람이냐?"

"주덕해는 주위 서기이고 중앙후보위원이며 부성장이요."

아버지가 천천히 대답했다. 그러자 짝 하는 소리가 나서 보니 어떤 하급 간부가 아버지 따귀를 사정없이 쳤다.

그다음부터 나는 두 손으로 얼굴을 감싸고 머리를 숙인 채 듣기만 했다. 무서워서 도저히 눈으로 볼 수 없었다. 아까 묻던 사람이 다시 화가 치민 목소리로 물었다.

"내 다시 물으마. 주덕해는 어떤 사람이냐? 니가 감히 주덕해가 삼반 분자라고 말하지 않을 작정이냐?"

한참이나 지나도 아버지는 대답을 하지 않았다. 그러더니 다시 입을 열었다.

"같은 대답이오. 나는 그의 하급이기에 그에게 삼반 분자라는 결론을 내릴 수 없소이다. 성위에서만 그의 문제를 규정할 수 있소. 내가 어찌 함부로 말할 수 있겠소?"

탕 하는 큰 소리가 나기에 머리를 들고 보니 누군가 걸상을 차서 넘어뜨렸다. 아버지는 걸상 위에서 떨어졌고 땅바닥에 쓰러져서 다시 일어나지 못했다.

나는 그때 정말 아버지를 업고 멀리 도망가고 싶었다. 소리 죽이고 울면서 정신없이 집까지 뛰어왔다. 그 뒤에도 한참이 더 지나서야 그 투쟁대회가 끝나고 어머니가 집에 돌아왔다. 그날 본 것이 내가 처음이자 마지막으로 본 아버지가 투쟁받는 장면이었고 그 후로 다시는 그런 곳에 가지 않았다.

그 후 거리에는 "김명은 주덕해의 보황파다", "김명은 주덕해의 검은 졸개다"라는 구호로 뒤덮였다. 아버지의 죄명은 매일 불어갔고 투쟁받는 강도는 날로 심해졌다.

그때는 1967년 3월 말이었다. 하루는 아버지의 투쟁대회에 참가하고 밤늦게 집에 돌아온 어머니가 걱정스레 말했다.

"너의 아버지는 너무 고지식하고 눈치가 없다. 남들은 모두 눈치 있게 말하는데 너희 아버지만 고집을 부린다. 오늘 투쟁대회에서 주덕해가 영토를 팔아넘겼다고 매국적이라고 비판하면서 장백산(백두산의 중국 이름) 절반을 조선에 주었다고 그 죄명을 성토하니 많은 사람들은 주덕해가 장백산을 외국에 준 것이 매국행위라고 하면서 너의 아버지 보고 주덕해의 매국죄를 성토하라고 했다. 그런데 말이다. 너희 아버지가 눈치도 없이 '주덕해에게 어디에 그렇게 큰 권한이 있다고 그러오. 그때 장백산 동남 부분을 조선에 속하게 결정한 것은 주은래 총리의 비준을 받고 1964년에 진의 외교부장이 단동에 와서 조선의 박성철 외상하고 담판을 하고 의정서에 조인한 것이오. 나는 그때 그 문건을 직접 보았소'라고 말하니 회의장에 난리가 났단다. 사람들이 분노하고 너의 아버지는 또 한바탕 매를 맞았단다. 사람들이 너의 아버지를 완고하다고 미워하는구나. 진실이 어떠하든지 사람들은 모두 다르게 말하는데 아버지만은 기어코 승인하지 않으니 이 일을 어떻게 하면 좋겠니?"

나는 그날 일기에 이렇게 적었다. "어른들은 말할 때 왜 눈치를 보아야 하는지 모르겠다. 그 말이 진실인가 가짜인가는 별로 신경조차 안 쓰고 말이다. 이젠 사람들이 정직하게 살지 않아도 된단 말인가?"

아버지가 석방될 때에 쓴 검토 자료에는 이런 내용이 있다.

> 문화혁명 초기에 나는 주덕해를 비판하지 않았을 뿐만 아니라 그를 위해 변호했다. 연길에서 홍위병들이 나를 찾아와서 주덕해를 적발하라고 하니 나는 주덕해의 우점을 증명해 주었다. 그리고 1967년 4월의 '폭로대회'에서 주덕해가 삼반 분자라는 말을 끝끝내 하지 않고 공공연하게 혁명 군중들과 대립하면서 "주덕해는 그냥 주덕해다. 그에게는 결함도 있지만 우점도 많다"고 말했다.

그리고 아버지가 문화혁명 중에 고집을 부리며 주덕해가 삼반 분자고 매국적이라는 것을 인정하지 않으면서 한 기막힌 말들이 대회에 참가한 사람들의 입에서 입으로 전해져서 연변에는 아버지에 대한 여러 가지 재미있는 일화가 많다. 그리고 버전도 각각 다르다.

아버지는 그 뒤에 계속된 수년간의 비판투쟁 속에서도 한 번도 주덕해를 반대한다는 말을 입 밖에 내지 않았고 나중에 폭로도 하지 않았다. 많은 경우 그는 아예 눈을 감고 입을 닫아 버리고 대꾸도 하지 않아 더 많이 매를 맞고 고생을 심하게 했다.

당시 사회 분위기로 볼 때 도저히 있을 수 없는 괴짜 같은 사람인 아버지에 대해 반란파들은 화가 치밀어서 마구 때리면서도 그의 완고한 고집에 손을 들었다. "괴짜 같은 김명은 전쟁에 참가했던 사람이어서 저렇게 줏대가 센 거야"라고들 했다.

1968년 3월은 정말 따스한 봄이었다. 중앙에서는 대립된 군중조직들 간의 단합을 목적으로 전국 각지 반란조직들의 대표들을 북경에 데려다가 '중앙 모택동사상 학습반'을 개최했다. 위에서 지시가 내려와 아버지는 다른 3명의 집권파들과 함께 북경에 3개월간 학습반에 참가하러 갔다. 물론 3개 군중 조직의 대표들도 함께 갔다. 아버지를 전송하고 우리 가족은 오래간만에 얼굴을 펴고 기쁘게 웃을 수 있었다. 우리는 정말 이젠 구세주가 생긴 줄로 알았다. 아무튼 그때는 정말 기쁜 3월이었다.

2000년대 주인민대표대회 상무위원회 주임이었고 자치주 위원회 부서기로 높은 직책을 가졌던 장용준도 그해 3월에 연변대학 학생조직의 대표로 북경학습반에 갔다. 문화혁명 전에 그는 리더십이 있는 우수한 학생이었고 연변대학 학생회 주석이었으며 문화혁명 중에는 주덕해를 보호하는 보수파 대학생 조직의 지도자였다. 주위 주요 지도자로 사업을 할 때 그는 식사 자리에서 간부들에게 종종 북경학습반 시기의 아버지에 대해 이렇게 회상했다.

> 그분은 정말 대틀('대틀'이란 조선에서 몸집이 큰 사람, 또는 성미가 시원시원하거나 통이 큰 사람을 칭찬해 쓰는 말이다)이었다. 북경 학습반에서 연변 군사통제위원회 군인들은 매일 참가한 사람들을 조직하여 학습시키고 토론하게 하여 모두가 자신들의 입장을 확실히 밝히게 만들었으며, 주덕해를 적발하고 주덕해에 대한 태도 표시를 하도록 압력을 가했다.
>
> 그때 많은 간부들은 '눈치껏' 주덕해를 적발 비판하고 태도 표시를 확실하게 했다. 그런데 유독 두 항일 노간부인 교수귀(한족)와 김명만이 아랑곳하지 않고 입을 다물고 있었다. 김명은 시종일관 주덕해와의 계선을 긋지 않고 비판도 하지 않으며 침묵을 지켰다. 회의가 끝나 중간 휴식시간이 되면 김명은 아무 일도 없었다는 듯이 밖으로 나가 운동장에서 젊은이들과 같이 볼(축구)을 신나게 찼다. 그때 우리 젊은 학생대표들은 그를 보면서 저분은 정말 대틀이라고 말했다.
>
> 김명은 정말 점잖고 강직한 분이었다. 문화혁명의 그런 험준하고 어려운 상황 속에서도 다른 사람을 무함하지 않고 꿋꿋이 원칙과 양심을 지켜낸다는 것은 정말 어려운 일이었다.

3개월간의 북경 학습반에서 아버지는 끝내 주덕해를 반대한다고 태도 표시를 하지 않았으니 그가 돌아와서도 혁명위원회라는 권력기

구에 들어갈 수 없었고, 다시 '계급대오階級隊伍 청산정리청리'의 대상이 되어 비판투쟁을 받고 가혹한 감금 생활을 2년 반 더 하게 되었다. 아버지는 자신의 검토서에서 북경학습반에 있을 때의 생각과 행동을 아래와 같이 솔직하게 말했다.

> 북경에 가면서도 주덕해에 대한 희망을 버리지 않았다. 이번에는 어쩌면 주덕해의 억울함이 벗겨질지도 모른다고 생각했다. 중앙에서 집중하여 주덕해의 문제를 해결할 것이라고 믿었다. 그리고 이번에 주덕해를 만날 수 있으리라고 믿었다.
> 당시 신문에서 천진시에서 발생한 사건을 토대로 대연합을 하려면 군인들이 한 군중 조직을 지지하고 그와 대립된 다른 조직을 압제하는 것은 나쁜 일이라고 지적한 사설을 보고 속이 시원했고 연변의 군인들이 주덕해 타도파를 지지하는 것은 반동 노선이라고 회의에 참가한 사람에게 말했다.

북경에서 보인 아버지의 행동은 반란파들은 물론이고 군사통제위원회의 군인들을 격노시켰다. 1968년 5월 초, 그때까지 아버지는 북경에 있었는데 화룡현 혁명위원회에서는 중앙모택동사상학습반 책임자에게 문서를 보내 아버지를 화룡에 끌고 와 비판할 수 있게 허락해 달라는 청구를 했다. 5월 17일에는 연변지구군사통제위원회에 김명을 자본주의의 길로 간 집권파이며 계급이기주의 분자라고 규정한 문건을 보냈다.

이번 학습반에서 연변의 4개 파는 1968년 6월 28일에 드디어 연합하는 데 동의하고 제각기 조직을 해산하기로 했다. 그런데 사실은 주덕해 보호파 조직들이 다 해산되고 주덕해 타도파 우두머리들이 군인들의 지지하에 각지에서 구성된 혁명위원회에 군중 대표로 들어가 권력을 장악한 형국이었다. 말하자면 다수당 시대에서 벗어나 일당 독재체제가 된 셈이다.

연변자치주에서는 8월 18일 혁명위원회가 성립되었다. 몇 년 전 민족정풍 때 운동을 앞장서서 이끌던 그 조선족 간부가 혁명 간부 대표로 혁명위원회에 들어가 높은 자리를 차지했다. 당시 많은 조선족 간부들이 박해받고 감금당하고 맞아죽고 하는 그 세월에 그는 주덕해 타도파 반란파들과 손잡고 다시 권력을 잡은 것이다.

아버지의 눈물

하루아침에 대역죄인의 자식이 된 우리의 일상은 지옥 그 자체였다. 나의 남동생 영춘이는 어질고 착한 아이였다. 겨우 11살밖에 안 된 초등학생이었다. 유난히 키가 커서 제 또래보다 머리 하나가 더 컸던 그 아이는 매일 학교에서 애들한테 맞고 놀림을 당했다. 동생이 학교로 가고 오는 길에 늘 쫓겨 다니고 돌멩이에 맞는 걸 매일 봐야만 했다. 하지만 여자인 내가 동생을 지켜줄 수는 없었다. 워낙 말수도 적었던 동생은 집에 와서 한 번도 내색을 하지 않았다.

1967년 4월에 아버지의 건강이 나빠졌다. 혈압이 너무 높아 어지럼증이 심해서 반란파들이 아버지더러 집에서 일주일간 검토자료를 쓰게 했다. 그때 어머니도 집에 같이 계셨다. 어느 날 점심시간이 지나도 동생이 집에 오지 않아 식구들이 걱정하고 있었는데 온몸이 진흙투성이가 되고 코피가 흐르며 눈덩이가 퍼렇게 멍이 든 동생이 절룩거리며 집에 들어오더니 부엌 위 마루에 쭈그리고 앉아 소리 없이 울었다. 십대 소년이 마치 세상의 슬픔을 다 겪은 어른처럼 눈물을 흘렸다.

그렇게 한참 울고 나더니 그제야 무슨 일이 생겼는지 자초지종을 말해 주었다. 방과 후 집으로 돌아오는데 4명의 짓궂은 남자애들이 동생을 막고 서서 아버지의 이름을 부르며 욕을 했다. 성품이 온순한 동생은 못 들은 척하고 계속 가던 길을 갔는데 그 아이들이 달려들어 동생의 모자와 가방을 빼앗아 달아났다. 키가 크고 몸이 튼튼했던 동생은 쫓아가 가방과 모자를 되찾아왔다. 그러자 그 네 명의 아이들이 모여 들어 동생을 신작로 옆 배수구에 쓰러뜨려 눕히고 발로 차고 주먹으로 때리면서 "김명의 개새끼"라고 욕했다. 그렇게 맞고 나서 한참 동안 일어나지도 못했다는 것이다.

어머니는 말없이 동생의 옷을 벗겼다. 동생의 허리와 다리는 온통 시퍼렇게 멍이 들어 있었다. 집안에는 무거운 정적이 흘렀다. 누구도 분노를 터뜨리지도 않았다. 우리 식구 모두 다 슬프게 소리 없이 눈물을 흘렸다. 그때 나는 한손으로 벽을 짚고 머리를 숙인 아버지의 얼굴에 흘러내리는 눈물을 보았다. 그것이 내가 처음 본 아버지의 눈물이었다. 그때 아버지의 얼굴 표정은 그렇게도 무기력했고 슬퍼 보였다. 그리고 아버지의 퀭한 눈은 아무런 느낌이 없어 보였다. 슬픔도 분노도 없는 그저 텅 빈 눈이었다. 항상 당당하고 대범하던, 내가 알고 있던 그런 아버지가 아니었다. 그때 나는 알았다. 아버지는 이젠 자기 자신도 지킬 수 없는 사람이 되었다는 사실을. 그리고 그때 나는 처음으로 이 사실을 심각하게 받아들였다.

그 이튿날 나는 연길에 사는 친척 집에 동생을 데리고 가서 맡겼다.

그런데 후에 연길도 파벌 간 무력 투쟁의 혼란 속에 들어가자 정웅 오빠가 동생을 데리고 심심산골에 들어가 피신했다. 그렇게 동생은 반 년도 더 넘게 외지에서 피난살이를 했다.

소리 없이 흘러내린 아버지의 그 눈물이 몇 십 년이 지난 지금도 가끔 무거운 소리로 들리며 나의 가슴을 내리누를 때가 있다. 자식을 둔 엄마가 되고 보니 정말 마음이 아프다. 자식이 당하는 수모와 모욕을 보면서도 눈물을 흘릴 수밖에 없는 아버지의 아픈 마음을 알기 때문이다. 지금도 아버지의 그 눈빛을 잊을 수가 없다.

유린당한 인간의 존엄

문화대혁명을 겪은 사람들은 그때의 참상을 잊지 못할 것이다. 특히 그때 피해를 당한 당사자들과 그 가족들은 인격 유린을 당한 수치를 평생 잊을 수 없다. 그중에서 사람에게 소위 '개패'(큰 글로 죄목을 쓴 커다란 팻말)를 달아 놓고 수백수천 명이 보는 앞에서 모욕을 당하게 하는 짓거리는 많은 사람들을 자살로 몰아갔고 많은 사람들의 인격을 무참히 무너뜨렸다.

나는 '선비는 죽을 수는 있어도 모욕 당할 수는 없다'는 동양사람들의 전통적인 신조 때문에 이런 방법으로 사람에게 고통을 주었을 것이다. 이런 비인간적인 행패는 세상 어느 곳에서도 볼 수 없는 일이라고 생각했는데 2013년 말 독일 베를린 여행 때 독일 파쇼만행 전시관에서 똑같은 상황이 여러 장의 사진으로 남아 있어 깜짝 놀랐다. 처음에는 문화대혁명 때의 사진들이 걸려 있는 줄로 착각했다.

사실 예전부터 나는 '왜 독일의 지성인들과 양심 있는 사람들이 히틀러의 만행을 가만히 보고만 있었을까'라는 의문을 가졌었다. 인류 역사의 비극이 독일 사람들의 비겁한 침묵으로 만들어지지 않았을까도 추측했다. 그런데 독일 여행에서 그 대답을 찾았다. 파쇼가 독재정권을 잡기 전 1930년대 초부터 히틀러는 반대세력을 숙청하기 시작했다. 자신들의 눈에 거슬리는 사람들을 체포, 감금했고 인격 유린을 하면서 죽이기도 했다. '개패'를 달고 공중 비판과 조리돌림을 당하는 사람들이나 그 광경을 재미난 듯 구경하는 사람들이 다 함께 히틀러의 파쇼 독재와 개인숭배의 소용돌이에 빠져 독일의 비극이 시작된 것이다.

문화대혁명이 정식으로 시작되기 전인 1965년 초에 벌써 모택동의 개인숭배가 중국에서 시작되었다. 건물 벽마다 커다랗게 모택동의 어록들을 써 놓았다. 농촌 시찰을 다녀온 아버지가 그런 어이없는 풍경을 보고 "이건 형식주의다. 벽에다 쓴다고 더 잘 배우는 것이 아닌데. 이건 스탈린의 개인숭배도 아니고 왜 이러는지 모르겠다"라고 했는데 그때 옆에서 이 말을 들은 간부가 문화대혁명 때 폭로하여 또 하나의 '반당, 반사회주의' 죄목이 된 적도 있었다.

1967년 3월부터 현위에 끌려와 감금되고 투쟁받은 아버지는 아침마다 현위 문 앞에서 다른 두 명의 집권파들과 함께 커다란 개패를 목에 걸고 허리를 굽히고 모욕당하는 수모를 겪어야 했다. 지나가는 사람들은 온갖 행패를 부렸고 어린아이들의 돌팔매도 맞아야 했다. 그때부터 아버지는 자신의 인격을 잃어버렸다. 사람들은 아버지의 이름을 그냥 동네 아이들 부르듯이 막 불러 댔고 마음대로 조롱하고 인신공격을 했다. 매일 학교 가는 길에 나는 그 앞을 지나야 했는데 그런

파쇼통치 시절 개패를 달고 모욕당하는 이 독일 사람의 모습은 중국 문화혁명 때 개패를 달고 비판투쟁을 받던 사람들의 모습과 너무도 닮았다.

아버지의 처량한 모습을 보는 게 너무 힘들어 일부러 먼 길을 돌아서 학교로 갔다.

그때에는 걸핏하면 죄인들을 묶어서 트럭에 싣고 높은 고깔모자를 씌우고 조리돌림을 했다. 지금도 나의 머릿속에는 고깔모자를 쓰고 두 팔은 뒤로 묶인 채 눈을 지그시 감고 트럭 위에 서 있던 부모님의 모습이 눈앞에 선하다. 어떤 때에는 몇 시간씩 조리돌림을 당하기도 했다. 너무 지쳐서 서지 못하면 두 사람이 옆에서 팔을 끼고 세우기도 했었다. 내가 기억하는 일 중 가장 참담한 것이 바로 이 조리돌림이었다. 뇌리 속에 박힌 그 아픈 기억이 한 폭의 무서운 그림이 되어 나에게 다가온다.

1968년 3월 따스한 봄날에 아버지가 북경학습반에 가셔서 잠시나마 기뻐했던 우리들에게 다시 냉혹한 찬바람이 불어왔다. 4월 초부터 위로부터 소위 '2월 역류'를 반대하는 운동이 시작되었다는 소식이 전해졌다. 중앙의 늙은 우경 간부들이 문화혁명을 뒤집으려 한다는 것이었다.

위에서 찬바람이 부니 화룡에는 음침한 비가 내리기 시작했다. 당시 화룡현에 있던 두 개의 보호파 조직에서는 아버지가 좋은 간부라는 증명자료들을 조사하여 작성하고 공개적으로 아버지를 보호하고 나섰다. 이에 맞서 아버지를 타도하는 반란파들은 이 보호 세력들을 타격하기 위해 먼저 손을 써서 어머니를 끌어내 투쟁함으로써 자신들의 위엄을 보이기 시작했다.

거의 2년이 된 지옥 같은 문화혁명의 고통 속에서 어머니의 몸은 이미 만신창이가 되어 있었다. 매일 저녁 잠을 자지 못하고 식사도 잘하지 못했다. 신경쇠약이 심하고 어지러워 앉아 있기도 힘들 정도였다. 웬만해서는 간부들에게 진단서를 써주지 않는 병원에서도 어머니에게 휴식 진단서를 써줄 만큼 병세가 심했다.

1968년 4월 29일 아침에 어머니는 자리에서 일어나지도 못했고 음식도 드시지 않아서 나는 아침밥이 식지 않도록 솥 안에 넣어 두고 학교에 갔다. 그날 점심에 집에 누워 계신 어머니 걱정을 하면서 학교에서 돌아오다가 현정부 부근까지 걸어오니 고성 스피커 소리와 자동차 소리가 요란하게 들렸다. 하지만 나는 아버지가 북경에 계시는데 이런 소리들이 나와 무슨 상관이 있겠는가 생각하면서 주변을 신경 쓰지 않고 갈 길만 재촉했다.

높은 스피커 소리가 점점 가까워지면서 별안간 나의 귀에 "우경 번안翻案의 두목이고 김명의 보황파인 김연순을 타도하자"는 소리가 들려왔다. 그 소리에 놀란 내가 머리를 번쩍 들고 올려다보면서 나도 모르게 "악!" 하고 소리를 질렀다.

그때 나는 선 자리에서 굳어 버렸다. 심장이 멎는 것 같았다. 이게 정말이란 말인가? 나는 다시 정신을 가다듬고 올려다보았다. 머리에 5자 남짓 높은 고깔모자를 쓰고 두 팔은 뒤로 묶인 채 트럭 위 제일 앞에 서 있는 사람은 이미 한 달 동안 병석에 누워 있던 불쌍한 나의 어머니였다! 이런 모욕을 당하는 어머니가 너무도 안 되어서 눈물을 줄줄 흘리면서 다시 바라보았다.

어머니는 외출복도 입지 않은 상태였고, 병상에 누워 있을 때 입고 있던 얇은 중국식 목천 저고리만 그대로 걸치고 있었으며 두 눈은 힘없이 감겨 있었다. 건장한 두 반란파가 옆에서 붙잡고 서 있었다. 그때에야 어머니 뒤에 대여섯 명 되는 현위 중급 간부들도 고깔모자를 쓰고 조리돌림을 당하는 모습이 보였다.

트럭이 지나가자 나는 정신없이 집으로 뛰어갔다. 집에 가보니 십여 명의 반란파들이 한창 집을 수색하고 있었고 남동생은 겁에 질려 얼굴이 백지장 같았다. 수색하던 반란파들은 죄증이 될 만한 것을 못 찾으니까 집안에 있는 베개들을 칼로 다 찢어서 뒤집어 보기까지 했다. 솥뚜껑을 열어 보니 어머니의 아침밥은 그대로 있었다.

오전 8시쯤에 한 무리의 반란파들이 집에 쳐들어와서 다짜고짜 어머니를 현정부 마당으로 끌고 갔다는 것이다. 반란파들은 50여 명이었는데 사람 잘 때리기로 유명한 그 허정오가 우두머리가 되어 왔다. 어머니는 바로 서지는 못하지만 머리는 아주 맑았다. 자신에게 거의 1미터가 되는 고깔모자를 씌우니 어머니는 그 모자를 벗어버리며 "왜 나한테 이유도 없이 모자를 씌우느냐? 내가 도대체 무슨 죄를 지었다고 끌고 온 거냐?"라고 따졌다고 한다. 그러자 7~8명이나 되는 노동자규찰대 반란파들이 다가와 발로 어머니를 넘어뜨리고 앞 다투어 발로 차면서 "너는 김명의 제일 완고한 보황파고 보수 조직들의 배후 인물이니까 잡았다"고 지껄였다. 어머니는 그 자들에게 차여서 땅에서 이리저리 굴렀다. 이번엔 더 높은 모자를 씌워서 트럭에 실었다.

어머니는 7살에 고아가 되어 친척집에서 고생하며 자랐다. 그리고 광복 후 토지개혁에 참가하고 일찍부터 혁명에 참가한 사람이었다. 이번 조리돌림을 할 때 반란파들은 일부러 어머니가 토지개혁에 참가하고 구의 간부로 있던 투도공사에 끌고 가서 조리돌림을 했으며 자신들은 식사하러 가면서 어머니만은 차 위에 세워 놓고 군중들에게 구경시켜 모욕을 주었다. 그때 젊은 청년 몇 명이 차에 올라와서 어머니를 밀고 끌고 발로 차고 주먹으로 얼굴을 때리기를 몇 시간이나 하여 그 장면을 보던 사람들이 얼굴을 가리고 차마 보지 못했다고 한다. 어머니를 잘 아는 그 지역의 많은 사람들은 가만히 어머니의 이름을 부르며 눈물을 흘렸다.

마침 5.1절(중국의 근로자의 날) 전이었는데 어머니는 이틀 후인 5월 2일부터 또 끌려갔다. 매일 허리를 굽히고 현위 강당에서 투쟁을 받았으며 또 검토서도 매일 쓰게 했다. 극도로 허약해진 어머니는 그래도 이를 악물고 견뎠다. 저녁이 되었는데도 어머니를 집에 보내지 않아서 어머니가 "집에 어린애들만 있는데 내가 어떻게 안 갈 수 있느냐?"고 따지자 반란파들은 일부러 어머니를 괴롭히려고 "좋아. 만약 집에 가겠다면 가고 오는 길에 큰 개패를 달고 다녀야 한다. 할 수 있는 거냐?"라고 했다. 이런 모욕을 당하면서도 어머니는 밤이 되면 집에 돌아오셨다. 낮에 비판받고 매를 맞아 지친 몸에 그 무거운 개패까지 달고 다녔다. 정말 치욕스런 시절이었다.

1969년 1월부터 4월 초까지 어머니는 더는 큰 개패를 달지 않고 왼쪽 앞가슴에 마스크보다 조금 더 큰 '우경 번안 분자 김연순'이란 죄명을 검은 먹으로 쓴 흰 천 조각을 달고 다녀야 했다. 연변의 그 추운 겨울 날씨에 어머니는 머릿수건을 머리에 쓰지 않고 어깨에 둘러 그 흰 천 조각을 막고 다녔다. 얼굴과 귀가 벌겋게 얼었지만 어머니는 수건으로 얼굴과 머리를 감싸지 않았다. 어머니도 여자였다. 자존심이 있고 인격을 소중히 여기는 얼굴과 마음이 고운 여린 여자였다.

지금도 가끔 꿈속에 눈발이 휘날리는 추운 겨울날 어머니가 수건을 어깨에 걸치고 걷는 모습이 나타나곤 한다. 나는 그 다음날이면 꼭 국제전화로 안부를 묻는다. 지금 생각해도 가슴이 먹먹해진다. 어머니는 세월이 바뀌고 모든 것이 제자리로 돌아온 것을 본 산증인이다.

1968년 7월 17일부터 화룡에서 시작된 '계급대오 청리운동'으로 20여 명의 '조선특무'로 지목한 사람들을 붙잡아 현정부에 설치된 감옥에 가둬 두었다. 아버지는 '주덕해 보황파', '화룡에서 가장 크게 자본주의 길로 간 집권파', 그리고 '남조선 특무'라는 죄명으로 갇혔고 어머니는 '김명의 보황파', '우경 번안 분자'라는 죄명으로 그들과 같이 '계급대오 청리' 학습반에서 투쟁을 받았다.

그런데 정말 기가 막힌 일은 반란파들이 만들어 낸 "검은 무리가 검은 무리를 때리고 특무가 특무를 때리는" 악렬한 수법이었다. 그들 중 유일한 여자였던 어머니는 밤에 집에 올 수 있었지만 그 안에서 생기는 끔찍한 일들을 말하면서 치를 떨었다.

반란파들은 큰 방안에 이십여 명을 같이 몰아넣고 서로 적발하고 욕지거리하면서 또 서로 때리게 했다. 아버지와 어머니를 제외한 거의 모든 사람들은 공을 세워 죄를 면제받으려고 너도나도 다투어 가면서 다른 사람들을 때렸다. 그중에서 제일 많이 맞은 사람이 바로 아버지였다. 제일 큰 집권파이고 모두가 인정한 주덕해의 보황파니까 제일 무난한 상대로 삼아 누구나 다 아버지를 차고 때리고 했다고 한다. 마치 아버지를 때리게 되면 자신들은 혁명가라도 되는 듯이 모두 미쳐 있었다. 구경하는 반란파들은 마치 중국사람들이 즐겨 하는 수탉싸움을 보는 듯 재미있어 하면서 옆에서 싸움을 부추겼다. 같은 방에서 아버지가 옛날 부하들이었던 부장, 국장들한테 맞아서 피를 흘리는 끔찍한 장면을 보고 집에 돌아오면 어머니는 잠결에 자주 소스라지게 놀라면서 비명을 지르기도 했다.

2013년 여름, 나는 윤명학 국장을 만났다. 참혹한 고문을 받은 윤 국장은 문화혁명 당시 아버지와 같은 현위 사설감옥에 갇혔었다. 당시 국장급 이상 현위 간부 20여 명이 갇혀 있었다고 한다. 모두 독방이었고 감방은 수시로 바뀌었는데 한 번은 윤 국장이 새로 옮겨 간 방이 아버지가 갇혔던 감방이었다. 그때는 밤마다 고문당하는 소리가 소름이 끼치도록 들렸다고 한다. 몽둥이로 내리치는 소리가 크게 들렸고 비명소리가 밤새 끊이지 않았다. 석방된 후 귀가 멀고 온몸에 상처투성이었던 아버지를 보고 우리도 고문받은 사실을 알았다.

그런데 윤명학 국장은 의외로 이런 말씀을 했다. "그래도 김명 서기가 제일 많이 맞은 사람은 아니라오. 나처럼 조작해 낸 특무조직으로 몰린 사람들과는 달리 김명 서기는 혼자 남조선 특무로 몰렸지만 시종일관 인정하지 않았고 그 누구도 물어 넣지 않았기에 오히려 고생을 덜했다오."

윤 국장의 말로는 당시 반란파들은 특무조직을 조작하려고 미친 듯이 현위 고급간부들을 참혹하게 고문했단다. 그런데 아이러니하게 반란파들의 비위에 맞추어 거짓 탄백을 한 사람들은 오히려 더 큰 고문을 당했다. 먼저 한 거짓말을 또 다른 거짓말로 감추어야 하니 더 힘들었던 것이다.

믿기 어려운 사실이었다. 대바르고 고집이 센 아버지는 지독한 고문을 당하면서도 시종일관 거짓 고백을 거부했기에 오히려 덜 맞았다는 것이다. 없는 사실을 자백하는 것이 더 손쉬운 길이었으나 아버지는 살인적인 고문을 당하면서도 거짓말을 하지 않았다. 가장 견디기 어려운 것은 잠을 재우지 않는 수레바퀴 고문이었다고 아버지는 말씀하셨다. 그런 고문을 받을 때는 자살 충동이 생겼지만 아버지는 그래도 이를 악물고 고비를 넘겼다.

고문은 인간의 마지막 남은 자존감을 무너뜨리고 인간의 이성을 파괴한다. 올케의 친정아버지인 지 행장은 위만 때 학교에서 공부했다고 해서 '일본특무'가 되고, 한국전쟁에 참전했다고 '조선특무'가 되었으며, 은행장이어서 '자본주의 길로 나가는 집권파'로 몰려, 세 가지 큰 죄명을 뒤집어쓰고 온갖 고통과 시달림을 받았다. 고문할 때 반란파들은 난로불에 지 행장의 얼굴을 갖다 대면서 극심한 공포를 주었고, 바윗돌 두 개를 양쪽에다 쇠줄로 묶고 목에 걸어 운반하게 하여 목이 패이고 피가 나는 고통을 주었다. 평소에도 밖에서 들릴 정도로 자주 맞았는데 은행 옆 사택에 살고 있던 사람들은 밤마다 지 행장이 맞는 끔직한 소리를 들었다. 이렇게 문화혁명은 비인간적인 수단으로 사람들을 잔혹하게 핍박했다.

깨진 둥지 안의 '반동새끼들'

당시에 사진기가 없어서 문화혁명 때 수색당한, 무서운 참상을 찍어 두지 못한 것이 못내 아쉽다. 사진이 남았다면 법도가 없고 인격이 유린당하면 어떻게 되는지 우리의 후손들에게 좋은 교훈이 되었을 것이다.

큰 규모의 가택수색은 여섯 번 있었고 작은 규모로는 며칠에 한 번씩이었다. 매번 수색을 당한 후 우리 집은 마치 폭격을 맞은 폐허와 같았다. 모든 것이 뒤죽박죽이고 많은 물건들이 깨지고 망가지고 사라졌다. 그래도 온돌만은 깨지 않고 그대로 놔두어서 천만다행이었다. 나중에 우리들은 무엇이 없어졌는지 무엇을 잃었는지 별로 신경도 쓰지 않았다. 아버지가 사느냐 마느냐도 모를 판국에 물건 같은 건 우리에게 별 의미가 없었다.

수색당하는 과정을 지켜보고 그 뒷수습을 하는 것은 아이들의 몫이었다. 다행히 고등학생이었던 둘째 언니가 아직 농촌에 노동단련하러 가지 않고 집에 있어서 매번 수색을 당한 후 언니와 나는 새벽 2~3시까지 정리하고 청소를 했다. 우리는 수색당한 흔적을 남기고 싶지 않았다.

'가택수색'을 하면 먼저 생각나는 것은 1967년 6월 말의 그 끔직한 대수색이다. 그날 아침 8시쯤에 몇 십 명의 고등학생 반란파들이 집에 들이닥쳤다. 그들은 먼저 우리 식구들을 한쪽으로 밀어놓고 감시하면서 아버지의 서재, 안방, 바깥방, 주방, 심지어 석탄을 저장하는 옥외 창고까지 모두 마구 뒤집기 시작하여 오후 2시까지 난리를 피웠다. 이렇게 한바탕 뒤집고 나서는 엉망진창이 된 집안 곳곳에, 특히나 벽과 미닫이문마다 수숫가루로 만든 시뻘건 풀로 큰 표어들을 붙이고 가버렸다.

6시간이란 긴 시간의 횡포를 지켜본 아이들은 이미 지치고 감각이 마비된 듯했다. 슬프지도 않았고 놀라지도 않았다. 그저 멍하니 텅 빈 책장과 뒤죽박죽이 된 옷장을 바라보았다. 그래도 눈물은 저도 모르게 줄줄 흘러내렸다.

평소에 우리는 가택수색에서 무엇을 잃었는지 잘 몰랐으나 이번만은 금방 알아냈다. 반란파들이 벽에 걸려 있던 할아버지와 할머니의 사진을 들고 가버린 것이다. 두 분의 사진은 아버지가 전쟁 중에서도 고이 간직했던 유일한 재산이었다. 그 사진들은 조부모님이 아버지께 남긴 유일한 기념품이었다. 해방 후 동북인민정부에서 일할 때 아버지는 심양의 어느 사진관에서 간직하고 있던 1촌(약 1인치)짜리 사진들을 크게 확대했다. 그런데 우리는 그 소중한 사진들을 잃어버렸다. 나중에 할아버지 사진은 한국에서 겨우 한 장 찾았지만 할머니의 모습은 이 세상에서 다시는 볼 수 없게 되었다. 1986년 한국에 방문했을 때 아버지가 백방으로 친척들을 통해 할머니 사진을 찾으려 했으나 헛수고였다.

가져가고 싶은 것을 다 가져가고 뒤지고 싶은 것을 다 뒤져 본 후 반란파들은 우리에게 차마 눈뜨고는 볼 수 없는 광경만을 남겼다. 그냥 온 집안이 쓰레기장 같았다. 도처에 진흙발자국이었고 도처에 깨진 그릇 조각이었다. 옷은 사방에 나뒹굴고 제자리에 있는 물건이 하나도 없었다. 그날 가장 골치 아팠던 것은 사방에 남아 있는 수숫가루 풀 자국이었다. 둘째 언니와 나는 그 다음날 날이 샐 때까지 씻고 닦고 했다. 우리는 큰 물독에 물을 두 번이나 채우면서 청소했다. 새벽이 되니 물독 안도 비었다.

중국의 거리는 저녁이 되면 문을 닫기 전에 상점, 음식집, 이발관 등의 큰 유리창에 널문을 대는데 지금도 그 모습을 볼 때마다 이상한 기분이 든다. 1967년 여름과 가을에 우리 형제들이 밤이면 창문에 널판을 대고 살던 그때가 머리에 떠올라서 마음이 울적해진다.

그때는 밤만 되면 장난이 심한 남자아이들과 건달 무리들이 "반동새끼들아 나오거라!"라고 외치며 우리 집 창문에 돌과 벽돌을 던졌다. 매일 저녁 유리창이 깨지고 집안에 돌과 벽돌이 그대로 날아 들어왔다. 처음에 우리는 이불로 머리와 몸을 감싸고 꼼짝하지도 않고 누워 있었다. 며칠 후 더는 참을 수 없어 우리 형제들은 창문 두 개만 남겨놓고 집안의 모든 창문을 아예 널로 막아버렸다. 남겨 놓은 두 창문에도 큰 널판을 만들어 밤이면 올려놓고 낮에는 내려놓았다. 그 후부터 밤마다 널문에 돌이 떨어지는 소리를 들었다. 우리에게는 그 소리가 마치 구정에 터지는 폭죽소리처럼 들렸다.

난리통에도 명절은 어김없이 찾아왔다. 1968년 신정, 우리도 부모님과 함께 설을 쇠고 싶었다. 그날 아침 아버지께 아침밥을 들고 가다가 중간에 퍼뜩 아버지가 오늘 술을 드시면 얼마나 좋아하실까 하는 생각이 들어 부랴부랴 집에 다시 돌아와서 동생 영춘이와 둘이서 작은 기침약병에 술을 넣어 가지고 갔다. 그때 약병은 색깔이 진한 황토색이어서 내용물은 보이지 않았다.

감방을 지키던 간수들은 음식 가방을 뒤져보고 대수롭지 않게 나를 안으로 들여보냈다. 의아한 눈길로 그 약병을 보시던 아버지는 대뜸 뭔지 알아차리고 마치 어린애처럼 좋아하셨다. 아버지는 그 순간만은 자신이 죄인으로 갇혀 있는 것을 잊었다고 몇 십 년 후에도 자주 말씀하셨다. 어른이 된 후에 돌이켜 생각해 보면 기발한 아이디어였으나 어쩌면 미련한 짓이었을 수도 있었다. 자칫하면 그 일이 아버지를 더 큰 위험에 빠뜨릴 수도 있었기 때문이다.

1968년 6월 아버지가 북경학습반이 끝나고 돌아오는 길에 조양천역에서 잡혀온 후부터 우리의 처지는 더욱 어려워졌다. 둘째 언니는 기차도 통하지 않는 먼 시골에 내려갔다. 1968년 7월 18일부터 어머니는 밤 10시 후에야 집에 올 수 있었고, 새벽 5시 전에 '계급대오 청리 학습반'에 가야만 했다.

문화혁명이 시작될 때부터 아버지의 월급은 이미 정지되었으나 이때부터는 어머니의 월급도 나오지 않고 나와 동생에게 한 사람당 생활비 6위안씩만 나왔다. 큰언니의 도움을 끊으려고 언니의 월급도 15위안으로 줄였다. 그때 큰언니는 이미 결혼한 후여서 우리를 도울 힘이 없었다. 1969년 5월에 해방받은 어머니는 5.7간부학교(농장)에 보내져서 우리 남매만 살아야 했다.

매일 밖에서 '반동새끼'라고 놀림을 받고 비인간적 대우를 받는 정신적 타격도 컸던 우리 남매에게 이제는 생계를 유지하는 고달픈 전쟁이 과제였다. 문화혁명 전에 산 옷들은 이젠 작아지고 해졌다. 특히 키가 많이 큰 동생은 입을 옷이 없었다. 나는 집에 있는 모든 낡은 옷을 챙겨 기차를 타고 연길에 있는 이모에게 도움을 청했다. 자른 것은 늘리고 옷 두 벌로 한 벌을 만들었다. 한국전쟁에서 남편을 잃은 이모는 혼자 몸으로 아들 정웅이를 키우고 늙은 어머니를 봉양하는 어려운 생활을 하고 있었다. 평소에 나와 동생의 해진 옷과 양말은 내가 깁고 고쳤다.

겨울 김장철이 되자 동생과 함께 이웃들에게 배워가며 김장을 했다. 옷에 쓰는 돈은 아낄 수 있었으나 밥 짓고 난방에 쓸 석탄 살 돈이 우리에게는 없었다. 그해 여름 두 달 동안 우리 남매는 거의 매일 멀리 떨어져 있는 벽돌 공장에 가서 콕스를 주었다. 어린 우리 남매가 머리에 이고 등에 지고 날라 온 콕스가 여름 내내 풍로에 밥 짓는 데 쓰고도 반 톤이나 남았다. 그걸로 그 다음해 여름에도 썼다.

그런데 겨울 난방이 문제였다. 추운 겨울 커다란 우리 집을 덥힐 석탄을 살 돈이 없었다. 우리의 어려움을 안 이웃의 한족 손씨 아저씨가 가구공장의 톱밥 티켓 한 장을 얻어 주었다. 그런데 어떻게 톱밥을 실어 와야 하는지를 몰랐다. 그해 11월의 어느 하루, 해마다 우리 집에 석탄을 실어다 주시던 현위의 마차를 모는 한족 장할아버지를 길에서 만났다. "얘야, 너희 집 겨울준비는 된 거니?" 하고 측은한 눈길로 나를 보면서 물었다. 그 누구도 우리를 보고도 못 본 체하거나 벌레 보듯 하던 때에 우리를 걱정하는 사람들이 있다는 것이 얼마나 고마웠는지 모른다. 내가 톱밥 티켓은 있는데 못 실어왔다고 말하니, 장할아버지가 나에게 '내일 아침 현정부 대문 앞에서 기다려라"고 했다. 이렇게 그해부터 다음해 겨울까지 우리는 톱밥으로 집안 난방을 했다.

그런데 톱밥이 탈이 될 줄은 몰랐다. 2년이나 톱밥을 때니 집안 온돌의 고래가 모두 막혀 집안이 덥혀지지 않았다. 구들목 평방 2미터 면적에만 온기가 있어 나와 동생은 작은 고양이처럼 몸을 움츠리고 거기서 겨우 잠이 들었다.

우리 남매만 홀로 산 1년 동안에 우리는 한 달에 몇 근씩만 배급하는 입쌀도 먹지 않고 모았다. 우리는 옥수수가루와 수수밥만 해서 먹었다. 우리의 반찬은 김치와 고춧가루를 뿌린 간장이었다. 그런 와중에 병아리를 사서 길렀는데 그 닭들이 나중에 알을 낳아서 우리는 그

달걀들을 모두 중국식으로 소금에 절였다. 아버지와 어머니가 집에 오면 대접하려고 생각했다. 그때 절여 놓은 달걀이 자그마치 200알이 넘어서 어머니를 놀라게 했다.

1969년 양력설날에 나는 작은 봉지의 귤 조각 모양으로 된 알사탕을 사서 동생에게 주었다. 그러자 동생이 "돈이 모자라지 않아? 돈을 남겼다가 아버지 담배 사는 데 써야지. 이젠 이런 거 다시 사지 마"라고 어른스레 말해서 내 마음을 아프게 했다.

그해 구정을 잊을 수가 없다. 그때 아버지는 현위 사설 감옥에 갇혀 있었고 식당 음식을 사 드셔야 했다. 고지식한 아버지는 매달 나오는 15위안에서 그때에도 1위안 50전씩 당비를 내고 나머지 13위안으로 식사를 했는데 그 돈으로는 제대로 된 식사를 할 수 없었다. 설 전날 어머니가 나에게 "우리한테 돈이 있으면 아버지께 드려서 설날에 고기반찬이라도 사 드시면 좋겠구나"라고 말씀하셨다. 나는 그 자리에서 5위안을 꺼내 어머니께 드렸다. 설날 아침 새벽에 현위 학습반에 가신 어머니는 현위 마당을 쓸고 있는 아버지를 만났다. 감독원이 주의하지 않는 틈을 타서 재빨리 아버지 손에 돈을 넣어드렸다. 그해 음력설에 우리는 돈이 없어 고기를 먹지 못했으나 아버지를 생각하면서 마음이 흐뭇해졌다.

'반동새끼'들의 학교생활은 참으로 처참했다. 선생들은 마치 전염병 환자를 보듯이 멀리서부터 우리를 피했고 짓궂은 아래 학년 남학생들과 같은 반 동창들도 일부러 우리 옆에 와서 "김명을 타도하자!", "김명의 반동새끼야 물러가라!" 등의 구호를 불렀다. 여자아이인 나는 휴식시간에도 무서워서 교실을 못 떠나고 자리를 지켜야 했다. 한 번은 화장실을 가느라고 자리를 비웠더니 내 책상에는 아버지를 모욕하는 낙서들이 가득했고 걸상에는 더러운 것으로 칠해져 있었다. 우리에게는 등굣길과 집으로 돌아가는 길이 늘 고문이었다. 애들이 큰소리로 구호를 부르고 "반동새끼를 죽이자" 하면서 돌을 던졌다. 우리는 그렇게 매일 눈물을 흘리며 죄인처럼 쫓겨 다녔다.

1968년 여름 초등학교를 졸업할 때에 나는 졸업사진을 찍으러 가지 않았다. 다음날 담임선생님이 왜 오지 않았는가 묻기에 나는 "나와 사진 찍은 동창들에게 나중에 힘든 일이 생길까 봐 두려워요"라고 대답했더니 선생님이 한숨을 쉬면서 내 어깨를 도닥여 주었다.

그런데 하늘은 그런 '반동새끼'들에게도 고통을 말할 기회를 주었다. 1969년 5월에 무슨 연고인지 현 혁명위원회에서 우리 어머니를 해방시켜 준다고 했다. 어떤 정치적 배경이 있었는지 알 수는 없었다. 아버지를 만날 수 없고 한 가닥 희망도 없는 우리는 마치 끝이 보이지 않는 굴속에 들어선 기차처럼 앞뒤가 모두 캄캄해서 세상 돌아가는 데는 별로 신경을 쓰지 않았던 시절이었다. 매일 동생과 나의 의식주만 걱정했던 것 같다. 그때의 일기에도 나는 이렇게 썼다. "우리는 무엇 때문에 사는지 모른다. 그냥 살아야 해서 사는 것 같다. 아버지가 돌아오는 걸 기다려야 하기에 사는지도 모른다."

그런데 뜻밖에 어머니가 해방된다니 정말 기뻤다. 어머니는 화룡에서 영향력이 큰 인물이고 조리돌림도 제일 험하게 당해서 "김명의 마누라"라고 하면 모르는 사람이 없었다. 너무 지나치게 어머니에게 수치를 주었다고 생각했는지 화룡 영화관에서 아주 성대한 대회를 열어 어머니에게 명예회복을 시켰다. 그 대회에 800여 명이 참가했다. 대회 전날 책임자가 나에게 가족을 대표해서 대회에서 발언할 수 있는지 물었다. 정부의 관대함을 대중들에게 보여 주고 싶었고 또 갇혀 있는 다른 사람들도 교육하기 위해서라고 말했다. 그날 아버지를 포함한 20여 명의 '검은 무리'도 대회에 참가한다고 했다. 그 말에 나의 귀가 솔깃해졌다. '그래 아버지를 볼 수 있구나. 아버지에게 우리의 소식을 전해야지.' 오로지 그 생각뿐인 나는 주저 없이 하겠다고 말했다.

혹시 발언 원고를 검사해서 내가 하고 싶은 말을 못하게 할까 봐 원고를 쓰지 않고 줄거리만 서너 줄 적었다. 검사해서 그 줄거리가 괜찮다 한다면 대회에서 내가 하고 싶은 말을 하면 되니까. 그 전날 밤 머릿속에 할 말들을 떠올려 보았다.

기다리던 대회가 시작되었다. 아버지와 20여 명의 '검은 무리'들은 모두 대회장 제일 앞에 그냥 차가운 콘크리트 바닥에 쭈그리고 앉아 있었다. 어머니의 해방을 선포한 후 대회 집행자가 다음은 가족이 발언할 차례라고 말했다. 내가 주석대에 올라가자 관중석은 물 뿌린 듯 조용해졌다. 그때 나는 키도 작고 목소리도 어린애처럼 앳된 열다섯 살이었다. 처음에 나는 떨리기도 하고 긴장해서 작은 목소리로 이렇게 시작했다.

"나는 김명과 김연순의 딸입니다. 이름은 김주영이라 합니다."

그러자 장내는 물이 끓는 큰 가마솥 같이 되었다. 사람들이 동시에 모두 입을 열었나 의심할 정도로 귀가 멍멍하게 술렁이는 소음이 들렸지만 나는 침착하게 말을 이었다. 그러자 장내는 또다시 조용해졌다.

나는 공손히 고맙다는 인사말을 하고 나서 우리와 같은 '반동새끼'들의 고통과 우리 나름의 희망에 대해 눈물을 머금고 차근차근 말했다. 원고도 없이 그것도 그때 내 또래 조선족 아이들에게 흔치 않은 유창한 중국말로, 생동하게 고사성어까지 써가며 말했다. 나는 우리 '반동새끼'들도 부모의 품이 그립고 우리도 부모가 집에 있었으면 좋겠다고 했다. 우리에게는 죄가 없으니 우리를 증오하지 말아 달라는 것도 잊지 않고 말했다.

그리고 마지막쯤에 가서 아버지를 불렀다. 누구도 예상치 못한 돌발 상황이어서 모두가 어리둥절했고 아버지도 앉은 채로 가만히 있었다. 이럴 때는 어떻게 해야 하는지 미처 생각을 못하신 것 같았다. 대회 집행자도 당황해했다. 나는 모른 척하면서 다시 한 번 아버지를 불렀다. 그러자 관중들이 아버지 보고 일어서도 괜찮다고 소리치면서 "딸이 부르는데 뭘 하고 있는가?" 하고 재촉했다.

아버지가 천천히 일어났는데 머리를 숙이고 있어 얼굴은 보이지 않았다. 손으로 얼굴에 흐르는 눈물을 닦는 모습만 보였다. 나는 아버지에게 힘을 내고 당과 군중들을 믿으며 노력해서 빨리 해방받기를 원한다고 말했다. 그리고 우리 남매들이 아버지를 기다린다는 말도 했다. 내가 조용히 발언을 끝내니 관중들은 오랫동안 박수를 쳐주었다. 정말 우레 같은 박수였다.

무대 위에 있던 현군사통제위원회 군부 수장들 중 어떤 사람들은 나의 손을 잡아 주었고 어떤 사람들은 나를 꼭 껴안아 주었다. 그들의 눈에도 모두 눈물이 그렁그렁했다. 정치적으로 적과 동지의 경계를 떠나서 그들도 자식이 있는 아버지들이었다. 반란파 두목들도 다가와서 나의 어깨를 도닥여 주었다.

이 기회를 빌어 아버지에게 우리가 무사하다는 소식도 전하고 살아갈 용기와 희망을 주려고 대회에 나가 발언을 했는데 상상도 못한 큰 반향을 일으켰다. 그날 대회장에 있던 많은 사람들과 실황 방송을 듣던 사람들이 모두 눈물을 흘렸다고 했다. 아마 그동안 잊고 지냈던 인간성이 다시 부활되었는지도 모른다. 많은 직장에서는 그 대회 후에

당의 정책을 실시하는 문제를 토의했다고 한다.

화룡사람들은 그 후부터는 '반동새끼'들을 달라진 눈길로 보기 시작했다. 동창들도 다시는 나를 괴롭히지 않았다. 그 대회에서 눈물 흘린 부모들에게 그 애가 자신들의 동창이라고 자랑했다고 한다. 40여 년이 지난 지금도 화룡사람들은 어머니를 만나면 그 여자애가 지금 어디 있느냐고 물어본다고 한다.

그 대회가 있은 날, 아버지를 감독하던 한 반란파가 아버지께 이렇게 말했다. "당신은 지금 갇혀 있어도 똑똑한 새끼들이 있어 나중에는 잘 살 거요." 그런데 정말 아버지를 흐뭇하게 한 것은 내가 그동안 한문 공부에 게으르지 않고 책도 많이 보고 있다는 사실이었다. 그게 바로 내가 아버지한테 보낸 우리의 안부소식이었다. 아버지의 '반동새끼'들이 반듯하고 씩씩하게 자라고 있다는 메시지였다.

그 대회 후 어머니는 집에 이틀 더 계시고 우리 남매를 두고 시골에 있는 5.7간부학교(노동단련을 하는 농장)에 내려갔다.

아이들이 공포에 떨던 세상

"아이들이 분노하는 세상이라면 정말 슬픈 곳이다." 이것은 한국의 미술학 박사 김용선이 핀란드의 화가 유고 짐베르크Hugo Simberg가 그린 〈상처 입은 천사〉를 평론하는 글 중에 한 말이다. 그 글을 보는 순간 나는 "아이들이 공포에 떠는 세상은 지옥이다"라는 생각이 들었고 지옥 같았던 문화대혁명 시절이 떠올랐다.

'자살'이란 곧 "죄가 있기에 두려워 스스로 목숨 끊은 것"이라고 단정 짓던 인류역사에 유례를 찾기 힘든 기막힌 세월이 바로 중국의 문화대혁명 시기였다. 문화대혁명의 적이 된 소위 '죄인'들을 부모로 둔 자식들에게 있어서 가장 큰 두려움은 부모들의 '자살'이었다.

사실 부모님은 언제라도 '맞아' 죽을 수 있는 위험에 처해 있었지만 정작 어린 우리들에게는 부모님이 스스로 택하는 자살이 제일 무서웠다. 세상을 잘 모르는 열 살 남짓한 아이들에게 "죄가 있어 두려워 죽었다"는 것이 수치스러웠는지 아니면 부모가 떳떳하지 못하다고 생각해서 무서웠는지, 그것도 아니면 부모가 안 계신 것이 두려웠는지 그 원인은 지금도 모르겠다. 아무튼 그때 부모님이 자살할까 봐 얼마나 걱정했는지 모른다.

매일 전해져 오는 다른 아이들의 부모님이 자살한 소식은 정말 끔찍했고 아이들의 얼굴에는 공포와 슬픔의 빛이 항상 감돌았다. 자살이란 낭떠러지로 밀려가기까지 얼마나 무시무시하고 고통스러웠겠는가를 어린 우리도 잘 알았다. 그때는 정말 캄캄한 그믐밤처럼 희망이 보이지 않던 지옥 같은 세상이었다.

1968년 여름의 어느 날, 어머니가 핏기 없는 겁에 질린 얼굴로 우리 형제들에게 "용정의 위생국 허 국장이 자살했단다"라고 말하면서 눈물을 흘렸다. 나는 지금도 그때에 받은 충격을 생생하게 기억한다. 내가 잘 아는 분이 자살했다는 소식은 어린 마음에 너무나 아프게 비수와 같이 꽂혀서 며칠 동안 힘들었고 40여 년이 지난 오늘도 그때의 슬픔이 가슴속에 가득 차 온다.

1963년 화룡현으로 이사 오기 전에 우리 집은 용정에 살았다. 현위서기였던 아버지의 특권으로 병약했던 나는 허 국장의 치료를 많이 받았다. 그분은 그때 용정 현립병원의 유명한 의사였고 또 병원 원장

겸 위생국 국장이었다. 그분의 맏아들이 나와 같은 초등학교의 동창이었는데 유난히 총명하고 공부를 잘했다.

허 국장의 이름은 허근이었다. 그분은 대학교를 두 개나 나왔다. 모두 군의대였는데 지금의 중국의과대학과 하얼빈의과대학이다. 그분은 1929년 하얼빈시에서 태어났고 1946년에 혁명에 참가했으며 중국인민해방군 제4야전군 15병단의 군의사였고 조선인민군 야전병원 외과 과장, 치료과 과장으로 일해 왔고 군공훈장도 두 차례나 받은 사람이었다. 문화혁명 때 허근 국장은 일본어, 러시아어에 능통한 것이 죄가 되어서 '외국특무'라고 투쟁을 받았다.

1968년 8월 19일 새벽녘에 감금된 방을 지키던 문지기들이 잠자는 사이에 도망쳐 나와 달리는 기차에 뛰어들어 자결을 하셨다. 돌아가시기 전에 보름간 투쟁을 받았는데 반란파들이 일주일간 재우지 않고 밤낮으로 고문하고 때리고 하여 허 국장은 헛소리까지 할 정도로 정신이 극도로 붕괴된 상태에 이르렀으며 죽음을 결심하게 된 것이었다.

유서를 읽어보면 그분은 죽음으로 자신의 결백을 항변하고 사악한 무리의 핍박에 선비다운 항쟁을 했다는 것을 알 수 있다. 죽을지언정 더는 치욕을 받지 않으려고 한 그분의 마지막 결단은 유서에 잘 나타나 있다.

"나는 절대 일본특무가 아니다. 이것은 역사의 모든 사실로 존재하기 때문에 아무 때 가서도 증명될 것이다."

이것은 생의 마지막 순간에 그분이 외친 비장한 선언이었다. 그때 그분은 39세의 젊은 나이였다. 허근의 작은 아들인 허승호는(필명은 허무궁, 중앙민족대학 졸업) "얼굴 모습도 채 익히지 못한 아버지를 8살에 여의고 '특무새끼'로 중학교 때까지 뭇사람들의 비난과 멸시에 찬 눈총과 손가락질을 받아왔다. 동년은 비감과 고통과 애상의 고달픔이었다"고 그의 수필에 썼다. 허무궁은 또한 아버지의 죽음에 대해 이렇게 기록했다.

"나의 아버지는 소위 세계를 놀라게 했던 문화대혁명 때 자기의 동료와 부하들에게 고문당하고 맞아 죽음의 길을 택하셨다. 처자를 두고 간 젊은 사나이의 마음이 오죽했으련만 돌이켜 생각해보면 그 더러웠던 세상을 잘 떠나셨다는 생각도 든다. 일본어 의학책과 러시아어 의학책이 많았던 것이 죄가 되어 '외국특무'로 만들어졌던 것이다. 아버지가 연변의학계에서는 이름이 있었다는 얘기를 고등학교를 졸업한 뒤에야 알게 되었지만 그 어지러운 세상에서는 사람이 자기가 해야 할 삶을 다하려고 아무리 애를 써도 할 수가 없었던 것이다."

나는 문화대혁명 동안 많은 간부들이 자살하는 비참한 광경을 반복하여 목격했고 소식으로 전해 들었다. 그러기에 내 부모님의 자살을 필사의 힘으로 막고자 했다. 지금까지 살면서 자식으로서 제일 잘한 일이 부모님의 자살을 막은 것이라고 믿는다. 아무래도 나에게는 그때 처음으로 악이라는 것이 생긴 것 같다. 이 세상을 살아가려면 악이 있어야 함을 그때 알았다. 철모르는 어린애에서 무거운 세상 짐을 진 어른이 된 것도 그때였다.

1968년 4월 말에 반란파들에게 붙잡혀 가서 5자 길이가 되는 고깔모자를 쓰고 두 팔은 묶이고 하루 종일 조리돌림을 당한 어머니는 오후 5시경에 트럭에 실려 현정부 청사 앞에 도착했다. 어머니가 차에서 끌려 내려올 때 얼굴은 시퍼렇게 되었고 두 눈은 꽉 감고 있었다. 약간 벌린 입으로 숨을 쉬는 것이 보였다. 내가 다가가 어머니를 부축해서 업으려 하니 총을 멘 반란파 한 작자가 나를 밀치려고 했다. 화가 난 나는 "뭐하는 거요? 당신이 우리 집까지 업어다 줄 거요?"라고 말하니 옆에 있던 다른 자가 "놔두어라. 어차피 지금 이 여자를 가둘 만한 곳도 없으니 집에 보내라"고 했다.

힘이 약하고 키가 작은 나는 거의 끌다시피 하면서 어머니를 집까지 업고 왔다. 길에서 발이 끌리는 바람에 어머니의 한쪽 신발을 잃어버리기도 했다. 집에 온 어머니는 인사불성이었다. 우리 남매 셋은 놀라고 두려워서 큰소리로 어머니를 불렀다. 한참 뒤에야 정신 차린 어머니가 한숨을 쉬더니 "우린 어떻게 살겠니!"란 말씀을 하시더니 하염없이 눈물을 흘렸다. 둘째 언니는 문 밖에 나가 혼자 울었고 어린 동생도 어머니 몸 위에 엎드려 꼼짝도 하지 않고 울었다.

한참 지나서 어머니가 나를 찬찬히 보면서 나지막한 목소리로 이렇게 말했다. "이제 언니가 졸업하고 농촌에 가면 네가 동생을 보살펴야 한다. 아버지는 중국에 친척이라곤 한 명도 없으니 나의 사촌동생과 시골에 있는 여동생이 도와줄 거다. 아버지가 북경에서 돌아오면 엄마가 정말 억울했다고 전해다오. 아버지도 북경에서 투쟁받고 있을지 모르겠구나. 그렇지 않고서야 왜 나를 이렇게 투쟁하겠니?"

나이는 어렸어도 사람이 죽으려고 할 때면 꼭 이런 말을 한다는 것을 나는 알고 있었다. 정신이 확 든 나는 어머니를 와락 끌어안고 미친 듯이 애걸했다.

"엄마, 엄마, 그런 생각하지 말라구요. 나와 동생이 이렇게 어린데 엄마가 없으면 어떻게 살아요? 엄마가 죽으면 우리도 같이 죽을 거니까 그렇게 아시라구요. 아버지만 북경에서 돌아오면 모든 것이 좋아질 거니까 기다려요. 네? 엄마, 이제부터 우린 말 잘 들을게요. 우리가 크면 농촌에 가서 부모를 봉양할 수 있으니까 반동이 되어도 무서워하지 말아요. 엄마!"

아무리 악을 써도 어머니는 대꾸하지 않고 가만히 누워만 있었다. 어려운 일이 있을 때마다 항상 침착하게 방법을 생각해 내고 정신력이 강하던 어머니가 이렇게 절망하고 무기력한 모습을 보이기는 처음이었다.

그날 7시쯤에 여느 때보다 퇴근이 늦어진 큰 언니가 허둥지둥 집으로 뛰어왔다. 언니는 어떤 일이 생겼는지를 우리에게 알려 주었다. 그날 어머니를 조리돌림을 하는 트럭이 백화상점 앞에 멈추었는데 그 상점에서 일하던 언니는 화가 나서 트럭 앞에 달려가 차를 막고서 큰 소리로 "우리 엄마가 무슨 죄를 지었다고 이러는 거냐? 빨리 우리 엄마 모자를 벗기지 못해? 빨리 우리 엄마를 차에서 내려오게 하란 말이야!"라고 겁도 없이 고함을 질렀다고 한다. 그러자 언니를 잡으려고 차에서 총을 멘 자들이 몇 명 뛰어내리니 모여서 구경하던 사람들이 대뜸 언니를 백화상점 안에 들여보내고 상점 점원들이 천을 보관하던 창고에 언니를 감추어서 화를 면했던 것이다. 총을 멘 자들이 상점 안에서 한참 뒤지다가 꽥꽥 소리 지르고서 나갔다. 갈 때 상점 지배인에게 내일부터 큰언니를 감금하라고 명령했다는 것이다.

이 이야기를 들은 우리 셋은 너무도 놀라서 말이 나오지 않았다. 집을 나가면서 큰언니는 나와 둘째 언니에게 "내일부터 나는 집에 못 올 것 같으니 너희들이 어머니를 모시고 동생을 돌보아라. 그리고 외지에 있는 형부에게도 소식 전해다오"라는 말을 남겼다. 누워서 이 말을 듣고 있던 어머니의 눈에서는 눈물이 흘러내렸다.

그날 저녁 8시경에 현위 반란파들이 다시 어머니를 잡아갔다. 하루

종일 아무것도 드시지 못해 바로 서지도 못하는 어머니가 또 끌려가서 비판을 받는다는 것이었다. 먼저 조리돌림을 하고 나서 죄명을 적발한다니 이것이 내가 책에서 배운 선참후주先斬後奏 즉 먼저 죽이고 후에 아뢴다는 사자성어의 참뜻이었다.

그날 저녁 우리는 어머니가 돌아오실 때까지 잠이 들지 못했다. 한밤중 거의 12시가 되었을 무렵에 우리 집 뒤쪽 창문 방향에서 쿵하는 소리가 들렸다. 뛰어나가 보니 어머니가 창문 밑에 있는 김장을 넣는 움 나무 뚜껑 위에 쓰러져 있었다. 손에는 커다란 개패를 잡은 채로 누워 있었는데 혼자서 집까지 왔는지 아니면 끌려왔는지는 알 수가 없었다. 우리가 어머니를 집에 들여다 눕히고 설탕물을 드시게 한 뒤에도 어머니는 정신을 차리지 못하고 꼼짝하지 않았다. 무서워진 우리는 어머니의 손과 다리를 붙잡고 앉아서 지켰다. 혹시 우리가 잠든 사이 자살할까 봐 두려워진 나는 그때 초등학생들이 목에다 매던 붉은 넥타이들을 이어서 한쪽은 어머니의 두 발을 묶고 다른 한쪽은 동생에게 나의 한쪽 손목을 묶게 했다.

새벽에 깨어나 보니 어머니가 일어나 앉아서 옆에서 엎드려 자고 있는 우리 남매들을 보면서 눈물을 흘리고 있었다. 어머니는 그때 이렇게 비장한 어조로 말했다.

"내가 너희들보다 못하구나. 이젠 걱정 말아라. 안 죽을 거다. 그놈들이 작정하고 우리를 죽이려 하는데 지금 이렇게 억울하게 죽으면 너무 원통할 것이다. 이젠 더 무섭지도 않다. 엄마가 스스로 죽으면 정말 죄 짓는 것이다. 이젠 살겠다. 악착같이 살 거다."

들리는 바에 의하면 그 전날 저녁 적발비판대회에 끌려간 어머니는 두 의자를 쌓아놓은 자리 위에 서서 투쟁을 받았는데 화룡6중의 중학생들이 그 걸상을 발로 걷어차 넘어뜨렸다고 한다. 그때 의자에서 떨어진 어머니는 허리뼈를 다쳤다. 설상가상으로 두 달 후 아버지가 북경에서 돌아온 후 현정부 작은 구락부에서 아버지와 같이 투쟁받고 '물러가라'는 구호 속에서 쫓겨나듯이 밀려 나오는 어머니를 문밖에 서있던 현위 보통간부 왕씨 성을 가진 자가 뒤에서 갑자기 밀어서 층계에서 굴러 떨어지게 했다. 층계에서 떨어진 어머니는 그 자리에서 발목뼈가 끊어졌고 허리에는 한동안 완전 마비까지 왔었다.

6월 중순에 우리는 아버지가 북경학습반에서 돌아온다는 통지를 받았다. 나와 동생은 기차역에 가서 아버지를 맞이하자고 약속했다.

그날 학교에서 나는 빨리 오전 수업이 끝나기만을 기다렸다. 그런데 마지막 수업이 막 시작하려는데 선생님이 뛰어 들어와서 "오늘 마지막 시간은 백화상점 앞에 가서 김명투쟁대회에 참가한다"고 통지했다. 내 머리는 멍해졌다. 마치 물독만큼 커진 듯했다. 애들이 운동장으로 뛰어나가 줄을 서고 있었지만 나는 가방을 메고 학교 대문 밖으로 뛰어 나갔다. 금방 집으로 가는 방향으로 몸을 돌려 뛰어가는데 아버지를 태운 트럭이 마주오고 있었다. 마침 아버지는 머리를 들고 나의 학교대문 쪽을 바라보고 있었는데 나를 발견하고 머리까지 끄덕였다.

아버지는 항상 그렇게 태연자약한 사람이었다. 오늘도 조리돌림 당하는 차 위에서 아무 일도 없다는 듯이 여기저기 두리번거리며 길주변의 사람들을 바라보았다. 마치 검열하는 수장님 같았다. 아마 3개월간 북경에서 잘 지내셨는지 몸무게도 는 것 같았고 얼굴도 좋아보였다. 아직 어머니 소식을 모르는 것 같았다. 아버지와 눈을 맞춘 후 나는 정신없이 집에 달려갔다. 문밖에서 나를 애타게 기다리던 동생은 나를 보더니 "왜 이제야 오는 거니. 늦겠다. 기차가 이미 왔겠다"고 나를 나무랐다. 아버지가 이미 조양천역에서 화룡으로 트럭에 끌려왔다고 하니 동생은 놀라서 한참동안 말을 잇지 못했다.

그날 백화상점 앞에서 투쟁대회를 끝낸 후 반란파들은 아버지와 김세균 현장을 화룡고등학교에 가두었다. 그런데 오후에 학생 반란파들끼리 무력충돌이 생겨서 난리가 났는데 반란파들이 분풀이로 아버지와 김 현장을 온몸이 성한데 없이 마구 때렸다고 한다. 그날 초저녁에 반란파들은 아버지와 김 현장을 더 안전하다고 생각되는 현위 당학교로 이동시키기로 했다.

바로 그날 5시 쯤 저녁밥을 먹을 시간이어서 내가 동생을 찾으러 현정부 앞에 갔는데 멀리서 사람들이 떼를 지어 달려오는 것이 보였다. 길옆에서 구경하는 애들 틈에 끼여서 보니 놀랍게도 아버지와 김 현장이 앞에서 뛰고 있었고 그 뒤에는 총을 멘 사람들이 허리띠로 아버지와 김 현장을 짐승 몰듯이 치면서 달려오고 있었다. 찬찬히 보니 아버지는 맨발이었고 위에는 러닝셔츠만 입었고 두 손으로 바지허리를 잡고 달리고 있었다. 이 두 분의 바지 혁대는 반란파들 손에 들려 있었던 것이다. 아버지는 내가 오전에 본 그 모습이 아니었다. 얼굴과 팔에는 온통 상처자국이었다.

아버지가 나의 눈앞을 지나는 그 순간에 현수리국에 다니는 조선족 하급간부가(이 자는 문화혁명 중에 많은 사람을 때려 상하게 했다) 퇴근길에 지나다가 손에 든 책 하나 크기의 서류가방으로(그 가방에는 딱딱한 책이 들어 있었다) 짝 하는 소리가 나게 아버지의 왼쪽 얼굴을 갈겼다. 어떤 여자애가 고함을 질렀다. "주영아, 너 아버지 귀를 보아라!" 검붉은 피가 아버지의 왼쪽 귀에서 터져 나왔고 그 피가 아버지의 어깨에 떨어지고 있었다. 그런데도 아버지는 계속 앞으로 뛰고 있었다. 별안간 눈앞이 캄캄해졌지만 나는 정신없이 집으로 뛰어갔다. 집에 도착해서는 문을 열자마자 까무러쳤는데 한참 만에 깨어나 보니 어머니와 동생이 내 손과 발을 주무르고 있었다.

그때에야 나는 조금 전에 생긴 일을 식구들에게 말해 주었다. 우리는 슬퍼할 여유도 없었다. 나는 당학교에 가서 아버지를 만나겠다고 우겼다. 어머니는 무장반란파들이 너를 들여보내지 않을 것이라고 말했다. 나는 아버지가 상처를 입었는데 들어가 약을 바르게는 해줄 것으로 생각했다. 감옥에 갇힌 범인이라도 가족이 면회할 수 있는데 우리가 왜 아버지를 만날 수 없겠냐면서 해독에 쓰일 녹두죽과 외상에 바를 약 그리고 바꾸어 입을 옷가지를 가지고 당학교에 찾아갔다.

당학교 문 앞에는 두 한족 반란파들이 총을 메고 보초를 서고 있었다. 그 사람들은 공장에서 일하던 노동자들이었다. 그들 앞에 서니 좀 무서웠다. 왜 왔느냐고 그들이 물으니 내가 "나는 김명의 딸인데 아까 보니까 아버지 온몸이 상처투성이던데 약과 녹두죽을 가져왔다고" 공손하게 중국말로 말했다. 아직 어린애이고 유창하게 중국말을 하는 게 싫지 않았는지 "고놈 참 똘망똘망하다"고 하면서 빨리 들어갔다 나오라고 허락했다.

아버지는 당학교 안의 단층 건물 첫 번째 방에 갇혀 있었다. 숙직실 같아 보였다. 문은 밖에서 잠겨 있고 창문은 열려 있었다. 창문 앞에 또 두 명의 총을 멘 사람들이 보초를 서고 있었는데 나보고 그 창문으로 기어 들어가라고 했다. 아버지는 자그마한 중국식 구들에 앉아서 담배를 피우고 있었고 김 현장은 아파서 신음소리를 내면서 누워 있었다. 방에 들어가자마자 나는 아버지의 러닝셔츠를 벗기고 잔등머리와 팔에 약을 발랐다. 피 나는 곳에만 약을 발랐고 온몸에 있는 퍼렇게 멍든 자리에는 어떻게 해야 할지 몰라서 한참이나 쩔쩔맸다. 다리에도 상처가 많았다.

약을 바른 후 나는 아버지에게 죽과 반찬을 드시게 했다. 그런데 맞아서 퉁퉁 부은 팔이 아파서 아버지는 죽 그릇을 들지 못했고 수저도 자꾸 떨어뜨렸다. 그때에야 나는 아버지의 부어 있는 왼쪽 귀를 찬찬히 보았다. 귀 안은 시뻘건 핏덩어리들로 꽉 차 있었고 이미 굳어버렸는지 피는 더 흐르지 않았다. 무서워서 건드리지 않고 약도 바르지 않았다. 나는 가지고 간 수건으로 피와 먼지로 얼룩진 아버지의 얼굴을 닦아 드렸다. 내 눈에서는 눈물이 소리 없이 바닥에 떨어졌다. 유심히 지켜보던 보초들도 딱하던지 머리를 밖으로 돌렸다. 3개월간 서로의 소식을 몰랐지만 보초들이 감시하는 상황에서는 물어볼 수가 없었다. 내가 집으로 돌아가려고 하니 아버지가 손목시계를 풀어서 나에게 주면서 "아버지에게는 필요 없구나. 오늘 하마터면 잃어버릴 뻔했단다. 이젠 니가 차거라"고 했다. 그 말씀이 일리가 있어 보여서 나는 말없이 시계를 가지고 집에 돌아왔다.

지금은 시계가 대단한 것이 아니나 1960년대 중국에서는 대단한 재물이었다. 아버지의 시계는 외국산이었던 걸로 기억된다. 아무튼 집에 시계를 가지고 가니 이번에는 어머니가 놀라서 어쩔 바를 몰라 했다. 혹시 아버지가 자결하려고 그러는 것이 아니냐면서. 나는 우둔한 자신을 원망하고 후회하면서 날이 새기만을 기다렸다. 한숨도 잠을 못 자고 날이 새기만 기다린 어린 소녀의 그 애타는 심정을 지금 어떻게 글로 묘사할 수 있을까? 나는 그때 그냥 하염없이 창문만 바라보았다. 동이 약간 터서 창문에 어두움이 조금씩 물러가니 나는 벌떡 일어나 준비했던 약과 음식을 가지고 다시 당학교로 뛰어갔다.

혹시 정신이 잘못된 게 아닌가 하고 나를 의아하게 보는 보초병들이 투덜거리면서 꼭두새벽에 온 나를 들여보내 주었다. 아직 자리에서 일어나지 않은 아버지를 깨워서 나는 그 시계를 아버지 손목에 끼워 주었다.

"아버지, 나중에 이 시계를 차고 집에 오십시오. 나는 아버지가 필요하지 이 따위 시계는 싫습니다. 아버지 죽으면 안 됩니다. 정말입니다. 아버지가 살아야만 우리도 삽니다. 반동이라도 좋으니 꼭 살아야 합니다. 죽으면 정말 나쁜 사람이라고 승인하는 겁니다……"라고 한참이나 혼자 떠들면서 울며 아버지께 애걸했다. 그리고 또 숨도 쉬지 않고 많은 말을 했던 기억이 난다.

아무튼 어리둥절해 있던 아버지가 머리를 숙이더니 "알았다. 걱정 말아라. 아버지 안 죽을 거다. 이 시계를 잃을까 두려워 준거니 잘 보관했다가 아버지 집에 가면 다시 나에게 돌려주려무나." 그러면서 시계를 풀어서 내 작은 팔뚝에 끼워 주었다. 아버지 역시 눈물이 글썽해서 내 얼굴을 한참이나 들여다보았다. 나는 어쩐지 아버지가 나와 무언의 약속을 한 것 같아 마음이 든든해졌다. 부모 자식 사이에만 있을 수 있는 그런 믿음이었다.

그날 점심에 나는 새처럼 날아갈 것 같은 기분으로 아버지께 점심을 가져갔다. 속으로 우리 아버지는 꼭 살 거야 하면서 편안해진 마음으로 아버지한테 갔다. 보초 서고 있던 반란파들이 나에게 말하기를, 현위에서 통지가 왔는데 이제부터는 집에서 밥을 나를 수 없다는 것이었다. 그들은 나보고 얼른 들어갔다가 나오라면서 재촉했다. 그런데 창문으로 들여다보니 아버지가 힘없이 누워 있었는데 웃옷 왼쪽 어깨에는 커다란 핏자국이 나 있었다. 내가 부랴부랴 들어가서 보니 아버지의 왼쪽 귀에서 다시 피가 흐르고 있었다. 어제 저녁까지만 해도 피가 굳었는데 이게 웬일인지 가만히 물으니 아버지가 귀퉁이를 때리는 시늉을 했다. 누가 그랬는가 물으니 "허정오란 자가 그랬다"고 했다.

이 허정오란 사람에게 매를 맞은 많은 현위 간부들은 지금도 그의 이름만 나오면 치를 떤다. 문화혁명이 시작되기 얼마 전 시골에서 하급 간부로 현에 뽑혀온 조선족인데 문화혁명 중에 아주 지독하게 사람을 때렸다. 후에 들으니까 그날 뒤에도 아버지는 몇 번이나 더 허정오에게 빰을 맞았는데 상처가 다시 터지는 것에 재미를 붙인 그 자는 아버지의 왼쪽 귀만 쳤다고 한다. 귀 안에서 피와 이상한 것들이 몇 번 더 터져 나오더니 몇 달 후 아버지의 왼쪽 귀는 영영 청각을 잃었다.

그날 뒤로 아버지는 1971년 1월까지 31개월간이나 집 밥을 드시지 못하고 갇혀 지냈다. 아버지가 감옥에서 나올 때 집에 가져온 이불은 이불잇만 있고 이불속은 없었다. 어머니가 웬일인가 물으니 아버지가 슬픈 얼굴로 이불속을 찢어 놓끈을 꼬아서 목을 매려고 했었다는 끔찍한 말씀을 하셔서 우리 식구들은 모두 얼어붙은 듯이 말을 잇지 못했다.

한번은 반란파들이 아버지를 근 2주간 재우지 않고 고문했다고 한다. 맞는 것은 참을 수 있었는데 잠을 못 자고 수레바퀴처럼 돌면서 계속해서 받는 심문은 사람을 미치게 했다고 아버지는 말했다. 2주가 되니 별안간 정신을 가다듬을 수 없게 된 것 같아서 두려워졌다. 혹시 자신이 횡설수설하여 본의 아닌 말을 하는 실수를 할까 봐 두려워서 살고 싶지 않았던 것이다. 오히려 죽는 것이 낫겠다는 생각을 했는데 죽을 방법이 없었다.

방 안에는 못 하나 없었고 허리띠와 신발 끈까지 몰수해 갔으니 죽을 길이 없었다. 아무렴 내가 죽지 못할까 하는 생각이 들어서 찾아낸 방법이 이불속을 찢어서 농을 꼬는 것이었다. 그 농끈으로 난방 파이프에 걸고 목을 맬 생각으로 어둠 속에서 앉아 죽을 생각을 하면서 농을 꼬는데 차츰 정신이 들기 시작했던 것이다.

그때에 아버지 눈앞에는 날도 새지 않은 꼭두새벽에 찾아와 울부짖던 어린 나의 모습이 보였다. "죽으면 안 된다"면서 "반동이라도 좋으니 살기만 하라"던 내 목소리가 귀에 들렸다고 하셨다. 그렇게 아버지의 자살은 미수로 끝났다. 죽으려고 애를 쓰니까 살 힘이 생긴 것이 참으로 희한한 일이다.

이런 일은 당시 연길현(용정) 남홍열 서기에게도 있었다. 2013년 여름에 내가 만난 남 서기의 두 귀는 마치 텅 빈 방안 같이 보기에도 이상했다. 귀 안의 모든 것이 다 터져 나왔다고 했다. 그분도 1970년 겨울에 해방받았다. '조선특무'로 갇혀 있는 동안 남서기는 11일간 매일 24시간 수레바퀴 돌듯이 자지 못하고 고문을 당하니 미칠 것 같아서 살고 싶지 않았다고 한다. 정말 죽고 싶었는데 집에서 학수고대하는 노모와 처자식을 생각해서 차마 죽지 못했다. 문화혁명 중에 죽지 못해 산 그분들의 처참한 경력은 잊지 못할 이야기로 후세에 전해질 것이다.

별안간 생겨난 조선특무 무리들

몇 년 전 지방민족주의자로 몰리던 조선족들이 이제는 조선특무로 잡히는 수난의 시기가 1968년 7월에 시작되었다. 그것도 거의 모든 중고급 조선족 간부들이 조선특무로 잡히는 기막힌 사태가 연변 전체에서 발생한 것이다.

내 일기를 보면 1968년 7월 17일에 화룡에서는 전체 현기관 간부 학습반이 열려서 계급대오 청리를 시작했다. 그 이튿날부터 어머니는 학습반에 가서 비판을 받았다. 그리고 8월 초에는 현군사통제위원회와 혁명위원회에서 어느 조선족 현위 부서기를 학습반에서 투쟁하기 시작했다. 말이 비판투쟁이지 사실은 지독한 형벌과 고문으로 없는 죄를 만들어 내는 참혹한 지옥이었다.

1968년 가을 어느 아침 깨어나 보니 화룡에는 난데없이 몇 십 명의 조선특무들이 잡혀서 고문받고 지옥 같은 옥고를 치르더니, 또 몇 년 후인 1970년 봄에 북조선과의 관계가 개선되자 같은 해 말에는 그 많던 조선특무들이 모두 애당초 존재하지 않았던 것처럼 연기처럼 사라져 버린 때가 바로 연변의 문화혁명 시기였다.

문화혁명 당시 연변에서 조선특무가 가장 많이 잡힌 현이 바로 내가 살았던 화룡현이었다. 화룡의 소위 조선특무는 두 갈래 선이었다. 하나는 주덕해를 윗선으로 둔 '김명' 특무선이고 다른 하나는 당시 어느 조선족 현위 부서기와 조선족 현장을 위수로 한 특무선이었다. 김명 특무선에는 김명 혼자뿐이었고 다른 특무선에는 현국장급 간부들만 20여 명이었다. 아버지는 부하 성원도 만들지 못할 정도로 능력이 없었나 생각하는 독자들도 있을 것이다. 하지만 바로 이 점이 문화혁명 후 연변사람들이 아버지를 존경하고 칭송한 이유 중의 하나였다.

너도나도 살아남으려고 부하는 물론 자신의 부인과 남편까지 고발하고 무함하던 험악한 세월인 문화혁명 중에 아버지는 자신의 상사는 물론이고 어떤 부하에게도 죄를 씌우지 않고 지켜주었다.

그때 반란파들은 화룡현 정부청사를 비우고 임시감옥으로 만들었다. 벽과 창문을 신문으로 몇 층이나 도배를 하고 방안에는 10촉짜리 전등을 켜고 창문과 문은 대못으로 쳐서 막고서 20여 명의 조선특무들을 따로 따로 가두었다. 모두가 화룡 현위 현급, 국장급 간부들이었다. 그중에는 현위 서기, 현장, 현위 부서기는 물론이고, 조직부장과 선전부장 등 국장급 간부들도 많이 있었다. 모두 지독한 고문을 이기지 못하여 자신이나 혹은 다른 사람이 죄를 승인하여 특무라는 누명을 쓴 사람들이었다. 그 사설 감옥은 안이 어두컴컴하고 감시원이 24시간 감시하는, 감옥보다 더 험악한 곳이었다.

지독한 고문에서 살아남으려고 자신의 부하와 상사를 특무조직 성원이라고 할 수 없이 거짓 고백을 하여 그럴듯한 특무조직 이름에 조직 강령과 조직조, 선전조, 통신조 등 부서까지 있는 특무조직이 만들어졌다. 조선특무를 잡으려고 작정하고 고문을 시작한 반란파들이 있는 한 그 어느 조선족 간부들도 그들의 마수에서 벗어날 수 없었다. 문화혁명 당시 그런 식으로 화룡현에서 억울한 사건에 연루된 사람이 2,309명이나 되었다.

특무가 많기는 연길현(용정)도 마찬가지였다. 이원우는 전 화룡현 공안국 국장이었는데 문화혁명 바로 전에 연길현 공안국장으로 전근을 갔다. 그곳에서 이원우는 화룡현보다도 반년 일찍 고생을 시작했다.

1968년 4월부터 연변에서 처음으로 계급대오 청리 학습반이 자치주급의 공안국, 검찰원, 법원에서 열렸다. 이 학습반에서 소위 조선특무라는 죄명으로 51명을 붙잡아냈는데 그중 3명은 형벌을 못 이겨 죽었으며 10여 명은 불구자가 되었다.

이렇게 몽둥이와 채찍으로 자치주급에서 소위 조선특무를 잡아낸 경험은 곧 전 사법계통에 보급되었는데 175명이나 되는 조선족 법조계통의 간부와 경찰들이 조선특무로 몰렸다. 이는 법조계통 조선족 출신 간부들의 70%를 차지했다. 그중에 12명이 학습반에서 맞아 죽었으며 82명이 종신불구가 되었다.

위에서 말한 연길현 공안국장인 이원우는 조선특무라는 누명을 쓰고 3년간 인간세상에서 제일 험악한 고문을 받고 죽음의 문턱까지 갔다가 석방된 후에도 2년간 병치료를 받고서야 겨우 일어난 사람이다. 그는 아무 영문도 모른 채 조선특무 조직의 소장이라는 누명을 쓰고 용정 과수농장의 작은 방에 갇혀 매일 16시간씩 맞았다. 러닝만 입은 그를 가죽혁대로 쳤는데 러닝에 피와 살이 같이 붙어서 떨어졌고 마지막에는 두 팔만 때려 퉁퉁 붓고 통증이 심해 밥을 숟가락으로 먹을 수 없어 엎드려서 짐승처럼 그릇에 입을 대고 먹어야 했다.

그 뒤에는 연길현 연하동의 산골 목재 채벌장에 끌려가 자그마한 나무 귀틀집에 갇혀 지냈다. 높이는 딱 사람 키만 했고 너비는 1미터가 조금 넘는 작은 방이었다. 반란파들은 허우대가 큰 이 국장을 짐승처럼 거기 가두어 놓고 고문을 했는데 그런 고문을 "단지곰(단지는 항아리를 말하며, 닭곰에서 비롯된 비유임—편집주)"이라 불렀다.

그때는 추운 겨울이었는데 거기에서 반란파들은 옷을 벗긴 이 국장의 맨살을 가죽혁대로 때리고, 나중에는 그 혁대에다 쇠줄을 감아 때렸다. 온몸이 피투성이 되고 팔 다리가 부으니 화롯불에 돌을 달구어 이 국장의 상처를 지졌다. 화로 부절로 목을 지지고 상처가 나서 아물기 시작하면 신발 바닥으로 그 상처를 내리쳐서 피가 펑펑 쏟아지게 하여 고통을 주었다. 그리고 손가락 사이에 나무를 끼워 비틀었는데 손가락뼈가 다 빠져나왔다. 지금도 그분의 두 손은 상처와 허물투성이다. 여름이 되니 강가에 끌고 가 모래를 가슴까지 파묻어 놓고 참대가지로 손가락 끝을 찔렀다. 고문 시 반란파들이 원하는 것은 특무조직의 명단이었다. 그리고 특무라고 승인하면 석방시킬 거라고 회유하기도 했다.

공안국장 출신인 이원우는 범인을 잡으려면 증거가 있어야 하는데 무슨 증거로 나를 특무라 하느냐, 차라리 나를 간수소에 가두어 달라고 요구했다. 그는 심문하는 군사통제위원회 간부에게, 자신도 모르는 특무조직이 무엇이며 그리고 세상 어디에 너도나도 모두가 특무인 이런 대중적인 특무조직이 있냐고 따졌다. 이렇게 반항했다고 반란파들이 7명이나 몽둥이를 들고 들어와 또 한바탕 때리니 할 수 없어 투항한다고 손을 들어 겨우 목숨을 부지할 수 있었다고 한다.

당시 연길현 공안기관의 대다수 조선족 공안간부들은 이렇게 특무로 누명을 썼는데 그 와중에 스스로 자진해서 특무가 된 사람도 있었다. 다른 사람을 특무라고 때리던 어떤 조선족 간부들도 나중에는 특무로 잡혀 온 경우도 있었다.

이원우 국장은 문화혁명 후에는 자치주 공안국 부국장이 되었고 자치주 정법위원회 주임, 주 사법부 국장직을 역임했다(2014년 현재, 86세의 고령임).

그분이 반란파들의 사설감옥에서 석방되던 날, 온몸은 성한 데가 하나도 없고 머리도 빡빡 깎여 몰골이 사나웠지만 골목길로 돌아가자는 부인의 권고도 듣지 않고 당당하게 큰길로 절룩거리며 집에 돌아갔다는 일화도 있다. 이 국장의 고령의 모친은 의란 연하동에 노동단련 갔던 다른 간부에게서 그곳 주민들이 들려준 아들이 겪은 비참한 사실을 전해 듣고 며칠간 슬프게 낙루하셨다고 한다.

그때 많은 조선특무들이 맞아 죽고, 자결해 죽고, 그나마 운 좋게 살아남은 사람들도 대부분 몸과 마음에 큰 상처를 지니고 평생을 고통으로 살게 되었다. 지금까지 생존해 칠팔십 세 노인이 된 그분들은 아직도 그 끔찍한 고문을 떠올리기만 하면 눈물을 펑펑 쏟으며 치를 떨었다. 2013년에 그분들을 만나 노인들의 이런 모습을 보니 옛날 그들이 겪었던 그 참담한 세월이 그대로 마음에 와 닿았다. 그런 지옥 같은 세월이 어찌 이 세상에 있었을까?

전 자치주에서 제일 악렬한 방법으로 고문하고 피해자가 제일 많았던 화룡에서 몇 년 뒤 그때의 악질 반란파를 처분할 때 현위 기관에는 단 한 명이, 그리고 시골 공사급에서는 누명을 쓴 조선특무를 때려죽인 한 명만 처분을 받았다. 문화혁명 때 사람을 때리고 고문하며 횡포를 부리던 보통 반란파들은 아무런 처벌도 없이 쉽게 고비를 넘어갔다. 세월이 그들을 그렇게 만들었으니 그 사람들에게 죄를 물을 수도 없었던 것 같다.

보일러 굴뚝에 몸을 던진 윤 국장

문화혁명 시절 잊을 수 없는 기억으로 나의 머릿속에 남아 있은 것은 화룡 현위 윤 국장의 자살미수 사건이다. 자살이 많았던 문화혁명 중에는 정말 별의별 자살 방법이 다 있었다. 하지만 높은 빌딩 보일러 굴뚝 속에 몸을 던지는 일은 정말 드물었다. 지금 생각해도 끔찍하게 무섭고 슬프다. 그때 그분은 30대 후반의 전도유망한 젊은 간부였다. 앞에서도 잠깐 언급했는데, 그분의 이름은 윤명학이고 문화혁명 후에 화룡현 교육국 국장으로 일하셨다. 문화혁명 전에 그분은 화룡현 방송국 국장이었다.

1968년 10월부터 1970년 말까지는 문화대혁명의 '계급대오 청산 정리운동' 기간이었다. 당시 반란파들은 특무조직을 조작하려고 미친 듯이 현위 서기, 국장급 간부들을 참혹하게 고문했다. 어떤 현위 간부들이 그 고문을 견디지 못해 20여 명의 현위 국장급 이상 조선족 간부들을 망라한 그럴 듯한 북조선 특무조직을 거짓으로 고백했다. 윤 국장도 불행히 그 속에 끼게 되었다. 당시 방송국 국장이었던 그는 졸지에 특무조직의 무전통신기 통신장으로 몰렸다.

무전통신기 통신장이니 무전통신기를 내놓으라고 핍박했다. 하지만 당시 윤 국장은 영화에서나 무전통신기를 보았을 뿐이고 실물은 본 적도 없었다. 14일 동안 밤 10시부터 새벽 2시까지 심문을 당했다. 영화에서 본 일본놈들이 하던 모든 고문과 형벌을 다 받았다. 그리고는 잠을 재우지 않고 윤번으로 돌아가며 밤낮으로 심문을 했다. 특무가 아닌 것은 아니라고 부정할 수 있는데 본 적도 없는 무전통신기를 내놓으라니 정말 머리가 돌 것 같더니 정말 어느 날 확 돌아버렸다.

1968년 11월 1일 아침에 보초 서던 자가 세숫물을 넣어주고 문을 잠그지 않고 어디로 간 사이에 재빠르게 빠져나와서 죽자고 화룡 현위 청사 보일러 굴뚝으로 올라갔다. 굴뚝 밖에 있는 계단을 타고 올라가면서 머릿속에는 저 굴뚝 속에 뛰어들어 시체도 못 찾게 해야지 하는 생각뿐이었다고 한다. 굴뚝 꼭대기까지 올라간 그는 아무 주저 없이 검은 연기가 나오는 굴뚝 속에 뛰어들었다. 밖으로 뛰면 바로 발각

될 것 같아서 굴뚝 안으로 몸을 던졌던 것이다.

그런데 죽는 것도 쉬운 일이 아니었다. 그 굴뚝 안에 부드러운 재가 2미터 넘게 쌓여 있었고 연기의 부력으로 그의 몸이 천천히 떨어져서 죽음을 면할 수 있었다. 당시 보일러를 때던 노인은 불길이 확하고 밖으로 나오니 사고가 난줄 알고 굴뚝 밑부분에 있는 문을 열어 윤 국장을 발견하고 살렸던 것이다. 윤 국장은 그때 몸에 심한 화상을 입었고 두 다리와 척추가 끊어졌으며 치아도 많이 부러졌다. 그 일로 윤 국장은 4급 장애자가 되었다.

자살미수로 윤 국장의 처지는 더욱 어려워졌다. 자살을 하려고 한 것이 이젠 진짜 특무라는 증거가 되었다. 죄가 두려워 자살했다는 것이었다. 그 뒤에도 참대 젓가락으로 손가락을 트는 심문을 받고 한 달 동안 손을 제대로 쓰지 못했다. 정말 처절하게 견디기 어려웠다. 죽는 것도 마음대로 안 되어 힘들어하고 있던 중 어느 날 방송국 보통간부였던 반란파 한족 장씨가 와서 심문을 하고 나서 가지고 다니던 목책을 일부러 두고 갔다. 윤 국장이 그걸 슬며시 보니 소위 화룡현급 간부들로 구성된 특무조직 이름이며 구성원 명단이며 모든 것이 다 적혀 있었다.

그 노트를 본 뒤 한 달을 더 버텼다. 만일 승인하면 정말 영영 빠져나오지 못할까 싶었다. 그런데 더 이상 심한 고문을 이겨낼 수가 없어서 그 목책에 쓰여 있는 대로 승인했더니 반란파들이 미친 듯이 좋아했다. 하지만 윤 국장은 이게 걱정이 되어서 잠을 이룰 수 없을 정도로 힘들게 되었다. 정말 나중에도 특무 모자를 벗지 못할 것 같았다.

사실 이 특무 사건은 방송국의 기무원 최씨가 북조선 친척과 내왕이 있어서 생긴 일이었다. 방송국 내 12명의 간부 중 4명이 붙잡히면서 시작되었던 것이었다. 당시에는 중국과 북조선의 관계가 악화되어 친척 내왕이 허용되지 않았다. 그런데 그 최씨가 바로 윤 국장의 건너편 방에 갇혀 있었다. 하루는 윤 국장이 자기가 갇혀 있는 난방장치 옆의 마루널들이 흔들거리는 것을 보고 그 마루널을 밤에 가만히 뜯어내고 마루 아래로 기어들어가 건너편에 갇힌 기무원 최씨에게 "정말 무선통신기가 있었느냐?"는 쪽지를 써서 최씨 방 마루 구멍에 밀어 넣어 통신연락에 성공했다. 최씨에게서 "전혀 없었다"는 답신을 받았는데 그 일이 또 재수 없게 반란파들에게 들켜 이번에는 '갱도전(땅굴을 이용하여 벌이는 전투)'을 했다는 죄목이 추가되어 더 힘든 고생을 하게 되었다.

그때부터 윤 국장은 이젠 죽지도 못할 바엔 장차 누명 벗을 때를 위해 준비를 해야겠다는 생각이 들었다. 매번 심문을 받은 후에 방에 돌아오면 심문 날짜, 시간, 심문에 참가한 사람들의 이름, 심문 내용을 담배 마는 종이에 깨알처럼 적어서 돌돌 말아 이불솜 속에 감추었다.

당시 중국인민해방군 통신반 군인들이 와서 손가락 검사까지 하고 여러 가지 암호까지 묻고서 "이 사람들은 가짜야, 아무것도 모르는 가짜 특무다"라고 결론을 내렸는데도 반란파들은 여전히 특무가 틀림없다고 고집을 피웠다.

주은래 총리가 평양을 방문하고 연변문제를 해결하라는 지시가 있은 후 1970년 늦은 봄에 자치주 조사조가 화룡으로 왔을 때 윤 국장은 이불 속에 감추었던 기록으로 3년 동안의 상황을 소상하게 회보했다. 그 뒤부터는 심문을 받지 않고 강제노동만 했다. 윤 국장은 1970년 8월에 석방되었다.

주은래의 평양 방문

문화혁명 때 중국조선족 간부들의 정치적 운명은 중국과 북조선과의 외교관계에 따라 널뛰듯 오르내렸다. 1960년대 초부터 중국은 소련을 수정주의 국가라고 하면서 관계를 멀리하더니, 도대체 무엇 때문인지는 모르겠지만 문화혁명이 시작되면서부터는 조선과의 관계도 어색해졌고 슬슬 조선을 수정주의라고 부르기 시작했다. 당시 여남은 살밖에 안 되었던 나는 외교적 실상에 대해서는 잘 몰랐지만 어린 내가 볼 때는 조선이 소련과 중국 사이에서 양다리를 걸치고 줄다리기를 하면서 중국의 자존심을 건드린 것 같았다.

아무튼 1967년 1월에 도문강다리 통상구 검문소가 문을 닫았고 1965년까지만 해도 중국 국경절에 조선 무산군에서 대표단을 화룡에 보내왔었는데 문화혁명이 터진 1966년부터는 오지 않았다.

조선이 수정주의 국가로 낙인이 찍히자 연변의 조선족 간부들은 수난을 겪기 시작했다. 당시 반란파들은 조선족들과 조선이 끊을 수 없는 혈연적 관계라고 단정하고 있었다. 조선족들을 색안경을 끼고 의심한 것이 문화혁명 시기가 처음은 아니었다. 몇 년 전의 민족정풍 때부터 조선족들의 민족관념과 민족정서에 날을 세우고 경계했던 것이다. 강 건너에 같은 민족의 국가가 있었기 때문이다.

파란만장한 세월이 2년이나 흘렀다. 감옥에 갇혀 죽지 않고 살아남아 있는 조선특무 무리들에게는 어느 날 눈물나게 기쁜 소식이 전해져 왔다. 1970년 4월 6일 아침에 강제노동을 하고 있던 그들은 스피커에서 주은래 총리가 평양을 국빈 방문했다는 뉴스를 전해 들었다. "이젠 살았구나!" 그들은 모두 속으로 외쳤다고 한다.

그들의 예상대로 주은래 총리는 조선방문 후 길림성위에 지시를 내려 연변 조선족 간부들의 문제를 해결하게 했다. 아무튼 그 후부터는 고문이 사라지고 강제노동만 했다. 모두들 마음에 희망이 생겼다. 조선이 적대국이 아닌데 특무는 무슨 놈의 특무야 하는 것이 당시 사람들의 상식이었다.

대다수 조선특무들은 그해 가을에 석방되었다. 그들은 마치 별안간 땅에서 솟아난 것처럼 다시 언제 있었던가 싶게 순식간에 사라져 버렸다. 2년이란 세월 동안 비인간적 학대를 받고서 그들은 다시 보통사람이 되었다. 하지만 정치적으로 그들의 누명이 벗겨지고 억울한 안건이 시정된 것은 아니었다. 그런 일에 익숙해져 있던 중국인들에게는 이 정도는 예삿일이었다.

제일 마지막까지 갇혀 있던 아버지는 1970년 12월 중순에 석방되었다. 그때 시골에 살고 있던 우리는 현위에서 보낸 통지를 받았다. 화룡에 와서 가족학습반에 참가하라는 것이었다. 우리 식구들은 큰언니네 집에 모여서 아버지를 기다렸다. 나는 31개월 만에 아버지와 만나는 것이고 동생은 근 4년 동안 아버지 얼굴을 보지 못했다. 2명의 간부가 아버지를 언니집까지 호송해 왔다. 문화혁명이 시작될 때만 해도 사십대 후반의 늠름하던 아버지는 4년 만에 머리가 하얗게 세고 허리는 구부정해져서 초췌한 할아버지가 되어 집에 돌아왔다. 체중은 50킬로그램도 안 되었다. 식구들이 아버지 앞에 섰을 때 아버지의 두 눈에서는 눈물이 봇물 터지듯 흘러내렸고 우리 모두가 울었다. 아버지는 자신보다 머리 하나가 더 크게 자라버린 아들을 알아보지 못했다. 그리고 그동안 언니와 결혼한 큰사위 김광대와 처음 만났고 태어난 지 두 달된 외손녀도 보았다.

그런데 우리는 이제 아버지가 옛날의 아버지가 아님을 인정해야만 했다. 아버지는 한쪽 귀를 듣지 못해 우리와 대화하기 힘들어 습관적으로 손으로 귀 나팔을 해서 들었다. 그분의 이마에 난 허물과 온몸에 난 상처투성이를 보면서 그동안 아버지가 겪어 온 험난한 세월을 짐작할 수 있었다. 문화혁명 후에 나온 조사보고를 보고서 우리는 아버지가 당한 참혹한 사실들을 어느 정도 알게 되었다.

1970년 가을에 연길에 있는 연변출판사 앞에는 간부들의 억울한 누명을 벗기자고 호소하는 대자보들이 많이 나왔다. 그중 어떤 기자가 쓴 아래와 같은 글이 사람들을 경악하게 했다. "사람들은 모두 그

1970년 겨울 반란파들의 사설감옥에서 풀려나온 직후 아버지의 초췌한 모습. 한쪽 귀가 멀고 온몸은 상처투성이었으며 허리도 구부정해졌다. 그때 아버지는 50대 초반이었다.

대바른 김명이 죽은 줄로 알고 있었다. 그런데 그가 살아 있다! 그는 기적처럼 살아 있다!" 그때에야 많은 연변 사람들이 아버지가 아직 이 세상에 있음을 알게 되었다.

가정학습반은 주로 아버지와 우리 식구들에게 있는 원망과 슬픈 감정을 다독여 주기 위해 열렸다. 하지만 그 세월에 누가 감히 원망한다는 말을 할 수 있었겠는가? 우리는 그저 모두 고맙다고만 했다. 그러니 가족학습반은 원만하게 끝난 셈이었다. 그런데 아버지가 고집을 피우며 검토도 하지 않고 그대로 자신이 살던 북만(흑룡강성)에 가서 농사지으며 살겠다고 했다. 이젠 아무것도 하고 싶지 않으니까 검토하고 해방받을 이유도 없다고 우겼다. 하여 군사통제위원회의 어느 높은 군관이 아버지를 단독으로 불러서 이틀 동안 설득을 해야만 했다.

1971년 1월 8일에 아버지의 해방대회가 열렸다. 화룡 임업국 영화관에서 성대하게 열린 이 대회장에는 사람들로 꽉 찼다. 1968년 6월 후부터 대중들의 눈앞에서 사라져 감금되어 있던 아버지를 보러 온 사람들도 있었고 아버지를 존경하고 걱정하던 사람들도 많았다. 모두가 아버지가 어떻게 살아 있었는지를 알고 싶어 왔다고 했다. 대회장에는 〈김명동지 해방대회〉라고 크게 쓴 플래카드가 높이 걸려 있었다. 언제는 '반동 분자'라더니 이제는 '김명동지'가 된 사실이 참으로 낯설었다.

옛날 모습을 전혀 찾아볼 수 없이 수척한 아버지가 검토서를 들고 회의 주석대에 오르니 모든 사람들이 열렬한 박수로 그들의 옛 현위서기를 맞이했다. 모든 참담한 일들이, 모든 수모와 아픔이 그 박수소리에 날려간 듯했다. 말씀을 느릿느릿 재미있게 하는 아버지의 검토에, 그리고 아버지의 남다른 솔직함에 사람들은 자주 웃음을 터뜨렸다. 그것이 인간 '김명'임을 그들은 문화혁명을 통해 잘 알고 있었다. 그날 전 현 방방곡곡의 사람들은 유선방송을 통해 아버지의 해방대회 실황을 들었다. 아버지를 존경하던 화룡의 농민들이 그때 많이 우셨다고 했다.

정치 생명은 다시 찾았으나 나쁜 꼬리는 그대로 달려 있었다. 아버지에게 내린 결론은 "자본주의의 길로 간 착오를 범한 좋은 간부"였다. 그나마 '보황파'와 '특무'라는 모자는 벗겨졌다. 그 꼬리는 자치주에서 연변 문화대혁명을 철저히 부정하고 주덕해에게 명예회복을 시킨 1978년에야 잘려나갔다.

1971년 1월 1일 4년 만에 도문강 통상구 검문소가 다시 문을 열었다. 중국과 북한과의 관계도 다시 회복된 것이다.

외로운 항거

해방을 받은 후 아버지는 화룡현 혁명위원회의 부주임이 되어서 화룡현의 농공업 생산을 지도하게 되었는데 1년 뒤에 혁명위원회가 철폐되고 다시 현위원회가 회복되니 현위 부서기가 되었고 그 뒤 1973년 6월에는 연변자치주 재정무역 사무실의 주임이 되었다. 옛날 1950년대 초 아버지가 재정경제 사업부 부장으로 있던 그 직책과 비슷했다.

그때까지도 문화혁명은 진행되고 있었다. 비록 임표林彪는 망했지만 모택동의 부인 강청을 위수로 한 4인무리사인방는 그대로 중국을 쥐락

펴락하면서 극좌 정치노선을 강행하고 있었다. 그러니 위로부터 아래까지 극좌의 바람이 억세게 몰아쳤다. 특히 연변은 주덕해의 시체를 밟고 올라온 반란파와 나쁜 군인 지도자들과 양심을 버린 간부들이 그대로 권력을 잡고 있었다. 누구 하나 입을 뺑긋하지 못하고 위에서 내려온 지시만 앵무새처럼 되풀이 하고 있었다.

1975년 초에 주당위에서는 농업을 치켜세우는 것이 각급 당조직에서 완수해야 할 임무라고 결정하고 주당위 기관에서 163명의 간부들을 뽑아서 "농업에서 대채大寨를 따라 배우자"(대채는 사인방이 내세운 모범촌이었다)며 공작대를 조직하고 시골에 내려보냈다.

그런데 공작대 대원들의 동원보고를 보면 한심하기 짝이 없었다. 그 보고 내용은 대강 이랬다. "농촌에 내려간 후 의식 형태에서 계급투쟁을 틀어쥐어야 하는데 첫째로는 지주나 자산계급의 사상과 투쟁하고, 둘째로는 낡은 전통 관념과 투쟁하며, 셋째로는 소농경제와 자연 발생적인 자본주의 경향과 투쟁해야 한다." 그러니 이렇게 해야 하는 공작대들이 어떻게 농업생산을 올릴 수 있었겠는가?

그때 아버지도 공작대에 뽑혔는데 왕청현에 파견된 현공작대 대장이 되었다. 아버지가 인솔한 공작대는 그때 왕청현 중평공사에 주둔했었다.

2013년에 연길에 갔을 때 당시 아버지와 함께 같은 공작대에서 1년 동안 함께 고락을 하셨던 자치주 규율검사위원회 서기였던 신창순과 민족교육출판사 전 사장 오창진을 찾아 뵈었다. 두 분은 아버지와 함께했던 옛일들을 감명 깊게 추억하셨다.

당시 위로부터 살벌하게 계급투쟁을 강조하고 생산에 대해서는 말도 못하게 하는 극좌의 정치형세 속에서도 아버지는 남다른 배짱으로 맞서 싸웠다고 한다.

한번은 왕청현에서 대형회의가 소집되었는데 왕청현 각 공사의 간부들과 공작대원들을 모아 놓고서 위에서 내려온 소위 "자산계급 법권을 비판하고 주공(주은래를 암시)을 비판한다" 등의 내용을 전달하는 회의가 있었다. 연변교육출판사의 전 사장 오창진은 그 대회를 이렇게 회고했다.

> 그런데 주석대에서 보고를 시작한 김명 영감이 위에서 내려온 문건은 전달하지 않고 '토양학'에 대해 흥미진진하게 말하기 시작해서 회의에 참가한 사람들이 모두 깜짝 놀랐다. 처음에는 의아해했고 어리둥절해했다. 현 공작대 대장이 어떻게 저런 말을 하냐고 사람들은 수군거리기 시작했다. 사람들의 반응에는 아랑곳도 하지 않고 김명 영감은 토양이 좋아야 농업생산을 올릴 수 있다는 이야기로부터 시작하여 이깔나무〔잎갈나무〕 비료는 어떤 땅에 내야 하고 알칼리성 땅에는 어떤 비료가 필요하다는 등의 비료와 토양에 대한 상식과 지식들을 자상히 말씀했다. 대부분이 농업간부들인 회의 참가자들은 인차 흥미진진하게 김 영감의 강연을 듣기 시작했다.
>
> 그때 나는 깜짝 놀랐다. 당정 간부인 김명 영감이 저렇게 박식한 농업 지식을 가지고 있었다니. 그보다도 김명 주임의 그 담대한 기백에 탄복했다. 위에서 계급투쟁을 말하려면 말해라, 나는 나대로 생산을 틀어쥐고 토양학을 말하련다는 그 배짱에 참말 존경심을 가지게 되었다.

주덕해의 누명이 벗겨져 한을 풀다

중국에서 나서 자라 36살까지 중국시민으로 살았던 내가 마음속에서 우러러 존경하고 탄복하는 공산당 지도자는 주은래 총리이다. 정치나 정당 같은 것을 다 떠나서 그분의 인자한 인간성과 훌륭한 품격을 나는 존경한다. 그분이 있었기에 중국이 그나마 문화혁명 중에 더 엉망으로 훼멸되지 않고 견딜 수 있었다고 믿는다. 특히 그분이 필사적인 노력으로 동란 중에서 지켜낸 중국의 유수한 당과 정부의 고급 지도자들이 중국을 다시 일어서게 했다. 주은래의 노력은 마치 독일 파쇼 통치하에서 유태인들을 구한 눈물 나는 인도주의적 행위와 같았다. 중국역사에서도 그분의 위대한 선행이 기록되어 길이 전해질 것으로 믿는다.

나는 주은래 총리가 조선족의 걸출한 지도자인 주덕해를 구해 주고 보호하려고 노력했던 이야기를 문화혁명 중에 많이 들어왔다. 그런 소식은 우리 조선족들에게는 큰 희망이 되었고 용기를 주었다.

문화혁명이 일어나자마자 주은래 총리는 주덕해에게 관심을 갖고 그를 보호했다. 주 총리는 "주덕해는 모주석을 따라 남정북전南征北戰한 우리 당의 우수한 당원이며 훌륭한 민족간부다"라고 말했다. 1966년 9월에 주 총리는 동북국의 송임궁 서기와 마명방을 연변에 보내 주덕해를 보호하라는 지시를 전했다. 그리고 그달 말에는 직접 마명방과 주덕해를 지명하여 함께 북경에 와서 10월 1일 건국기념일 경축행사에 참가할 것을 요구했으며 비행기를 보내 그들을 영접하기도 했다. 주덕해 서기의 이름이 관람대 명단에 있어 연변 사람들은 중앙에서 주덕해를 신임한다고 믿었다.

그런데 1967년 1월 모택동의 부인인 강청은 주 총리의 지시를 거절하고 연변에 모원신을 보내 주덕해에게 투쟁의 화살을 집중하고 "주덕해를 타도하고 연변을 해방하자"는 구호로 연변을 혼란 속으로 빠뜨렸고 주덕해를 감금했다. 이 소식을 들은 주 총리는 1967년 2월부터 4월 사이에 몇 번이나 심양군구를 독촉하여 주덕해를 북경에 전이시켜 보호할 것을 지시했다. 많은 우여곡절 끝에 그해 4월 주덕해는 주은래가 보낸 군인들의 도움을 받으며 연길을 떠나 북경에 갔다. 그것도 연길에서 기차를 못 타고 멀리 안도까지 비밀리에 자동차로 가서 기차를 바꾸어 탔다는 소식을 들었다.

북경에 가서도 안전하지 못했다고 한다. 중앙의 비밀 지령으로 많은 고급간부들을 피신시킨 초대소에 반란파들이 쳐들어와서 문을 부수고 연로한 간부들을 끌어가는 참상도 발생했다. 하여 주 총리는 8명의 노간부들을 북경의 '2.7' 차량공장에 대피시켜 보호했다. 그 8명 중에 주덕해도 포함되어 있었다. 이 8명은 모두 거물급 간부들이었다. 그들은 모두 당과 국가 창건의 공신들이었으며 평균 나이가 61살이었다. 그 중에 서향전徐向前 원수도 있었고 대부분이 상장, 중장, 소장급 간부들이었다. 주 총리가 내린 지시에 따라 군인들과 공장 직원들은 이 일을 시종일관 발설하지 않고 비밀을 지켰으며 밤낮으로 보초를 서고 그분들이 출퇴근할 때에도 동행하면서 지켰다.

그런데 1969년 10월에 임표가 '전투 준비를 강화하고 적들의 돌연습격을 방지하는 1급 통지'를 내려 모택동이 북경에 없는 틈을 타서 서향전, 주덕해 등 동지들을 호북성에 있는 '53 농장'으로 쫓아 보냈다. 무한에서 190킬로미터 떨어져 있어 자동차로 4시간가량 가는 시골 농장의 열악한 생활환경에서 주덕해는 힘든 농사일을 2년 동안이

나 했다. 폐암에 걸렸어도 제대로 치료를 받지 못했다. 그때 중국에서는 천 한 치를 사도 천표가 있어야 하는데 천표가 없는 주덕해는 농장에서 수입한 일본산 화학비료 포장 주머니로 속옷을 해 입고 지내는 눈물겨운 생활을 했다. 그런 와중에도 1971년 9월에 연변의 반란파들과 나쁜 간부들이 사람들을 보내 한 달 동안 주덕해를 심문하고 조사를 했다. 주덕해는 심신이 지칠 대로 지쳤고 병은 극도로 악화되어 갔다.

1972년 7월 3일 주덕해는 억울한 누명을 벗지 못하여 눈도 못 감고 세상을 떠났다. 그때 그분의 연세는 61세밖에 안 되었다. 주덕해가 죽기 전인 1972년 5월에 중앙조직부에서 주 총리의 지시대로 연변에 사람을 파견하여 주덕해 안건을 검토하고 거짓으로 만들어 낸 죄명을 시정하라는 결론을 내렸는데도 주덕해를 타도하고 주위 최고 권력을 잡은 반란파들과 비양심적 간부들은 자신들의 자리가 위험하게 되니 죽자고 고집을 부려 주덕해의 명예를 회복시켜 주지 않았다. 그해 11월에 재차 주 총리가 지시를 내려 중앙조직부에서 다시 연변에 가서 주덕해에게 씌여진 모자들을 벗기게 했다. 아무런 증거도 없고 거짓으로 만들어진 것이 탄로나게 되자 연변의 집권자들도 할 수 없이 주덕해에게 덮어씌운 죄명은 잘못된 것이라고 승인했다.

그것이 억울한 누명이었음을 승인하면서도 그들은 6년이 지난 1978년까지 끝끝내 주덕해의 명예를 회복시켜 주지 않았고 누명도 벗겨 주지 않았다. "주덕해를 다시 세우면 안 된다. 우리는 주덕해를 타도하고 일어난 사람들이니 이 안건을 절대 뒤집을 수 없다." 그들의 결심은 이랬다.

주덕해가 생을 마감한 후인 1972년 9월과 11월에 장춘에 거처를 잡고 있던 주덕해의 부인 김영순 여사가 연변을 두 번 방문했다. 그때는 중앙조직부에서 이미 주덕해가 억울한 누명을 쓴 게 맞다고 정확한 결론을 내린 후인데도 그 조선족 간부는 주위 회의에서 "김영순이 연변에 온 것은 주덕해의 죄를 뒤집으려는 것이다"라고 억지를 부렸다.

그리고 1977년 1월에 주은래 총리 서거 1주기를 기념하여 연변박물관에서 주은래가 연변을 방문할 때 찍은 사진 20여 장을 전시하려고 주위에 청시하니 그 사진들을 검열하던 이 조선족 간부는 사진 중에 주덕해가 주 총리를 배동한 사진들이 많다면서 끝내 전시하지 못하게 했다. 그해 6월에 북경 민족문화궁의 부주임이 직접 연변에 와서 주 총리가 연변시찰 시에 찍은 소중한 사진들을 중앙에서 개최하는 전국민족사업 전시회에서 전시하려고 사진들을 보였더니 이 조선족 간부는 "보내지 말라!"는 말을 세 번이나 되풀이하면서 거부하여 끝내 사진들을 보내지 못했다.

4인방이 1976년 10월에 체포된 지 18개월이 지난 뒤에도 이 조선족 간부는 "주덕해의 역사는 확실히 문제가 있는데 증인을 찾을 수 없다"고 더 누명을 씌우지 못해 애석하다는 듯이 떠벌렸다.

참으로 이해가 안 된다. 연변의 조선족 간부들 중에서 주덕해의 신임을 가장 많이 받고 덕을 크게 입어 가장 높이 출세한 그가 어떻게 이렇게 양심을 팔고 미쳐 날뛰었는지 도무지 모르겠다. 다른 세상에 가서 무슨 낯으로 주덕해를 만날까 걱정이 된다. 조선사람들은 나쁜 사람을 욕할 때 '개새끼'라고 하는데 나는 그것도 이해가 안 된다. 집에서 기른 개는 주인을 물지 않는데 개보다 못한 인간들이 이 세상에 얼마나 많은지 모르지는 않을 텐데 말이다.

1978년 4월에 상급에서는 연변군분구 정치위원으로 임명된 조선족 간부인 조남기를 연변에 파견하고 그를 연변자치주 제1서기, 주혁명위원회 주임으로 임명했다. 조남기는 연변에서 문화혁명 전에도 군분구 정치위원으로 오랫동안 사업한 분이고 주 총리의 지시대로 주덕해를 수호하여 북경에 모셔간 사람이며 연변의 실정을 잘 아는 견정하고 품덕이 좋은 간부였다.

연변인민들의 믿음과 존경을 받은 조남기는 마침내 주덕해의 누명을 벗기기 위한 조사 작업을 끝냈다. 조남기는 또 친히 동지들을 이끌고 여러 안건에 대하여 조목마다 확인해 본 후 문화혁명 때 주덕해 동지에게 억지로 씌워진 모든 죄명은 전적으로 성립되지 않는 바 모원신과 그 패거리의 계획적인 모함이라는 최종 결론을 내렸다. 하여 연변주위 상무위원회 확대회의에서는 정식으로 주덕해 동지의 누명을 철저히 벗기겠다는 결정을 내렸다. 길림성위에서는 1978년 6월 15일에 주덕해에게 씌워진 모든 죄명은 날조된 것이고 이 거짓 안건을 철저히 뒤집고 주덕해의 명예를 회복시키라고 지시를 내렸다.

1978년 6월 20일 중공연변주위에서는 연변노동자 문화궁에서 주덕해 동지의 누명을 벗기는 시정대회를 성대하게 열었다. 연변방송국에서는 중국어와 조선어 두 언어로 실황방송을 했고, 전 주에 설치된 200여 개 분회장에서 10여 만 명에 달하는 간부와 군중들이 실황을 방송으로 들었으며 조직적으로 방송을 청취한 인원만 해도 40~50만 명이나 되었다.

여러 해 동안 연변의 인민들을 칭칭 얽어매 놓았던 무거운 정신적 쇠사슬이 산산이 부서지는 순간이었고 수많은 사람들이 눈물을 흘리면서 방송을 들었다. 특히 조선의용군 제3지대의 많은 노전사들은 너나할 것 없이 뜨거운 눈물을 흘렸다. 성위 부서기가 성위를 대표하여 주덕해에게 씌워진 모든 죄명들을 벗겨 주었으며 “주덕해는 우리 당의 우수한 당원이고 우수한 민족간부이며 모 주석께 충직하고 당과 인민에게 충직한 공산주의 투사다”라고 선포하니 주회장과 분회장은 환호소리로 들끓었다. 그 대회에서 주덕해의 부인 김영순 여사와 간부, 농민, 노동자 대표들이 대회 연설을 했는데 아버지는 그날 간부대표로 연설을 했다.

그날 아버지는 우렁찬 목소리로 자신과 많은 연변인민들이 오랫동안 갈망해 오던 염원이 이루어진 기쁨을 토로했고 감명 깊게 주덕해의 공적을 회고하면서 그를 추모했다. 원고지로 15장이 되는 발언고를 가슴에 쌓인 한을 내뿜는 것처럼 시원하게 말씀하셨다. 그날이 아버지에게는 문화혁명에서 서리서리 맺혔던 한을 푸는 날이었다. 일찍이 돌아가신 자신의 수장인 주덕해를 애달프게 그리면서 아버지는 그날 저녁 술도 많이 드셨고 눈물도 많이 흘렸다. “이젠 한을 푸시소. 주 서기, 이젠 편히 눈을 감으소. 뭐가 급해서 그리도 일찍 가셨소이까……” 라고 넋두리를 하면서 우셨다.

12장

고국 방문의 꿈이 이루어지다

이 100년은 우리 민족의 근대 역사상 가장 어둡고 쓰라린 시기였고 참으로 대재대난大災大難의 세월이면서도 또 우리 민족이 분연히 일어나 항거해서 우리의 저력을 보여 준 세월이기도 했다. 이 역사의 흐름 속에 할아버지와 아버지는 선봉에서 달리던 투사들이었다.

평생소원을 이룬 고국 방문

1978년 아버지는 연변조선족자치주 혁명위원회 부주임이 되었고, 1980년 2월에는 연변조선족자치주 인민대표대회 상무위원회 부주임이 되었다. 아버지가 1983년 2월에 이직휴양離職休養을 할 때까지 3년간 자치주 인민대표대회 상무위원회는 16차례 회의를 개최했고 30건의 정부 각 부문과 법원, 그리고 임업 검찰원 사업보고와 제안을 토론한 뒤 통과시켰으며 〈연변조선족자치주 자치조례〉 등 열 가지 결의를 제정했고 87명의 간부들을 임명했다.

1983년에 이직휴양한 후 아버지는 취미인 독서와 화분 가꾸기로 시간을 보냈다. 가끔 즐겨 마시는 술로 자신의 한을 달래기도 했다. 1980년대 초 북경에서 공부하고 있던 나는 조금씩 열려 가는 대외 개방의 틈을 타서 한국에 편지를 보내기 시작했다. 나는 아버지의 평생 소원이 무엇인지 잘 알고 있었다.

처음에는 1981년 아버지의 외삼촌 박차덕의 40여 년 전 밀양 가게 주소로 편지를 보냈는데 되돌아왔었다. 그다음에는 아버지의 고모부인 정동찬의 옛날 주소로 편지를 보냈는데 그 역시 되돌아왔다. 1982년에도 여러 번 시도를 해보았다. 그러던 차 1983년 5월 북경대학 도서관에 한국의 〈신동아〉라는 잡지가 들어왔다. 나는 그 잡지에서 그해 당선된 밀양 군수의 이름을 알게 되었다.

정말 길 잃은 산중에서 산신령을 만난 기분이었다. 그날 밤 나는 그 분께 편지를 썼다. 그런데 한 달도 채 되기 전인 1983년 6월 13일 자로 그 군수가 나에게 회답을 주었다. 정숙 고모와 철우 삼촌이 현재 모두 부산에 살고 있다는 소식과 함께 주소까지 보내준 것이다. 30년이 지난 지금도 그때의 환희와 기쁨, 그리고 희비가 뒤섞여서 벅찼던 심정을 생생히 느낄 수 있다.

밀양 군수는 나에게 이런 정감 넘치는 내용으로 편지를 보내주었다. "반갑습니다. 이역만리 중국 북경에 한국인 특히 본인이 재직하는 이곳 밀양 사람이 살고 계신다는 것은 큰 기쁨입니다. 거기다가 오늘은 김 선생에게 축복을 보내듯 초하의 맑은 하늘이 더욱 푸르고 높습니다. 아무래도 한국인 특유의 집념과 끈기가 결실을 맺어 기쁜 소식을 전하게 되나 봅니다." 이 편지에서 내가 받은 고향의 따스한 인정은 두고두고 내 마음속에 자리를 잡고 있다. 이것으로 모든 서러움이 녹아 버렸다.

후에 밀양 방문 때 들은 이야기인데 그 군수는 나의 편지를 모든 군청 직원들에게 보여 주었고 다 함께 우리 가족을 찾을 수 있게 협조할 것을 지시했다고 한다. 마침 아버지 외사촌의 사위가 군청에서 일했는데 독립운동가인 할아버지 김대지와 자신의 장모 댁이 친척임을 밝히면서 금방 찾을 수 있었다고 한다.

밀양 군수의 전갈을 받은 철우 삼촌은 일주일 후인 6월 20일 자로 우리에게 편지를 보내왔고 아버지는 7월 8일 누나와 동생에게 눈물을 머금고 한시를 써서 보냈다.

눈물을 머금고 누님과 동생에게	含淚送姐弟
부친 김대지는	家父大池
평생을 항일에 바쳐 해방을 구했는데	終身抗日求解放
동 트기 전 세상 떠나 애석하고 원통하네	痛惜黎明前夜逝
혹한 속에 자식을 키우며 고생하신 어머님	悲慘慈母度寒霜
너무 일찍 비참하게 돌아가셨네	負重養育夭逝早
기쁜 소식 전하는 까치 소리에	喜鵲枝頭賀喜訊
온 집안에 즐거움이 넘쳐나는데	擧家欣歡樂無前
여생에 무슨 소원이 있느냐고 묻는다면	自問餘年存何望
평화 통일과 상봉이 일찍 이루어지는 것일세.	盼穿和平早團聚.

그 뒤 철우 삼촌은 같은 해 7월 29일과 9월 26일에 또 편지와 사진들을 보내왔다. 형제자매를 찾은 아버지의 기쁨을 어찌 나의 초라한 글재주로 기술할 수 있을까. 나는 아버지가 그렇게 좋아하시던 모습을 종래로 본 적이 없었다.

그렇게 누님, 동생과의 상봉을 고대하면서도 그 해가 지나고 다음해가 된 1984년에도 아버지는 한국에 다녀올 용기를 내지 못하고 있었다. 그때는 개방의 문이 활짝 열린 시절은 아니었다. 그래도 북경에는 외국으로 친척 방문을 가고 유학을 가는 사람들이 날마다 늘어나고 있었다. 내가 아버지에게 한국 방문을 추진하시라고 권고하니 아버지는 그러다가 또다시 '남조선 특무'가 되어 너희들을 고생시킬까 두려워서 마음을 접는다고 하셨다.

문화혁명 때에 너무 고생을 하셔서 화살 맞은 새가 된 아버지가 너무도 애처로웠다. 줏대 있고 '대틀'이라 불리던 아버지가 자식들이 차후에 연루될까 두려워 자신의 평생소원을 포기하는 것이 너무도 안타까웠다.

나는 끈질기게 아버지를 설득하기 시작했다. 북경에서 살면서 세상 바람이 어떻게 부는지를 연변에 있는 아버지보다 더 잘 알았던 나는 1984년 첫아이를 출산하는 상황에서도 아버지를 설복시켰다. 지금 생각해 보니 아버지에게 이런 말을 했던 것 같다.

"아버지. 이젠 중국은 다시 문을 닫아걸고 문화혁명을 할 수 없을 겁니다. 문이 너무 크게 열려 이젠 닫을 수가 없답니다. 가장 큰 적국이던 미국과도 교류를 하고 많은 유학생을 보냅니다. 내가 대학에서 전공을 선택할 때부터 정치권력에는 종사하지 않으리라 결심했으니 설령 또 무슨 운동이 일어난다 해도 걱정 없어요. 나는 내 실력으로 살아갈 것이니까 정치적 타격을 받을 일은 없을 겁니다."

나의 집요한 설복과 끊임없이 불어오는 외국과의 교류의 바람을 타고 아버지의 두려움도 차차 사라졌다. 하여 1985년부터 아버지의 고국 방문이 진지하게 추진되기 시작했다. 그런데 그때는 지금과 달라 한국 방문이 정말 까다롭고 힘들었다. 아무튼 철우 삼촌의 노력으로

아버지와 철우 삼촌이 설악산에서. 할머니가 돌아가신 후 2살밖에 안 되는 철우 삼촌을 아버지와 고모님이 키우셨다. 철우 삼촌은 10살 때 누나를 따라 고향으로 돌아갔고 부산광복회 사무장으로 일하시다 1993년 병환으로 돌아가셨다.

한국 방문 초청서류가 완비되었다.

1986년에 연변자치주위원회에서 길림성위에 아버지의 방문 신청을 보고하고 길림성 공안청의 상임 부청장이 직접 중앙에 청시하여 아버지의 한국 방문 신청 허가를 받았다. 아버지가 부성장급(부도지사급) 간부여서 그런 절차가 필요했다.

중앙의 허가를 받은 뒤 주위 안전국에서 우리 집에 요원을 파견하여 출국 전 사상 교육을 시켰고 주의해야 할 사항에 대해 상세히 설명해 주었다. 연변에서는 아버지가 처음으로 한국을 방문한 고위급 간부였다고 한다.

1986년 9월 1일 아버지와 어머니는 홍콩을 경유하여 그 다음날인 9월 2일 한국에 도착했다. 이번 아버지의 한국 방문은 1944년 초 조선독립동맹 제12지부의 지시를 받고 부산, 대구, 밀양에 파견되어 적정에 대한 요해와 그들을 탐지하는 특별과업을 수행했던 때로부터 42년 만이었다. 오래간만에 돌아온 고국은 그새 많이 변해 있었고 크게 부강해져 아버지는 감개가 무량했다.

그 다음해인 1987년 2월 다시 중국으로 돌아오기 전, 근 반년 동안 아버지는 한국에서 고향 밀양과 김해왕릉을 방문했고 누님과 함께 제주도 한라산에 여행을 갔다. 철우 동생과 함께 설악산에 등산도 했다. 그리고 해외동포모국방문단의 일원으로 고국관광도 마음껏 했다.

한국 방문 후 아버지는 평생 지녔던 소원을 이루었다고 몇 번이나 우리에게 말했다. 일생 동안 마음속에 깊이 그리던 고향땅을 밟고서 많은 눈물을 흘렸다고 하셨다. 이제는 정말 여한이 없다고 하면서 참으로 행복해하셨다. 고국에서의 반년은 아마 아버지 일생에서 가장 행복한 시간이었을 것이다.

하지만 고국 방문은 아버지에게 실망을 안겨주기도 했다. 친일 주구들이 청산되지 않은 한국사회가 마음에 들지 않는다고 말씀하셨다. 친일파 자손들이 떵떵거리며 활개 치며 살고 있는 한국이 이해가 되지 않는다고 했다. 그리고 의열단 연구가 너무도 편파적이어서 많이 실망하셨다. 독립운동사 연구에서도 몇몇 개인들을 영웅화시키고 공적을 확대시켜 독립운동사 전반의 진실이 많이 묻혀 있는 현실에 많이 슬퍼하셨다.

또 한 가지 유감스러운 것은 그때 막내 동생 철은의 행방을 몰랐다는 사실이었다. 부산에서 머물러 있는 동안 멀지 않은 경주에 살고 있는 동생 철은의 소재를 몰랐던 것이다. 정말 기막힌 일이었다.

1991년 12월 23일에 아버지는 지병으로 74세를 일기로 세상을 떠났다. 고향 땅을 밟아보았으니 여한이 없다며 편안히 눈을 감았다. 할아버지가 태어나신 지 딱 100년이 된 해에 아버지가 돌아가셨다. 백년의 세월은 두 세대의 인생을 고스란히 담았다. 이 100년은 우리 민족의 근대 역사상 가장 어둡고 쓰라린 시기였고 참으로 대재대난大災大難의 세월이면서도 또 우리 민족이 분연히 일어나 항거해서 우리의 저력을 보여 준 세월이기도 했다. 이 역사의 흐름 속에 할아버지와 아버지는 선봉에서 달리던 투사들이었다.

우리는 모두 고구려의 후손

지금 중국에 사는 조선족은 대체로 두 부류로 나눌 수 있다. 첫 번째는 우리 가족처럼 독립운동을 하기 위해 망명해 온 사람들이고, 두 번째는 일제 강점기 때 땅을 잃은 사람들이 19세기 전후에 이주해 온 부류다(더 일찍이 16세기 전후에 이주한 사람들도 있다는 문헌을 보았다).

이 글을 쓰면서 먼저 나는 대륙에 남아 있는 우리 선조인 고구려와 발해의 후손에 대해 말하고 싶다. 나라와 땅을 잃은 후 그 사람들은 어떻게 대륙에서 수백 년의 세월을 살아왔을까? 항상 그 생각이 내 머릿속을 맴돌았다. 어디엔가 그 유민의 후손들이 있을 거라고 믿었다.

1973년 중국 대련에서 열린 동북3성 전력電力계통 회의에 참석했는데 회의 등록부에 요녕성에서 온 박씨 성을 가진 중국인(한족)이 있어 나는 일부러 그분을 찾아 갔다. 박씨 성을 가진 중국사람들을 본적이 없어 의아해하는 나에게 답을 하듯 그분의 생김새는 전형적인 40대 조선족이었다. 그분의 얘기를 듣고 더 놀랐다.

"김 선생, 왜 나를 찾아온 줄 알 것 같소. 나는 지금 한족(중국인)으로 살고 있지만 사실은 고려인이라오. 조선말은 전혀 못하지만 우리는 수백 년 전부터 고려인이었다는 것을 전하고 있소. 우리 조상들은 한반도에서 이사 온 것이 아니라 이 동북에서 세세대대 살아온 고려인이라오."

고구려 혹은 고려의 후손이란 말이었다. 그때 나는 정말 놀랐다. 얼마나 반가웠는지 모른다. 그리고 우리 조상들이 잃어버린 고구려 땅이 다시 가슴 아프게 나의 역사의식의 스크린 위에 떠올랐다.

1988년 한국무장독립운동에 관한 국제학술대회에서 김파(1930년대에 중국에서 독립운동을 하셨고 후에 북경의 민족출판사에서 근무하셨다) 선생이 한 말씀이 떠오른다.

"우리 민족은 기원 초부터 만주에서 고구려를 건설하고 700년 동안 그 나라를 다스렸습니다. 그러다가 관구검에게 멸망당했습니다. 그러면 700년 동안 다스렸던 고구려의 유족이 다 압록강을 건너갔나요? 아니면 관구검에게 다 죽었습니까? 여러분의 대답은 다 부정적일 겁니다. 다 건너갈 수도 없고 다 소멸당할 수도 없는 겁니다. 그리고 200년 후에는 고구려의 후손 대조영이 발해란 나라를 세웠습니다. 그것은 분명히 그 땅에 우리 고구려의 유족이 있었다는 것을 의미합니다. 그리고 발해는 200년 후에 망했습니다. 그럼 발해에 있던 우리 선조는 다 어디로 갔습니까. 역시 다 망하지 않았고 다 조선으로 돌아오지도 않았습니다. 반드시 남은 사람이 있었습니다."

이처럼 역사적인 그리고 정치적인 연유로 정든 고국인 한반도를 떠나 중국에 와서 살게 되었고 중국 시민권을 가지게 되었다. 하지만 우리들도 남북을 망라한 한반도에 살고 있는 한민족과 같은 조상을 모신 동족이다. 우리는 다 같이 위풍당당했던 자랑스러운 고구려의 후손들이고 또 광대한 영토를 잃었던 뼈아픈 역사를 공유하고 있으며 더 나아가서는 일본에게 나라를 잃고 국내와 국외에서 함께 독립투쟁을 했었다.

중국에 살고 있는 많은 조선족 선조들은 결코 고국을 떠나고 싶어서 떠난 것이 아니라 정치적 · 경제적 곤란을 견디다 못해서 떠난 것이며, 고국에서 일본인들에게 토지를 빼앗기고 생활의 궁핍으로 인해 만주로 건너가지 않을 수 없던 불쌍한 유랑민족이었다.

중국 조선족의 파란만장한 운명은 망국의 한을 안고 조선 땅을 떠나온 그때부터 시작되었다. 중국 땅에서 힘들게 삶의 터전을 닦고 살아온 그들이 없었다면 만주에서 독립투쟁이 진행되지 못했을 것이고, 상해임시정부도 존재할 수 없었을 것이다.

앞에서도 지적했지만, 중국에서 항일 열사가 가장 많이 난 소수민족은 조선족이다. 중국 조선족들 대부분은 우리의 선조들이 일제에게 나라를 빼앗기고도 무릎을 꿇지 않고 항거했던 그 저항 정신 즉 민족혼을 이어받은 사람들이다.

중국은 나라 잃고 오갈 데 없는 독립투사들에게 발붙일 공간을 주었고 이주해 오는 우리 민족을 받아주었다. 중화인민공화국이 설립된 후 중국 정부는 조선인들의 항일 공헌을 인정해 주었다. 하여 나의 아버지와 같은 항일 간부들이 공산당의 고급간부가 될 수 있었다. 지금은 소수민족 정책이 있어 중국의 조선족들도 평등한 권리를 누리면서 멸시를 받지 않고 살고 있다. 물론 절대적인 평등은 있을 수 없지만.

'태산이 티끌을 마다하지 않아 하늘 아래 큰 산이 되었다'는 사상이 바로 중국을 오늘의 강대한 다민족 국가로 만들었다고 나는 믿는다. 지금 한반도에 살고 있는 우리 겨레도 해외에 널려 있는 우리 동족들을 따뜻하게 대하고 포용해 주어야 우리의 민족혼이 사라지지 않을 것이라고 굳게 믿는다. 우리 선인들이 흘린 피와 그분들이 바친 평생의 노력이 헛되지 않게 되기를 바란다.

할아버지와 아버지의 민족혼이 지금도 옛 만주 땅에서 떠돌면서 한반도로 돌아가지 못하고 있다. 의심할 여지없이, 그분들은 하나로 완전히 통일된 한반도로 가고 싶은 것이다. 그분들이 떠나오실 때 한반도는 하나였으니까. 일제에게 빼앗겼던 한반도 전체를 찾으려고 그분들은 평생을 바쳤으니까. 거칠고 힘든 이국땅에서도 민족혼을 목숨처럼 지키면서 살아왔으니까. 독립은 되었지만 남과 북으로 슬프게 갈라져 있는데 어디로 갈 수 있을까?

가령 할아버지께서 지금까지 살아계셨다면 분명 중국 조선족이었을 것이고 중국 국적을 가졌을 것이다. 그분께 중국이 당신의 조국이어야 한다고 강요했다면 김대지 할아버지는 어떻게 반응했을까 상상해 보았다. 그분은 분명 펄쩍 뛰면서 분노하며 큰소리를 질렀을 것이다. 마찬가지로 항일을 위해, 중국 조선족을 위해 평생을 바친 나의 아버지를 공산당 간부라고 그분의 민족혼을 색안경을 끼고 볼 수 있을까?

우리 민족은 부평초가 아니다. 우리는 한반도라는 크고 깊은 뿌리를 가지고 있다. 세상 어디에서 살든 어느 나라 국적을 가졌는지 상관없이 우리는 코리안의 혼을 가진 사람들이다. 나도 미국에 오기 전에는 중국 조선족이었다. 중국에서 태어나 자라온 조선인 3세로 지금은 태평양 건너 미국에서 살고 있지만 나는 정녕 잊은 적이 없다. 할아버지와 아버지가 두고 온 고향 경상남도 밀양이 나의 마음의 고향임을, 그리고 남도 북도 아닌 하나가 된 한반도가 나의 조국이요 고국임을.

중국에서는 지금 '조국관'을 운운하고 있다. 조선족들이 중국을 자신의 조국으로 인정하라는 것이다. 그렇다면 고국이라 부르는 것은 어떨까? 그것도 안 된다고 하지는 못할 것이다. 한반도가 우리 조선족들의 두고 온 고국임은 틀림이 없으니 말이다.

중국계 미국인은 자랑스럽게 중국을 조국이나 고국이라 하는데 한국계 중국인인 조선족은 무엇 때문에 한국을 '고국'이나 '조국'으로 간주하면 안 되는가? 나의 고국은 북에서는 '조선'이라 하고 남에서는 '한국'이라 부르는 한반도다. 사실 '조국'과 '고국'이 영어로는 모두 'Native land' 혹은 'Mother land'로 같은 단어로 번역된다. 이 둘이 실상은 같다는 것이다.

"중국 국적을 가졌지만 나는 중국사람이 아니다. 나는 조선사람이다." 이 말을 한 탓에 아버지 김명은 50년대 말 민족정풍 때 호된 핍박을 받고 정치무대에서 내리막길을 걷게 되었다. 아버지는 국적을 가졌다고 민족이 바뀌는 것이 아니고 조국이 바뀌는 것이 아님을 항변한 것이다.

중국을 조국이라 하는 것이 뭐가 그리 어려운가 말할 수도 있을 것이다. 물론 지금과 60여 년 전 조선민족들의 민족관과 조국관은 많이 달라진 것도 사실이다. 지금의 조선족들은 중국의 한족문화에 많이 동화되어 있다. 중국의 많은 마르크스—레닌주의 이론가들과 민족 문제 전문가들이 심오하고 장황한 이론으로 설명하려 들겠지만 아버지 김명에게는 특히 그 시대를 살아온 우리 조선민족에게는 가슴에 품고 있는 조국 한반도는 마음에 깊은 뿌리를 내린 거목이다. 그들은 당연히 한반도를 조국으로 간주하고 있었다. 중국공산당 지도자들도 중화인민공화국이 건국되기 전까지 조선민족의 조국은 조선이라고 인정했다.

아버지의 민족혼에 물들어 있어서인지 나에게는 아주 간단하며 명확한 조국관이 있다. 내가 아는 조국은 바로 "조상의 나라"다. 이것이 근본 아니겠는가? 가장 중요한 근본을 잊고 허황한 이론으로 장식된 '조국'이 어떻게 사람들의 마음에 세워질까?

아버지가 살아온 역사를 다시 짚어보면서 재삼 놀란 것은 60년 전이나 지금이나 하나도 변함이 없는 중국의 민족정책과 그 조국관 교육이다. 누군가 지금 옛날 김명처럼 솔직하게 자신의 민족관과 조국관을 공공연히 운운한다면 그 사람도 '지방민족주의자'로 몰릴 것이고 조국 통일을 반대한 '분열주의자'로 낙인이 찍힐 것임은 의심할 여지가 없다. 아련하고 정서적인 '조국'이란 단어에 정치적 색채를 칠하니 어쩐지 좀 무서워진다.

나는 이전에 중국시민권을 가졌었고 지금은 미국 시민권자다. 시민권은 변해도 '대한의 후손'이라는 나의 민족성은 변함이 없다. 조국의 선택은 각자 개개인의 것이다. 거기에는 옳고 그름이 없는 마음의 선택이지 정치적 성향이 아니라고 믿는다.

무궁화 사랑

아버지,

무궁화 꽃이 지금도 피고 있는 걸 아시나요? 아버지가 그렇게 사랑하셨던 무궁화가 해마다 피고 있습니다. 아버지는 이 세상에 안 계시지만 무궁화는 지금도 꿋꿋하고 아름답게 피고 있답니다.

기억하세요? 아버지? 여덟 살 된 저에게 처음 무궁화를 알려 주셨던 아득히 먼 옛날 그때를. 아버지께서 그러셨죠. "아버지가 무궁화를 좋아하는 건 무궁화가 조선의 국화이기 때문이란다. 조선은 무궁화 강산이란다." 그때 들었던 막연한 이야기가 몇 십 년 뒤에 한국에 갔을 때 〈애국가〉의 노래로 다시 저의 귀에 들어왔을 때 제 마음에는 무궁화꽃 뿌리가 내렸답니다.

미국에서 처음 무궁화를 만난 것은 제가 새로 장만한 집의 이웃에 살던 어느 백인 할머니 댁 마당에서였습니다. 무궁화꽃 나무들이 잔디밭 주위에 울타리처럼 서 있었지요. 그때는 8월 초였는데 연한 보라색, 연한 분홍색 그리고 흰색의 꽃들이 얌전하고 소박하게 피어 있었습니다. 색들이 강하지도 화려하지도 않고 그냥 곱게 피어 있었죠. 그런데 특이한 것은 셀 수 없이 많이 열려 있는 꽃봉오리들이었습니다. 무궁화라는 이름이 어디서 온 것인지는 모르겠지만 과연 끝이 없다는 뜻의 '무궁無窮'이라는 이름에 어울린다는 생각이 들었습니다. 제 나름대로 이것이 바로 무궁화가 우리 민족의 꽃이 된 이유가 아닐지 생각했습니다.

미국의 무궁화나무들은 아버지가 중국에서 화분에 키우던 무궁화 꽃들과는 색깔이 조금 달랐습니다. 하지만 잎사귀들은 닮았답니다. 같은 족속임은 틀림없습니다.

할머니의 허락을 받고 그해 늦은 가을에 꽃 씨앗을 받아다가 묘목을 잘 키웠습니다. 그해부터 우리 집 앞뒤 마당 울타리는 무궁화나무들로 세워졌답니다. 십여 년이 지난 지금 무성한 꽃나무들이 해마다 많은 꽃들을 피우고 있습니다.

해마다 무궁화꽃이 필 때면 저는 아버지께 이 꽃들을 보여 주면서 이렇게 말하고 싶습니다. "무궁화가 피는 곳이면 무궁화 강산입니다. 우리 민족의 얼은 무궁무진합니다."

문화혁명 후 누명을 벗고 연길로 돌아온 후 아버지는 몇 달 동안 수소문하여 무궁화꽃을 얻어서 정성스레 키웠지요. 비료 주고 물 주고 먼지를 닦아내고 하여 그 무궁화가 해마다 무성하게 많을 꽃을 피웠습니다. 아버지가 돌아가신 후 작은 방에 들여놓기 힘들 정도로 크게 자란 무궁화꽃 나무를 어머니는 연변빈관에 기증하셨습니다. 그 꽃을 볼 때마다 아버지가 생각나서 도저히 두고 있을 수 없었다고 했습니다.

아버지는 중국에서 정성스레 무궁화꽃을 키우면서 민족의 넋을 달래셨죠. 그렇게 아버지가 지킨 민족의 혼은 중국에서도 무궁화꽃으로 피었습니다.

그게 무궁화 강산이 아니겠습니까? 우리 민족이 살고 있는 곳에 우리의 넋이 들어 있는 무궁화가 꽃피면 그곳이 바로 무궁화 강산이 아니겠습니까? 대를 이은 무궁화꽃 사랑이 바로 끊어지지 않는 우리 민족 혼백의 상징이 아니겠습니까?

아버지, 제가 미국 국회도서관에서 김대지 할아버지의 혁명동지였던 신채호 선생님에 관한 책을 읽다가 그분이 쓰신 〈꿈하늘〉에서 무궁화를 묘사한 장면을 읽었답니다. 수나라의 전쟁에서 승리한 고구려의 민족 영웅 을지문덕 장군이 무궁화를 보고 이렇게 장렬한 음조로 노래했답니다.

이 꽃이 무슨 꽃이냐
희어스름한 머리 백두산白頭山의 얼이요
불그스름한 고운 아침 조선朝鮮의 빛이로다.

무궁화꽃이 만발한 한반도를 사랑하는 우리의 넋은 이곳 미국 땅에서도 아름다운 무궁화꽃으로 피어나고 있습니다. 무궁화는 이렇게 영원토록 피어날 것입니다.

아버지가 그립습니다. 아버지가 보고 싶을 때마다 무궁화를 본답니다. 아버지를 사랑하고 그리는 마음은 세월이 흘러도 끝이 없이 무궁할 것입니다.

우리에게는 여전히 '의열단'이 필요하다

이 책을 쓰면서 자료가 턱없이 부족해 무척 힘들었다. 마치 반짝이는 고기비늘 조각이 여기저기 약간씩 보였지만 전체 그림은 잘 보이지 않는 것처럼 답답했다. 일찍이 타계하신 할아버지는 생전에 한 번도 자신의 공적을 세상에 밝히지 않았고 유품도 남기지 않으셨다. 할아버지는 자신의 독립투쟁의 경력에 대해 글자 한 자라도 기록으로 남긴 것이 없다. 할아버지가 돌아가시자 생활고로 가족들이 뿔뿔이 흩어지고 그 와중에 할아버지가 간직했던 자료들은 모두 분실되었다.

다행히 26세까지 할아버지 옆에서 그분의 행적을 지켜보았던 아버지가 할아버지 생전 만주에서의 활동, 연락을 가졌던 동지들, 그리고 할아버지께서 직접 들려주신 지난 세월의 독립투쟁사들을 생생히 기억했다가 1985년 전후에 회고록을 저술해서 소중한 자료로 남겼다. 더구나 할아버지께서 그 험난한 만주국 때인 1930년대에 동지들에게 지난 세월을 회상하며 꾸김없이 들려준 다른 독립투사들의 일화들(이청천과 홍범도의 이야기 등)은 어느 독립운동사에도 없는 소중한 자료들이다.

애석하게도 할아버지는 자신의 의열투쟁사에 대해서는 몇 가지 사건 외에는 구체적인 이야기를 하지 않으셨다고 한다. 그저 상해임정 수립 후 얼마 안 되어서 이승만을 반대하여 임정을 떠났고 1926년 봄 만주로 돌아올 때까지 의열단에 헌신을 했다는 정도뿐이었다. 그간 북경, 천진, 남경, 상해로 전전했다고 하셨다는데 남경에 관한 문헌 자료는 현재 남아 있는 것이 전혀 없다. 고모님이 1924년쯤 할아버지가 남경에서 보낸 엽서를 받았다는 것밖에는 아는 것이 없다.

아버지의 회고록을 이 책에 인용하면서 문헌 검증을 할 때 나도 모르게 놀란 사실은 아버지의 기록이 얼마나 정직한지 한 치의 부풀림도 없었다는 점이다. 이름 난 사람들만 포함시킨 것이 아니라 역사의 현장을 그대로 솔직하게 보여 준 아버지의 노력을 접하며 나도 모르게 그 강인하고 솔직한 품성에 다시 한 번 머리를 숙였다. 여태까지의 문헌에서 전혀 보지 못한 인물들의 활동상을 보여 준 아버지가 어쩌면 독립투쟁사의 재발굴에 큰 기여를 한 것일지도 모른다는 생각이 들었다.

할아버지가 돌아가시자 출가한 누님을 따라 광복 전에 한국에 돌아온 철우 삼촌이 20여 년 동안 전력을 다하여 할아버지의 발자취를 찾아 많은 자료 발굴을 하셨고 생존한 동지들에게서 소중한 자료를 얻어서 할아버지의 국가 유공자 공훈록 수집을 완성했다.

흔히 듣는 "독립운동가 집안은 3대가 못산다"는 말처럼 만주 땅에서 부모 잃고 돌아온 삼촌에게는 반겨준 친척들도 없었다. 옛날 할아버지를 위해 전 재산을 털어 독립자금을 마련해 준 일가친척들도 그 허탈감과 실망감에 고아가 되어 아무것 없이 돌아온 삼촌을 거지 취급했다고 한다. 그때 생존해 계시던 삼촌의 외할머니는 당신의 귀중한 딸을 만주 땅에 묻고 왔다고 노발대발하며 삼촌을 돌아다보지도 않았다고 하니 철우 삼촌이 겪었을 그 고생과 음지에서 허리도 못 펴고 살아온 세월을 가히 짐작할 수 있다.

돈도 없고 세력도 없는 할아버지 김대지의 후손으로서 그동안 책도 내지 못하고 자료 발굴도 많이 못한 한을 안고 있던 철우 삼촌은 나에게 1986년 초에 유서와도 같은 편지를 보내셨다.

"만일 내가 먼저 타계하더라도 그 누구도 찾지 못한 자료들을 후손들과 저명 학자들이 노력하여 찾아내기 바란다. 이는 천 년 전의 사적지 발굴보다 더 어려운 것이다."

다행스러운 것은 내가 미국 국회도서관에서 할아버지의 의열단 활동에 관한 소중한 자료들을 더 찾아냈다는 점이다. 특히 나석주 사건과 국민대표회의 출석차 북경을 떠난 자료, 남만부 철도파괴 계획에 참여한 자료들은 여태까지의 할아버지와 연관된 독립운동 활동사 연구에서 사용하지 못했던 자료들이다.

그리고 이 글을 통하여 정정하고 싶은 사실은 할아버지의 사망 년대가 1942년 10월이 아니라 1943년 음력 10월이라는 것이다. 아버지가 1943년 7월에 조선독립동맹 12지부에 가입했고, 병환 중이셨던 할아버지는 그 사실을 아시고 무척 기뻐하신 후 그해 겨울에(음력 10월) 세상을 뜨셨다. 그리고 나의 큰언니김언영가 할아버지가 살아계셨던 1943년 4월에 태어났고 할아버지 장례식에도 업혀 갔었다.

할아버지가 돌아가신 후 한국으로 돌아간 고모님은 1944년 11월에 밀양에서 호적신고를 하셨다. 그때 할아버지 사망신고도 하시고 아버지 김명의 결혼신고도 하셨다. 그때 무슨 연유에서였는지 할아버지의 사망년도를 1942년으로 틀리게 적었고 아버지의 결혼 날짜도 1943년으로 오기 되었다. 사실 아버지는 1942년에 결혼했고 그 결혼식 때 할아버지는 아버지와 함께 본문에 있는 사진을 찍었다. 필자의 추측으로는 이 두 년도가 뒤바뀐 것 같다.

아버지의 자료도 얻기 힘든 것은 마찬가지였다. 2013년 봄에 일본 교토 류코쿠대학 사회학과 교수인 리 소데츠李相哲의 격려를 받아 책을 쓸 용기를 갖고 그해 여름 중국 연길에 가서 아버지의 지난 발자취를 찾으려고 하니 이미 많은 분들이 세상에 계시지 않았다. 생존해 계시는 분이 열 손가락에 안에 들었다. 아버지의 부하였던 윤명학 국장은 나를 보자마자 "왜 이제야 쓰려고 하나, 벌써 썼어야지" 하면서 책망했다. 하여 할 수 없이 아버지의 발자취는 그분이 머물렀던 곳에 대해서만 간단히 쓸 수밖에 없었다.

다행히 민족정풍에 관한 연구 자료들은 많았다. 특히 아버지가 돌아가시면서 문화혁명 때에 당신이 쓴 검토자료와 민족정풍 때의 검토자료는 꼭 미국에 있는 나에게 전하라 하여 어머니가 1992년에 미국으로 가져왔기에 이번에 요긴하게 쓰게 되었다. 그리고 감수성이 유난히 민감했던 내가 문화혁명 때 쓴 일기가 또 한몫을 했다.

특히 아버지가 생전에 조경형과 함께 쓴 혁명회상기 《조선독립동맹 제12지부》는 이상조김택명가 태항산 근거지에서 만주로 와서 조선독립동맹 제12지부를 세운 역사와 조선의용군 제3지대의 탄생에 대한 귀중한 사료가 되어 아버지의 조선의용군 경력에 관한 좋은 자료를 남겼다.

할아버지는 나라의 독립을 이루지 못한 한을 안고 세상을 떠났고 아버지는 남과 북이 분단된 조국의 비극을 슬퍼하며 돌아가셨다. 나는 그분들의 한이 지금도 우리 곁에서 맴도는 것 같아 안타깝고 슬프다. 더구나 죄를 뉘우치지도 반성하지도 않는 일제의 후손들이 다시 군국주의의 야심을 공공연히 드러내고 선인들이 저지른 천인공노할 만행을 감추려고 광분하는 현실이 나의 피를 거꾸로 솟게 한다. 할아버지도 분하여 땅속에서 벌떡 일어나실 것 같다.

할아버지와 아버지의 인생 발자취를 따라 그분들이 걸어온 험난한 길을 되돌아보면서 나는 그분들에게서 우리 겨레의 끈질긴 민족혼을 느끼게 되었다. 그렇다. 우리는 저력이 있는 민족이다. 우리는 나라까지 잃은 절망 속에서도 광복의 희망을 잃지 않고 저항을 멈추지 않은 민족이다.

여기에 상해에서 할아버지 김대지와 함께 보강리 60호에 거주하셨던 유명한 독립투사 신규식 선생이 1912년에 강연하신 〈한국혼〉의 한 단락으로 이 책을 마무리하려 한다. 비록 100년 전에 하신 말씀이지만 이 단락을 읽을 때마다 우리의 맥박은 힘차게 고동칠 것이다.

> 가령 우리들의 마음이 아직 죽어버리지 않았다면, 비록 지도가 그 색깔을 달리 하고 역사가 그 칭호를 바꾸어도, 우리 대한이 망했다 하더라도 우리의 마음속에는 스스로 하나의 대한이 있는 것이니, 우리의 마음은 곧 대한의 혼이다. 사람들의 마음이 죽지 않았다면, 혼은 아직 돌아올 날이 있을 것이다. 힘쓸지어다. 우리 동포여!

할아버지 김대지의 일생

1891년 10월 7일. 경상남도 밀양군 밀양읍 내이동 847번지에서 출생.

1909년. 안확, 이각, 황상규, 윤치형, 명도석, 이영재 등 여러 동지들과 함께 한일 합병으로 일합사(독립운동 비밀결사)를 조직하고 각 처의 동지들과 연락하며 국권회복 운동에 힘을 쏟았다.

1911년. 동화학원에서 최수봉, 김상윤, 김원봉 등을 가르쳤다.

1913년. 경북 풍기에서 채기중, 유창순, 김상옥, 황상규, 이각 등 동지와 〈대한광복단〉을 조직하고 광복운동을 전개하다가 1915년 7월 박상진, 우재룡, 정운일 등 여러 동지와 합류하여 〈대한광복회〉로 개편했다. 부서를 군대식으로 편성하는 동시에 만주 지방에도 부사령을 임명함으로써 국내는 물론 만주에까지 광복회원이 많아져 독립운동이 활발해지자 만주로 건너가 길림, 봉천 등지를 왕래하며 구국운동을 전개했다.

1917년 10월. 만주지방 길림 봉천에서 국내로 왕래하면서 국권 회복 운동에 투신할 지사들과 새로운 비밀결사를 모의했고, 같은 해 12월에 이종암, 구영필 등 동지와 봉천역 부근에서 상봉하여 장래의 진로에 대하여 밀의했다.

1918년 5월 21일. 평양 복심법원에서 보안법 위반으로 4개월 복역했다.

1918년 11월. 독립자금을 지니고 중국으로 망명하다. 길림에서 대한독립의정서의 주요 간부인 절친한 친구 황상규와 만주 광복단 참모로 활약하던 손일민 지사와 만나 구국 의열투사 양성과 독립운동자금 조달책을 토의했다. 황상규와 함께 의열단 창단 준비를 시작, 상해 보창로 보강리 60호에 집을 장만하여 의열단 상해근거지를 마련했다.

1919년 2월. 동북3성 대표의 일원으로 상해임시정부 수립 준비와 후일 창설될 의열단의 투쟁 목표에 쓰일 무기 구입 임무를 띠고 상해로 갔다. 그곳에서 망명한 동지들과 손을 잡고 눈부신 활동을 전개할 무렵 국내에서는 3.1운동이 불길처럼 일어나 이에 호응하여 독립투쟁을 전개했다.

1919년 4월 10일. 상해임정 수립 29명의 제헌위원 중 한 사람의 자격으로 제1회 상해임시정부 의정원회의에 참석하고 의정원 의원이 되다.

1919년 4월 13일. 상해임시정부 내무위원에 당선.

1919년 4월 23일. 제2회 상해임시정부 의정원회의에 참석. 내부위원에 재선되다.

1919년 4월 25일. 제3회 상해임시정부 의정원회의에 참석했다.

1919년 10월. 김원봉과 이종암을 상해에 불러 폭탄 제조 및 조작 방법을 교습받도록 했다. 직접 폭탄과 다른 무기를 공급하기도 했다.

1919년 10월. 의열단 창립에 참여하고 지도노선을 확립하였으며 의열단 인장을 만들었다.

1919년 11월. 임정 조사원이 되어 조선 각지에서 그 지방의 유력자, 재산가, 학교, 종교 등을 조사하여 상해임정에 보고했다.

1920년 1월. 이회영, 신채호 등과 같이 북경으로 이동했다.

1920년 3월. 상해 불조계 보창로 보강리 60호에서 곽재기, 김기득, 이성우, 김원봉 등과 함께 구입한 무기와 폭탄을 제조 및 포장한 후 각 동지들에게 거사 계획과 임무를 시달하고 이 무기들을 국내(경남 밀양 내이동 김병환 점포와 부산부 에 거주하는 배중세)까지 반입토록 조치했다.

1920년 8월. 신채호, 박용만, 신숙, 문창범과 함께 북경 군사통일촉성회를 발기하다.

1920년 초가을. 의열단의 근거지를 상해에서 북경으로 이동하다.

1920년 10월. 북경 군사통일촉성회의의 지시를 받고 서로군정서에 조사원으로 파견되다. 이청천의 서로군정서와 안도현 장백산 수림으로 이동하던 중 홍범도 부대와 만나 두 부대의 통합을 성사시키다.

1921년 초. 박용만, 한진산, 최동오, 이진산, 신팔균, 김세준 등과 함께 북경 한교구락부를 조직하다.

1921년 4월. 일제의 상해주재 불령선인에 대한 상황보고서(조선총독부 경무국이 독립운동에 관해 수집한 문헌)에서 의열단의 후원자(장건상, 이소산, 김대지, 김재선)로 밝혀지다.

1921년 5월. 신숙과 같이 상해에 가서 국민대표회의 소집 문제를 협상하다.

1921년 11월. 북경에서 대조선공화국 정부 수립에 참여하고 내무총장에 당선되다.

1922년 12월 26일. 김창숙, 김정무, 정인교와 함께 상해 국민대표회의에 참가하려고 북경을 떠나다.

1923년 6월 8일. 북경주재 불령선인의 상황 및 조선인의 최근 상황보고서에서 의열단의 주요 인물로 지명되어 수배를 받다.

1923년 초. 상해 불조계 국민대표회의에 참석한 김원봉에게 의열단은 중립적 태도를 견지할 것을 지시하다.

1923년 7월. 의열단 남부선 파괴 계획에 참여, 안봉선(安奉線, 철로)을 답사하여 경비 상황과 취약점을 확인하고 7명의 결사대를 조직하다.

1923년 10월 2일. 의열단의 거사 계획(관동지방 대지진, 박열, 김지섭의 이중교 투탄)에 관해 입수된 보고서에서 김원봉이 동지 김대지, 김덕곤, 구신일과 협의한 결과 폭탄, 무기는 이미 일본으로 발송했으며 총동원 계획이 진행 중임을 탐지 보고함. (일제의 고등경찰 문서)

1925년 2월 10일. 의열단의 배후 조종자로서 김원봉을 지도 육성하여 동단의 고문으로 활약한 사실이 조선총독부 경무국장이 일본외무성에 종합 보고한 내용을 통해 알려졌다.

1926년 3월. 나석주 의사의 거사에 쓰일 권총 3자루를 천진에서 구입하다.

1926년 5월. 문창범의 연락을 받고 영고탑을 경유하여 러시아령으로 떠날 계획으로 영고탑에 도착하다.

1926년 6월. 구영필이 무함을 당한 진상을 규명하기 위해 노력하고, 구영필의 부탁으로《발해의 옛도시 영안성》을 집필하다.

1926년 9월. 구영필 암살사건 진상 조사에 착수하다.

1927년 1월. 부인 박선이가 둘째 아들 철준(김명)을 거느리고 영고탑에 찾아왔기에 함께 영고탑에 머물게 되다.

1926년. 5월부터 만주 등지에서 십여 개의 이름을 바꾸어 가며 독립운동을 하다(보통은 김치환, 김일봉, 김자중 등으로). 집에 드나드는 독립투사들은 김대지를 보통 '자중'으로 불렀다.

1926년 6월~1930년. 민족 진영과 공산 진영의 대통합을 위한 유일당활동과 민족진영 내의 삼부통일을 위해 김동삼과 함께 노력하다.

1929년 말. 영고탑이 너무 복잡하고 위험해서 동경성 유상툰으로 이사하다.

1930년. 임시정부 이동녕과 김두봉의 연락을 받고 관내로 다시 들어갈 준비를 하다가 여비를 갖추지 못해 포기하다.

1931년 10월. 동경성 빈현으로 이사하다.

1933년. 아성현 풍가툰으로 이사하다. 이즈음 이청천과 자주 연락을 가지다.

1934년~1936년. 아성현 황구 수전농장으로 이사하다. 돈이 없어 딸 화숙이 치료받지 못하고 사망. 1936년 부인 박선이가 출산 후 대출혈으로 사망하고 아기는 중국인 철로경찰에게 주다.

1937년. 아성현 취원창으로 이사하다. 아들 철중이 병으로 치료받지 못하고 사망하다.

1930년대 중반부터 1930년대 말까지. 동경성의 안희제의 발해농장에 자주 방문하다.

1930년대 말부터 1940년대 초까지. 비밀경로를 통해 북경, 상해의 동지들과 연락을 가지다. 중국인 복장을 하고 하얼빈, 봉천 등지를 자주 다녀오다. 한 달에 한두 번씩 15~20명 정도의 봉천, 길림, 하얼빈에서 오는 동지들과(간혹은 상해에서 온 사람도 있었다) 김대지의 집에서 회의를 갖다.

1943년 10월 26일. 만주 아성현 취원창(지금의 흑룡강성)에서 사망하다.

1945년 8월 말. 임시정부 김구 주석이 "살아있다면 빨리 귀국하라"는 전보를 김대지에게 보내다.

1989년 한국 정부에서 김대지에게 건국훈장 독립장을 추서하다.

아버지 김명의 삶과 자취

1917년 7월 2일. 경상남도 밀양군 밀양읍 내이동 847번지에서 김대지의 차남으로 출생.

1927년 1월. 어머니를 따라 중국 북만 영안현 영고탑에 아버지를 찾아가다.

1927년~1929년. 영안현 제8우급優級초등학교에서 공부하다.

1930년~1931년 4월. 영안현 동경성초등학교에서 공부하다.

1931년 5월~1931년 9월. 영안현 성립제4중학교에서 공부하다.

1931년 10월~1932년 12월. 빈현, 하얼빈 향방에서 가무를 돕다.

1933년. 아성현 풍가툰에서 품팔이로 농사일을 하다.

1934년~1936년. 아성현 황구 수전농장에서 소작농으로 일하다.

1937년~1941년. 아성현 취원창에서 소작농으로 일하다.

1941년~1942년. 파언현 동성툰에서 고농으로 일하다.

1943년 7월~1945년 8월. 조선독립동맹 제12지부(반일지하조직에 가맹하고 선전위원으로 활약하다).

1945년 9월. 하얼빈시 독립동맹 북만특위 공작대원.

1945년 10월~1945년 11월. 동북인민자위군 서집중대 패장.

1845년 12월~1946년 5월. 하얼빈북부 군분구 직속영 부지도원.

1946년 6월~1946년 7월. 조선의용군 제3지대 교도대에서 학습.

1946년 8월~1946년 12월. 조선의용군 제3지대 정치처 간사.

1947년 1월~1947년 6월. 조선의용군 제3지대 7단 참모처 참모.

1947년 7월~1949년 2월. 동북민주연군 조선주재 대표부 비서.

1949년 2월~1949년 4월. 동북인민정부 민정부 전근부戰勤部 비서.

1945년 5월~1949년 7월. 동북인민정부 민정부 민족과 부과장.

1949년 8월~1951년 5월. 동북인민정부 민정부 민족과 과장.

1951년 5월~1954년 4월. 연변자치지구 합작총사 주임.

1954년 5월~1956년 5월. 중공연변자치지구위원회 위원, 재정경제사업부 부장.

1956년 12월~1959년 11월. 중공연변자치주위원회 상무위원에 당선되다.

1956년 9월~1957년 6월. 중앙동북당학교에서 학습.

1957년 7월~1958년 5월. 중공연변자치주위원회 비서장으로 임명되다.

1958년 5월~1963년 10월. 연변조선족자치주위원회 위원, 연길현위 제2서기.

1963년 11월~1971년 2월. 화룡 현위 제1서기.

1971년 3월~1971년 10월. 화룡현 혁명위원회 생산지휘부 부주임.

1971년 11월~1972년 3월. 화룡현 혁명위원회 부주임.

1972년 4월~1973년 5월. 화룡 현위 부서기.

1973년 6월~1978년. 연변조선족자치주 혁명위원회 재정무역부 주임.

1978년~1980년 1월. 연변조선족자치주 혁명위원회 부주임.

1980년 2월~1983년 2월. 연변조선족자치주 인민대표대회 상무위원회 부주임.

1983년 6월. 한국 부산에 있는 누님 그리고 동생과 연락이 닿다.

1986년 9월~1987년 2월. 42년 만에 고국을 방문하다.

1991년 12월 23일. 오랜 지환으로 고생하시다 세상을 떠나다.

참고문헌

김대지 관련 참고문헌

강대민, "일봉 김대지의 항일독립운동", 〈부산사학〉 제19집, 1995년

강만길 편, 《밀양의 독립운동사》, 밀양문화원, 2003년, p.540

국사편찬위원회, 《대한민국 임시정부 자료집》, 2006년

____________, 《한국독립운동사》 자료편 II, 1971년, p.386, 388, 390, 391, 392

____________, 《한민족 독립운동사 자료집 30 : 의열투쟁》, 1997년, p.53, 56, 68, 69, 73, 83, 89, 99, 110, 111

김삼웅, 《약산 김원봉 평전》, 시대의창, 2008년

김승학, 《한국독립사》, 상권, 1965년, p.233, 267, 269, 270, 311, 312, 318

김영범, 《의열투쟁— 1920년대 》I, 한국독립운동사 편찬위원회, 2009년

______, 《한국 근대민족운동과 의열단》, 창작과비평사. 1997년

______, 《혁명과 의열— 한국독립운동의 내면》, 경인문화사, 2010년

______, "1920년대 전반기 의열단의 민족 운동과 노선 추이", 〈사회와 역사〉 제34권, 1992년. 97~177쪽.

______, "의열단의 창립과 초기 노선에 대하여", 〈한국학보〉 69집, 1992년

김정명 편, 《조선독립운동》 II, 동경: 원서방, 1967년. p.443, 480

김창수, "1920년대 민족운동의 일양상 : 민족운동으로서의 의열단의 활동 보유", 〈아세아학보〉 제12집, 1976년

______, "민족운동으로서의 의열단의 활동", 동아일보 편, 《3.1운동 50주년 기념 논집》, 1969년

______, "의열단의 창립과 투쟁", 국사편찬위원회 편, 《한민족독립운동사》 4, 1988년

______, "항일독립운동사에서의 의열투쟁의 성격", 한국학연구소 편, 《항일독립운동사에서의 의열투쟁》, 1991년

김희주, 《대한광복단의 민족운동연구》, 한국학술정보, 2006년

대한민국 국회도서관 편, 《대한민국임시정부 의정원문서》, 1976년, p.39, 41~44

____________________, 《한국민족운동사료: 중국편》, 1976년, p.16, 27, 33, 278, 355, 484, 486, 487, 490

독립운동사편찬위원회, 《독립운동사》 3, 1971년, p.860

____________________, 《독립운동사》 4, 1972년, p.159, 162, 168, 173, 177, 179, 301

____________________, 《독립운동사》 7 〈의열투쟁사〉, 독립유공자 사업기금위원회 1975~1977년, p.314, 375

독립운동사편찬위원회 편, 《독립운동사자료집》 5, 1970년, p.702, 703, 950, 952

____________________, 《독립운동사자료집》 7, 1974년, p.1135, 1139, 1140, 1141, 1200

____________________, 《독립운동사자료집》 9, 1975년, p.48, 140, 143, 144

____________________, 《독립운동사자료집》 11, 1976년, p.130, 132, 134, 663

문일민, 《한국독립운동사》, 1956년, p.209, 343

밀양군 편, 《미라벌의 얼》, 1983년

반병률, "1920년대 전반 만주 · 러시아 지역 항일 무장투쟁", 한국독립운동사 편찬위원회 편, 2009년

손염홍, 《근대 북경의 한인사회와 민족운동》, 2010년

송건호, 《의열단》, 창작과비평사, 1985년

______, 《의열단과 민족해방노선》, 한길사, 2002년

송상도, 《기려수필》, 국사편찬위원회, 1971년, p.300

오시림, 《독립운동비화총서 다큐멘터리—임시정부》 제1부, 1983년, p.217, 239

______, 《독립운동비화총서 다큐멘터리—임시정부》 제5부, 1983년,p.23, 26, 27, 76, 77

윤병석 · 김창순, 《재발굴 한국독립운동사》 제1편 만주 · 노령에서의 투쟁, 한국일보사, 1987년

____________, 《재발굴 한국독립운동사》 제2편 중국본토에서의 투쟁, 한국일보사, 1987년

윤치형, "밀양폭탄사건 회고" 〈국제신보〉, 1962.6.26 석간 4면

이선근, 《대한국사》, 9권, 1973년, p.441

이현주, "1920년대 재중항일세력의 통일운동", 〈한국독립운동의 역사〉 제47권, 2009년

재상해 일본총영사관 경찰부 제2과 편, 《조선민족운동연감》, 1973년, p.6, 8, 9, 60, 《독립운동사자료집》 제7권에 번역 수록됨

조규태, 《북경 군사통일회의의 조직과 활동》, 한국독립운동사연구소, 2000년

조동걸, 《한국민족주의의 발전과 독립운동사 연구》, 지식산업사, 1993년

______, "대한광복회 연구", 〈한국사연구〉 제42권. 1983년

조선총독부경무국 편, 《국외에 있어서 용의조선인명부》, 1934년, p.55

조선총독부 경상북도 경찰부, 《고등경찰요사》, 1934년, p.97

채근식, 《무장독립운동비사》, 대한민국공보처, 1949년, p.24

추헌수, 《한민족의 독립운동과 임시정부의 위상》, 연세대학출판부, 1995년

〈범죄인 명부사본〉, 밀양읍장, 1977.10.25, 49정T

〈동아일보〉, 1976.8.17, 석간 1. 4면

《독립유공자공훈록》 제5권, 국가보훈처 독립유공자공훈록편찬위원회, 1986년, p.97, 484, 493

《부산 경남 3.1운동사》, 3.1동지회, 1979년, p.241

《한국무장독립운동에 관한 국재학술대회 논문집》, 한국독립유공자협회, 1988년

김명 관련 참고문헌

강만길, 《조선민족혁명당과 통일전선》, 화평사, 1991년

강창록, 《주덕해: 중국 조선족의 큰 별, 한 잊혀진 혁명가의 초상》, 실천문학사, 1993년

곡애국 · 황범상, 《조남기진》, 북경인민출판사, 2004년

김동화, 《중국 조선족 독립운동사》, 느티나무, 1991년

김창록 · 김영순 · 이근전 · 일천, 《주덕해》, 실천문학사, 1992년

김염 편, 《조선의용군사화》, 연변인민출판사, 2005년

김혁, 《주덕해의 이야기》, 연변인민출판사, 2011년

류연산, 《불멸의 영령—최채》, 민족출판사, 2009년

리희일 · 서명훈 주편, 《조선의용군 3지대》, 흑룡강조선족출판사, 1987년

북경민족출판사, 《중국조선민족발자취총서 4 결전》, 연변대학출판사, 1996년

____________, 《중국조선민족발자취총서 5 승리》, 연변대학출판사, 1997년

____________, 《중국조선민족발자취총서 6 창업》, 연변대학출판사, 1997년

____________, 《중국조선민족발자취총서 7 풍랑》, 연변대학출판사, 1996년

서명훈, 《하얼빈시 조선족 백년사화》, 민족출판사, 2007년

양소전 등 편, 《관내지구 조선인 반일독립운동자료 회편》(상), 요녕민족출판사, 1979년

연변주위조직부, 《중국공산당 연변조선족자치주조직사》, 연변인민출판사, 1991년

연변조선족사 집필조, 《연변조선족사》(상,하), 연변인민출판사, 2012년

연변조선족자치주당안관 편, 《연변대사기》, 연변대학출판사, 1990년

연변지방지편찬위원회, 《연변조선족자치주지》(상,하), 중화서국, 1996년

인물편찬위원회, 《당대 중국조선족 인물록》(상,하), 동북조선민족교육출판사, 1999~2001년

조동걸, 《한국민족주의의 발전과 독립운동사연구》, 지식산업사, 1993년, p.349~368

주덕해일생 집필조, 《주덕해의 일생》, 민족출판사, 1987년
최국철, 《주덕해 평전》, 연변인민출판사, 2012년

《연변 40년 기사(1949~1989)》, 연변인민출판사, 1989년
《연변경제사》, 연변인민출판사, 1990년
용정시지편찬위원회, 《용정시지》
화룡시지편찬위원회, 《화룡시지》

독립운동가 김대지의 손녀가 풀어쓴 한민족 100년사

줄리아의 가족 순례기

초판 1쇄 발행 2014년 11월 20일
초판 3쇄 발행 2020년 10월 3일

지은이 줄리아 리(김주영)
발행인 이선애

발행처 도서출판 레드우드
출판신고 2014년 7월 10일 (제25100-2019-000033호)
주소 서울시 구로구 항동로 72, 하버라인 402동 901호
전화 070-8804-1030 **팩스** 0504-493-4078
이메일 redwoods88@naver.com
블로그 blog.naver.com/redwoods88

값은 뒤표지에 있습니다.
ISBN 979-11-953324-0-3 03910